Marc Sölter

Hotelvertrieb, Yield-Management und Dynamic Pricing in der Hotellerie

GRIN Verlag

Bibliografische Information der Deutschen Nationalbibliothek:

Die Deutsche Bibliothek verzeichnet diese Publikation in der Deutschen Nationalbibliografie; detaillierte bibliografische Daten sind im Internet über http://dnb.d-nb.de/ abrufbar.

Impressum:

Druck und Bindung: Books on Demand GmbH, Norderstedt Germany
ISBN: 978-3-638-90570-1

Dieses Buch bei GRIN:

http://www.grin.com/de/e-book/85263/hotelvertrieb-yield-management-und-dynamic-pricing-in-der-hotellerie

Hotelvertrieb, Yield-Management und Dynamic Pricing in der Hotellerie

Autor: Marc Sölter – Hotelfachmann, Tourismusreferent

Inhaltsübersicht

Einführung

Noch vor wenigen Jahren wurde die Verkaufsleistung der „Hotelverkäufer" ausschließlich nach der Anzahl der gebuchten Übernachtungen bewertet und auch heute noch werden Hoteldirektoren einseitig an Kennzahlen wie der Zimmerbelegungsrate oder dem durchschnittlichen Zimmerpreis gemessen (Günther 2005). Die in der Vergangenheit vorwiegend auslastungsorientierte Denkungsweise in der Hotellerie und in anderen Bereichen der Tourismuswirtschaft weicht zunehmend der von der heutigen Marktsituation geforderten Umorientierung in Richtung nachfrageorientierter Verkaufssteuerung zur Umsatz- und Ertragsverbesserung durch Vertriebskostenanalyse und Optimierung des Gäste- und Ratenmix (vgl. AHI Hotel Yield Management Seminar ITB 1993). Bei den internationalen Hotelgesellschaften, ist dieser neue Trend bereits erkennbar. „Revenue Management" ist in der Hotellerie in aller Munde und wird als die neue Zauberformel für die Erhöhung des RevPar angesehen. Dabei geht es nicht um Volumen um jeden Preis, sondern um eine der Nachfrage angepasste optimale Auslastung zu möglichst hohen Preisen. Bereits seit einigen Jahren betreiben führende amerikanische Hotelketten, die elektronische Reservierungs- und Property-Management-Systeme einsetzen, mit messbarem und zunehmendem Erfolg computergestütztes Yield Management. In der Privathotellerie jedoch ist Yield Management bisher noch nicht weit verbreitet. Dabei würde dieses System nach Meinung von Experten den Hoteliers die Möglichkeit eröffnen, auf Marktveränderungen zu reagieren und flexible Preise anzubieten (B. Goerlich in AHGZ 50/2005).

Diese Arbeit soll die Grundlagen der Preispolitik, der Distribution und des Yield Managements in der Hotellerie erläutern und Hoteliers dazu ermuntern ihre bisherige Preispolitik zu überdenken und auch in ihren Betrieben die Techniken des Yield Managements anzuwenden.

Bezüglich des Begriffs „Revenuemanagement" ist eine ausgeprägte Definitionsvielfalt festzustellen. Generell können die vorhandenen Definitionen in zielorientierte und eher konzeptorientierte Definitionen unterschiednen werden. Als eher zielorientierte Definition kann die Definition von Klopholz (1998) genannt werden: Revenuemanagement wird als betriebswirtschaftliches Konzept zur Ertragsoptimierung, bei dem unter Einsatz integrierter Informationssysteme eine dynamische Preis-Mengen-Steuerung zu einer gewinnoptimalen Nutzung vorhandener Kapazitäten führt definiert. Der eher konzeptorientierte Ansatz, definiert Revenuemanagement hingegen als: „eine Reihe von quantitativen Methoden zur Entscheidung über Annahme oder Ablehnung unsicherer, zeitlich verteilt eintreffender Nachfrage (Reservierungsanfrage) unterschiedlicher Wertigkeit. Dabei wird das Ziel verfolgt, die in einem begrenzten Zeitraum verfügbare, unflexible Kapazität (Hotelzimmer) möglichst effizient zu nutzen (Klein 2001 S. 248). Für den Begriff Revenuemanagement, hat sich also bisher in der einschlägigen Literatur – die hauptsächlich aus wissenschaftlichen Artikeln und kaum Lehrbüchern besteht - bislang noch keine einheitliche Definition durchgesetzt. Synonym genutzt werden bspw. Begriffe wie „Yield-Management" oder „ertragsorientierte Preis-Mengen-Steuerung".

In einigen Publikationen wird Revenuemanagement als umfassender als das Yield Management beschrieben. Während Yield Management in der Hotellerie meist nur den Logis- oder F&B-Bereich umfasst, wird Revenuemanagement als Geschäftsphilosophie und Konzept der Umsatz- und Gewinnmaximierung in allen Bereichen des Hotels beschrieben. Der englische Begriff „yield" bedeutet soviel wie „Ernte" oder „Ertrag", weshalb „Yield-Management" oftmals auch mit „Ertragssteuerung" übersetzt wird. Dieser Begriff ist jedoch nur eine Annäherung an die eigentliche Bedeutung. Denn mit Yield-Management ist mehr als nur die reine Ertragssteuerung gemeint. Weil der Begriff des Yield Management als Maximierung des Durchschnittsertrags missverstanden werden kann, werden die Konzepte in der neueren Literatur treffender als „Perishable Asset Revenue Management“ oder „Profit Management“ bezeichnet (Wendt/Schwind 2002).

Bei dem Thema „Yield- bzw. Revenuemanagement in der Hotellerie“, kommt zunächst häufig einmal die Frage auf: Warum zwei Hotelgäste, die im selben Hotel und in vergleichbaren Zimmern wohnen, die zwar den gleichen Service im Hotel genießen - jedoch unterschiedliche Preise dafür bezahlen müssen. Warum hat ein und dasselbe Zimmer unterschiedliche Preise??? Am Ende dieser Arbeit werden Sie dem Kunden diese Frage über den Anfragezeitraum, Buchungsdatum, Aufenthaltsdauer oder andere hoteltypische Buchungsbedingungen und -restriktionen beantworten können.

Der Hotelmarkt in Deutschland

Um Kategorisierungen und Vergleiche zwischen den Hotelbetrieben zu ermöglichen, hat die Unternehmensberatung Treugast das „Konzept der strategischen Gruppen“ entwickelt. Die Hotels werden hierbei in „strategische Gruppen“ eingeteilt, die sich nach Standardisierungsgrad und Qualitätsstandard richten. Diese sechs Gruppen sind:

- Allround- / Basisanbieter
- Individuelle Luxusanbieter
- Spezialisten
- Kooperationshotellerie
- 1 – 3 Sterne Kettenhotellerie
- 4 – 5 Sterne Kettenhotellerie

Allround- / Basisanbieter: Diese Gruppe umfasst Klein- und Mittelbetriebe die sich meist im Familienbesitz befinden. Allround- / und Basisanbieter haben keine für spezielle Zielgruppen ausgerichteten Hotel-Produkte. Zudem haben die Hotels meist einen geringen Standard und bieten eine einfache Beherbergungs- oder / und Bewirtungsleistung an. Im Gegensatz zu den Dienstleistungen und Produkten der meisten Hotelketten, sind die Hotel-Produkte der Allround- und Basisanbieter nicht standardisiert. Das Beherbergungsangebot dieser Gruppe soll eine möglichst große, meist unspezifische Gruppe von Kunden / Gästen ansprechen. Als Beispiel hierfür können kleine Hotels mit ca. 9 – 40 Zimmer genannt werden.

Individuelle Luxusanbieter: Diese Gruppe kann als relativ kleine Gruppe bezeichnet werden, denn in Deutschland gibt es nur eine handvoll von individuellen 5 Sterne Luxusherbergen. Auch in dieser Gruppe sind die Produkte und Dienstleistungen des Hotels nicht standardisiert – denn die Gäste / Zielgruppe dieser Hotels legen wert auf individuellen und zudem exklusiven Service. Als Beispiel können z.B. Betriebe der Leading Hotels of the World (internationaler Zusammenschluss von über 400 Luxushotels) wie z.B. das Brenners Park Hotel oder der Nassauer Hof genannt werden.

Spezialisten: Die Gruppe der Spezialisten zeichnet sich durch einen mittleren Standard und Standardisierungsgrad aus. Einige dieser Betriebe sind erfolgreich durch eine sog. Nischenstrategie. Durch ein durchdachtes, auf eine bestimmte Zielgruppe ausgerichtetes

Konzept, spezialisieren sich diese Betriebe auf eine bestimmte Gästeschicht. So spezialisieren sich z.B. Kur- und Wellneshotels auf Gesundheits- und Wellnessurlauber, Familienhotels sind z.B. besonderst auf die Befriedigung der Wünsche und Bedürfnisse von Familien ausgerichtet.

Kooperationshotellerie: Betriebe die Mitglied einer Hotelkooperation sind, zeichnen sich aus durch eine hohe Standardisierung (gleiche Angebote, Branding) und den Standard eines guten Mittelklassehotels. Überschneidungen ergeben sich teilweise mit der Gruppe der Spezialisten, denn so ist z.B. die Kooperation Wellness-Hotels-Deutschland – bzw. deren Hotels- auf das Geschäftsfeld Wellness spezialisiert.

1-3 Sterne Kettenhotellerie: Zu dieser Gruppe zählen z.B. die Accor-Marken Ibis und Etab. Das Hotelprodukt weist eine sehr hohe Standardisierung auf. Im Bereich der Low-Budget Hotellerie steht die sog. Versorgungsfunktion – d.h. die Hauptleistungen Beherbergung und Verpflegung im Vordergrund (vgl. Kapitel Hoch- oder Niedrigpreispolitik). Zusätzliche Dienstleistungen sind meist nicht inklusive und müssen extra bezahlt werden.

4-5 Sterne Kettenhotellerie: Hierzu zählen z.B. Steigenberger oder die Accor-Marke Sofitel. Diese Betriebe zeichnen sich aus durch Exklusivität, Luxus und ausgezeichneten Service. Bedingt durch die individuellen Bedürfnisse der Zielgruppe sind die Hotelleistungen weniger standardisiert als z.B. in der Gruppe der 1-3 Sterne Kettenhotellerie. Das Zielpublikum dieser Hotels ist eine solvente gehobene Gästeschicht.

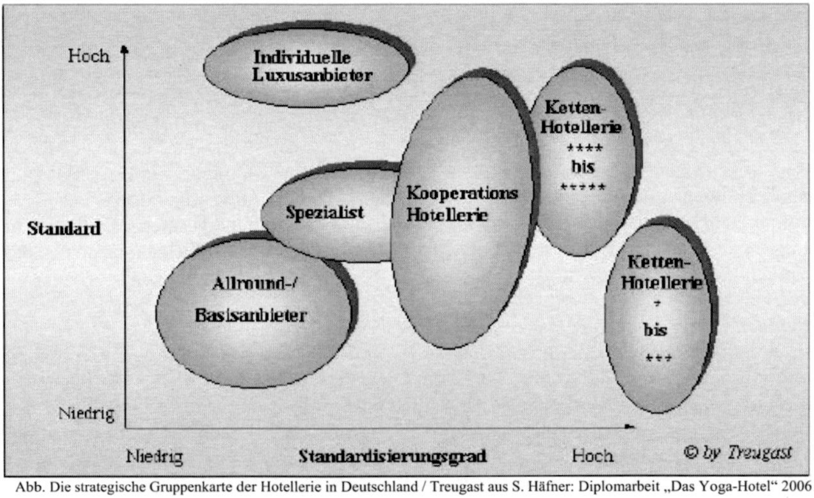

Abb. Die strategische Gruppenkarte der Hotellerie in Deutschland / Treugast aus S. Häfner: Diplomarbeit „Das Yoga-Hotel" 2006

Zukunft

Allround- und Basisanbieter: Aufgrund der mangelnden Standardisierung und unspezifischen Zielgruppenansprache, kann sich diese Gruppe nur noch über den Preis auf dem Hotelmarkt behaupten. Da in den vergangenen Jahren seitens der betroffenen Hoteliers das mögliche Kosteneinsparungspotenzial bereits gehoben wurde, besteht auf Grund weiterhin steigender Kosten (insbesondere Energiekosten) häufig die Notwendigkeit, mit verringerten Durchschnittsraten zur Rettung des REVPAR auf den weiter erstarkenden Wettbewerb der Hotelketten zu reagieren (Treugast: Auszug Trendgutachten Hospitality 2006/07). Als Allround- und Basisanbieter, wird es immer schwieriger den Hotelbetrieb erfolgreich in die Zukunft zu führen.

Spezialisten: Generell sind die Zukunftsaussichten für spezialisierte Hotels gut. Voraussetzung ist, dass ein hoher Qualitätsstandard geboten und die Spezialisierung bei der Marktkommunikation in den Vordergrund gestellt wird (Treugast 06/07). Chancen ergeben sich auch auf sog. Nischenmärkten die nur von sehr wenigen Anbietern bedient werden.

Luxusanbieter: Besonderst in den Großstädten ist aufgrund des Überangebotes an Luxushotels der Markt bereits gesättigt (vgl. Treugast 2006/07). Nach Treugast sind die Zukunftsaussichten für Luxusanbieter gut, allerdings nur wenn ein hoher Qualitätsstandard geboten und der Individualismus in der Produkt- und Dienstleistungsgestaltung in den Vordergrund gestellt wird.

Kooperationshotellerie: Die Mitgliedschaft in einer Hotelkooperation ist für viele Hoteliers zur Rettung aus der Not bzw. vor dem Konkurs geworden. Die Zukunft der Kooperationshotellerie kann auch als gut bezeichnet werden. Durch Hotelkooperationen haben die Mitgliedsbetriebe verschiedene Vorteile (vgl. Abschnitt Hotelkooperationen) und können so den „Kampf" gegen die Kettenbetriebe aufnehmen.

Budget-Hotellerie 1-2 Sterne: Der Budgethotellerie kann trotz schwachem Image eine sehr gute Renditeerwartung bescheinigt werden, allerdings sind gerade in diesem Segment eine klare Konzeption und ein straffes Kostenmanagement Voraussetzung für den Erfolg (Treugast 06/07). Gerade in der derzeitigen Situation auf dem Hotelmarkt, kann für die Budget-Hotellerie eine rosige Zukunft prognostiziert werden. Besonderst durch die Sparneigung der großen Untenehmen im Bereich der Geschäftsreisekosten, ist es keine Seltenheit mehr das auch Geschäftsreisende in 1-2 Sterne Hotels übernachten. Besonderst die jüngere Generation ist gerne bereit für einen günstigen Preis auf Leistungen und Service zu verzichten.

Mittelklasse-Hotellerie 3-Sterne: Die 3-Sterne-Kettenhotellerie gehört auf Grund der zunehmenden Konzentrationsprozesse und des Rückgangs der Privathotellerie zu den Gewinnern der Marktbereinigung in der Branche (Treugast 06/07). Die Leistungen der Mittelklasse-Hotellerie entsprechen in der Regel den Ansprüchen, Wünschen und Bedürfnissen den einen Großteil der Nachfrager an ein gutes Hotel stellt. Besonderst für Firmen, Reiseveranstalter und Reisemittler sind Mittelklassehotels interessante Geschäftspartner.

Gehobene-Hotellerie 4-5 Sterne: Speziell ist der Gruppe der 4-Sterne Hotels herrscht ein starker Wettbewerbsdruck. Das Produkt eines 4 Sterne Hotels steht zwischen Luxus und Mittelklasse, jedoch bewegt sich die Nachfrage eher in die Extreme; entweder es soll preiswert sein oder luxuriös und originell (vgl. Treugast 06/07). Daher wird es besonderst für die

Hotelbetriebe der 4 Sterne Kategorie in Zukunft schwieriger werden sich auf dem Hotelmarkt zu behaupten.

Hotelmarkt-Rating Deutschland 2006/2007:
Budget schlägt Luxus

Strategische Gruppe	Rating 2006/ 2007	Tendenz im Vergleich zu 2005/ 2006
Allround-/Basisanbieter	C	→
Individuelle Luxusanbieter	A	→
Spezialisten gesamt	AA	→
darunter profilierte Wellnesshotels	AA	→
Tagungs- und Kongresshotels	AA	→
Traditionelle Kurhotels	CCC	→
Profilierte Privathotels	AA	→
Sonstige Spezialisten	AA	↗
Budget-Hotellerie 1*–2*	AA	→
Mittelklasse-Kettenhotellerie 3*	A	→
Gehobene Hotellerie 4*–5*	BBB	↘

Tendenz: ↗ steigend; → gleich bleibend; ↘ fallend

© Immobilien Zeitung; Quelle: Treugast; Bild: BilderBox.com

Die Situation auf dem Hotelmarkt und die evtl. Auswirkungen für den Hotelvertrieb

Wie kaum eine andere Branche wird der weltweite Hotelmarkt heute von Übernahmen, Konsolidierungsprozessen und Expansionsbestrebungen bestimmt. Zusätzlich zu diesem intensiven Wettbewerb stehen die Unternehmen vor der Herausforderung, mit den wachsenden Bedürfnissen der anspruchsvollen Geschäfts- und Urlaubsreisenden Schritt zu halten und gleichzeitig einer sinkenden Markenloyalität entgegenzutreten (Hartmann 2005). In der Hotellerie steht deshalb einer konjunkturell rückläufigen Nachfrage ein den Bedarf stark überschätzter Angebotszuwachs gegenüber mit den Konsequenzen Preiswettbewerb und niedrigere Zimmerdurchschnittspreise, schwerer erfüllbarer Pachtverträge, Substanzverlust, Investitionsstau und nachfolgend weiterem Nachfragerückgang mit entsprechenden finanziellen Auswirkungen (vgl. Gogg 1995). Trotz des Vordringens der sog. Kettenhotellerie, ist die Mehrzahl der Hotelbetriebe in Deutschland mittelständisch und kleinbetrieblich strukturiert. In etwa 90 Prozent aller Betriebe werden als Einzelunternehmung oder Personengesellschaft geführt (vgl. Hotelmarkt Deutschland 2006). Die durchschnittliche Betriebsgröße bei der Betriebsart Hotel beträgt 74 Betten, die Betriebsgröße bei den Gasthöfen schwankt zwischen 23 und 24 Betten (vgl. Gugg: 2005). Allerdings verfügen gut 60 Prozent der Beherbergungsbetriebe über weniger als 16 Gästebetten und selbst bei der Betriebsart Hotels beträgt bei einem Drittel der Häuser die Anzahl der Zimmer weniger als 16 (vgl. IHA Hotelmarkt Deutschland 2006). Nach dem Invest-Ranking Hotellerie 2004/05 lag die durchschnittliche Zimmerauslastung in Deutschland bei 41,5 Prozent - die durchschnittliche Zimmerauslastung bei den Hotelketten betrug ca. 58 Prozent. Dies lässt die Aussage zu, dass Hotelketten deutlich besser performen als der bundesdeutsche Durchschnitt in der Hotellerie. Im Jahr 2004 kam es im Vergleich zum Vorjahr, zu einer 10 prozentigen Steigerung der von ausländischen Gästen gebuchten Übernachtungen auf insgesamt 36,6 Mio. Übernachtungen (vgl. Gugg 2005).

Das Jahr 2005 brachte für die deutsche Hotellerie, einen Zuwachs vom rund 5 Mio. Übernachtungen, dadurch konnte das Übernachtungsaufkommen erstmals die 200 Mio. Grenze überschreiten (vgl. www.ghh-consult.de/ Pressemitteilung zu der Hotelmarkt in Deutschland 2006).

	Betriebe	Betten	Übernachtungen in Tausend	Kapazitätsauslastung
1995	39:484 (100)	1.533.222 (100)	172.369 (100)	31,2%
1996	40.141 (102)	1.574.357 (103)	172.211 (100)	30,2%
1997	40.198 (102)	1.599.615 (104)	173.111 (100)	29,9%
1998	40.049 (101)	1.628.570 (106)	177.014 (103)	30,0%
1999	39.300 (100)	1.634.072 (107)	185.311 (108)	31,1%
2000	39.268 (99)	1.658.082 (108)	198.079 (115)	32,7%
2001	39.305 (100)	1.667.827 (109)	196.935 (114)	32,1%
2002	38.808 (98)	1.667.331 (109)	189.503 (110)	31,1%
2003	38.078 (96)	1.693.354 (110)	189.541 (110)	30,6%
2004	37.812 (96)	1.675.619 (109)	195.047 (113)	32,0%

Quelle: Statistisches Bundesamt, Wiesbaden.

Besonderst das Jahr 2006 verlief für die Hotellerie durchweg positiv, so konnten die Übernachtungen um 3,7 Prozent auf insgesamt 208,2 Millionen Room Nights gesteigert werden (vgl. o.V.: Hotelkonjunktur 2006/2007 21März 2007 www.hotellerie.de). Laut Hotel-Benchmark TM von Deloitte konnte die durchschnittliche Zimmerauslastung von 61,2 auf 62,8 Prozent gesteigert, sowie die durchschnittlichen Zimmerpreise von 81 Euro auf 87 Euro erhöht werden.

Internationale Hotelgesellschaften wie z.B. „Dolce Hotels“, „Jolly Hotels“, „Domina Hotels & Resorts, “Van-der-Valk Gruppe“ oder die spanische „Sol Melià-Gruppe“ treten verstärkt auch auf dem deutschen Hotelmarkt auf. Neben Hilton, Starwood und Wyndham sind zudem asiatische Hotelgruppen an neuen Hotelprojekten in deutschen Ballungszentren interessiert (vgl. FAZ 09.05.07). Um sich gegen die großen Hotelketten durchsetzen zu können, versucht die mittelständische Hotellerie über Kooperationen oder Francise Systeme insbesondere den Mangel an internationaler Vertriebskraft zu kompensieren (vgl. Gerhard 2005).

Organisieren sich einzelne, eigene Betriebe in einer Hotelkooperation, so fallen auch sie unter den Begriff der sog. Markenhotellerie. Unter dem Begriff „Markenhotellerie“ werden Betriebe zusammengefasst, die mit einheitlichen Namen, Zeichen und Design als Identifikationsmittel auftreten. Eine „Marke“ setzt nach DEHOGA-Kriterien die Existenz von mindestens fünf Häusern, davon eins in Deutschland voraus.

Große Hotelgesellschaften in Deutschland mit über 100 Betrieben sind derzeit Accor, Best Western, Ringhotels, Utell und Akzent. Im Jahr 2000 gab es in Deutschland bereits 128 Hotelgesellschaften und Kooperationen, die zusammen über 3.231 Betriebe verfügen (Branchenreport Hotels: Der Hotelmarkt in Deutschland 2000). Tendenz steigend!

Der Wettbewerb – welcher hauptsächlich durch die Tatsache bestimmt wird das dass Produkt „die Übernachtung“ räumlich fixiert und damit nicht lagerfähig bzw. transportierbar ist (vgl. Steinecke 2006) - zwischen der Ketten- und Individualhotellerie nimmt stetig zu. Für Betriebe der mittelständische Hotellerie wird Individualisierung und Spezialisierung zum Überlebenskonzept. Immer weiter und immer schneller „schlucken“ die sog. Globalplayer ihre regional, oft aber auch global aktiven kleineren Wettbewerber (Frehse in Tourismusjournal 5. Jg. Heft 4 2001). Mit zunehmender Marktmacht der nationalen und internationalen Hotelketten sehen sich viele Privathoteliers in ihrer Existenz bedroht (Eisenstein /Gruner). Zu Beginn der 80er Jahre, beschränkten die Hotelketten den Ausbau ihrer Hotelkapazitäten hauptsächlich auf das Luxussegment, doch nach zunehmender Sättigung erfolgte eine Konzentration auf das Feld der mittelständischen Hotellerie. Doch wie in anderen Branchen, schafft die Konzentration und die damit einhergehende Standardisierung allerdings auch Nischen für neue innovative Anbieter (Wiedamann in Gewald 2002)

Durch den Vormarsch der Billighotelketten, verschärft sich der Wettbewerb auf dem Hotelmarkt noch zusätzlich. Internationale Konzerne planen mindestens 100 zusätzliche Hotels mit Zimmerpreisen im Bereich von 50 bis 70 Euro je Nacht - vor allem in mittleren und großen Städten (A. Möser in Feuring eMagazine 12.10.06). Die meisten Betriebe der Hotelketten sind Spezialisierungen der Stadthotellerie wie Business- / Kongress- und/oder Seminarhotels, die Anzahl der Ferienhotels auf dem deutschen Hotelmarkt ist eher rückläufig.

Zwar hat die Hotellerie die Talsohle im Jahr 2006 durchschritten, jedoch sollte man sich auch an die Vorjahre erinnern. Besonderst das Jahr 2003 war geprägt von besonderen Ereignissen wie z.B. SARS, Irak-Krieg, und wirtschaftlicher Rezession, dies hatte auf dem europäischen Hotelmarkt zu einem RevPar von -2,9 Prozent einer Average Room Rate von -0,7 Prozent und einer Auslastung von – 1,4 Prozent geführt. Im Jahr 2004 gingen die Zimmerpreise durchweg über alle Kategorien und Standorte um durchschnittlich 4,7 Prozent zurück (Das Beherbergungsgewerbe in Deutschland 2004). Trotz des derzeitigen Aufschwungs, zeigt dieses Beispiel wie anfällig die Hotellerie auf wirtschaftliche, politische und gesellschaftliche Ereignisse reagiert.

Aktuelle Entwicklung

Sehr positiv für die deutsche Hotellandschaft, hat die Fußball WM 2006 gewirkt, denn sie hat dazu beigetragen Deutschland als Gastgeberland zu etablieren und das Selbstbewusstsein der Hoteliers zu stärken (vgl. net-tribune 23.10.06). Zudem führte die WM 2006 zu einem enormen Image-Gewinn für Deutschland als Reiseland, so dass mit einem wachsenden Anteil internationaler Gäste (geringe Preissensibilität) in deutschen Hotels gerechnet werden kann.

Bei sieben der Top-Ten-Städte lag das RevPAR-Wachstum über 20 Prozent, dabei schnitt Dortmund mit einem Zuwachs von knapp 29 Prozent gegenüber dem Vergleichszeitraum 2005 am besten ab (net-tribune 23.10.06). Hotelexperten betrachten die Entwicklungen für den Hotelmarkt 2007 zwiespältig, so erwartet z.B. die Treugast Solution Group einen wachsenden Druck auf den Hotelmarkt. „Die Zimmerpreise stagnieren, und die Sättigung auf dem Hotelmarkt nimmt weiter zu." so die Aussage von Stephan Gerhardt dem Chef der Treugast Solution Group in der „Immobilien Zeitung". Der Aussage, dass die Sättigung weiter zunimmt, kann man getrost glauben, denn so wird z.B. die Zahl der neuen Hotelprojekte in Deutschland auf bis zu 300 Häuser mit annährend 30 000 Zimmern geschätzt (vgl. FAZ 09.05.07). Preissteigerungen oberhalb der dreiprozentigen Mehrwertssteuererhöhung und zudem weiter steigende Auslastungsraten, werden hingegen von der Unternehmensberatung Hotour prognostiziert. Eine ähnlich gute Prognose äußert der Hotelberater PKF, er erwartet Zimmerpreissteigerung von drei bis vier Prozent sowie eine Steigerung der Belegungsraten um durchschnittlich zwei Prozent (vgl. o.V.: Hotelmarkt 2007 Verhaltener Optimismus http://www.dg-hyp.de/Hotelmarkt-2007-Verhaltener-Optimismus.706.0.html). Weitere Trends die den Tourismus- und Hotelmarkt kennzeichnen sind:

- Moderne Informationstechnologien wie z.B. das Internet machen den Vergleich von Produkten, Dienstleistungen und Preisen immer einfacher. Auf Internetseiten wie z.B. „holidaycheck.de" werden Reiseziele und Hotelbetriebe bewertet, diese und ähnliche Website tragen enorm zum Auslese- und schließlich zum evtl. Buchungsprozess bei. ***Noch nie war der Vergleichs- und Ausleseprozess bei Reisezielen und Hotelbetrieben so groß.***
- Die Versorgungsfunktion eines Hotelbetriebs tritt immer mehr in den Hintergrund. Gäste wollen nicht nur einfach beherbergt und bewirtet werden – sie wollen etwas erleben. Die sog. Erlebnisfunktion und Innovationen werden die Zukunft des Hotelmarktes prägen. ***Gäste wollen ständig neues erleben.***
- Um Trends zu folgen und Innovationen zu verwirklichen, muss der Hotelier investieren. Manche Themen und Trends wie z.B. „Gesundheit" und „Wellness" sind mit teilweise erheblichen Investitionen verbunden. Diese Investitionen sind allerdings notwendig, um konkurrenzfähig zu bleiben oder es zu werden. ***Wer nicht investiert der verliert.***
- Die durchschnittliche Aufenthaltsdauer verkürzt sich weiter, sie liegt bei Geschäftsreisenden bei 1,5 Tagen, bei Messe- und Kongressreisenden bei 2 Tagen und bei Urlaubs- und Ferienreisenden bei 7 Tagen (Daten aus Gugg: Hotelmarkt 2005). ***Die Aufenthaltsdauer sinkt***
- Auch in der Hotellerie gibt es zunehmend sog. „hybride Konsumenten" – diese sind mal anspruchsvoll und preisbewusst, erlebnishungrig und umweltbewusst, verwöhnt und smart, flexibel und individualistisch, markenorientiert und eklektizistisch, materialistisch und sinnsuchend (vgl. Steinecke S. 85ff.). Hybride Hotelgäste buchen mal teuer und exklusiv, mal einfach und preisgünstig. Daraus folgt: ***Gäste sind mit den Leistungen eines Hotels zwar zufrieden, sind dem Betrieb aber dennoch untreu und buchen bei der Konkurrenz***
- Die „geiz-ist-geil"- Mentalität hat auch Einzug in die Hotellerie gefunden. Kunden sind auf der Suche nach Schnäppchen, Rabatten und Bonussen. Wie auf einem Basar, wird um günstige Hotelzimmerpreise gefeilscht. ***Rabatt- und Schnäppchenjagd.***
- Mit Hilfe von Benchmarking (Orientierung an den Besten) können Verbesserungen im eigenen Unternehmen schnell und effizient durchgeführt werden. Was früher als

Besonderheit galt, wurde heute von so vielen Betrieben imitiert dass es vom Kunden als Basisdienstleistung vorausgesetzt wird. Das Rezept zum Erfolg ist heute Kundenbegeisterung im Gegensatz zu bloßer Kundenzufriedenstellung! (Quelle: Gruner: Vortrag: „Zehn Schlüsseltrends in der Hotellerie“ Vortragsabend „Neue Trends in Hotellerie, neue Trends in der Gastronomie“ Universitätslehrgang für Tourismus 2000).

- Trend hin zu größeren Betrieben mit einer höheren Betten- und Zimmerkapazität (vgl. Steinecke 2006).
- Trend zu größeren und kapitalstarken Hotelunternehmen. Es entstehen immer größere Hotelunternehmen, die vor allem durch Übernahmen und Fusionen resultieren – unter wachsendem Wettbewerbsdruck – aus dem Zwang, optimale economies of scale, steigende Erträge infolge des Größenwachstums zu realisieren (Vorlaufer: in Landgrebe: 1.Aufl. 2000).

Betrachtet man die Entwicklung der Preispolitik, so können für das Jahr 2007 gute Prognosen gegeben werden. Bereits im ersten Halbjahr 2006 stiegen der Umsatz, die Zimmerauslastung und der durchschnittliche Zimmerertrag (RevPar) – die Hotels verzeichneten 4 Prozent mehr Übernachtungen (o.V. „Zugpferde Stadt und Gesundheit“ in First Class 1-2 2007). Die Preise stiegen um 9,1 Prozent, so das durchschnittlich ein Zimmer 89,00€ kostete. Dennoch besteht für Deutschland in einigen der Toplagen der Innenstädte ein preislicher Nachholbedarf bei Hotelübernachtungen zwischen 50 und 100 Prozent (Jagdfeld 2001).

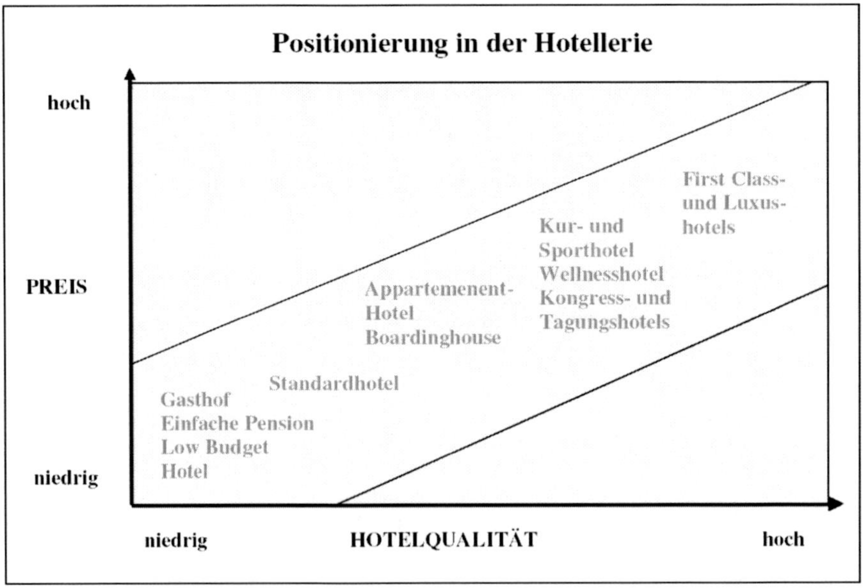

(Abb.: Positionierung in der Hotellerie)

Die derzeitigen Preisaktivitäten der deutschen Hotellerie beschränken sich weniger auf die generelle Erhöhung der Zimmerpreise oder die Reduzierung der Corperate Rates – vielmehr geht es um die Einführung von neuen Preismodellen (Yield Management) oder das Austesten der Preismodelle der Online-Vertriebspartner (z.B. HRS Exklusiv Preise). Ein Trend, besonderst bei den Hotelkonzernen ist die Einführung dynamischer Preisstrukturen, die weg von Kontingenten und fixen Firmenraten gehen (vgl. Pressemitteilung 14.02.06 www.carlsonwagonlit.com). Durch flexible Raten und dynamische Preisen können Hoteliers besser bzw. gezielt die Nachfrage steuern / ausgleichen und höhere Erträge erwirtschaften. Ob sich durch flexible Raten erhebliche Preissteigerungen durchsetzen werden lassen, bleibt abzuwarten. Durch den anhaltenden Aufschwung und die Verbesserung auf dem Arbeitsmarkt, kann auch weiterhin eine positive Entwicklung von Auslastung und Preisgefüge erwartet werden.

Der heute multioptionale, hybride und / oder gläserne Kunde der reiseerfahren und qualitätsbewusst ist, verlangt neue touristische Produkte / Dienstleistungen / Erlebnisse, neue Distributionskanäle und Marken, sowie neue Vermarktungs- und Verkaufssysteme, wie sie in kombinierten Kundendaten-. Reservierungs-. und Yield Managementsystemen heute zum Ausdruck kommen (Weiermair 2003).

Auswirkungen auf den Hotelvertrieb

Durch die rasante technologische Entwicklung, entstanden auch in der Hotellerie neue Distributionskanäle, Preismodelle und Marketingstrategien welche das Hotelmanagement und besonderst den Hotelvertrieb evolutionär verändert haben. Die ursprünglichen Buchungskanäle wie Telefon, Fax oder die schriftliche Reservierung treten zunehmend in den Hintergrund. Durch die sog. Multichannel-Distribution wurde das Pricing und der Verkauf der Hotelkapazitäten – besonderst in Bezug auf die Transparenz des Internets – teilweise erheblich erschwert. Aber dennoch besteht - durch die preispolitische Notwendigkeit der Preisdifferenzierung – ein für den Kunden kaum transparentes Geflecht von Raten, Rabatten, Nachlässen und Sonderkonditionen (vgl. Eisenstein/Gruner 2003). Da Hotelketten über eine größere Finanzkraft als Einzelunternehmen verfügen, ist es für sie auch einfacher möglich, die Preise und Auslastung durch computergestütztes Yield-Management zu steuern. Die mittelständischen Hotelbetriebe sollten jedoch auch die Chance ergreifen, durch Nutzung moderner Informations- und Kommunikationstechniken neue Vertriebswege und Gastsegmente zu erschließen. Nur so können sie den Hotelketten Paroli bieten.

Der Wettbewerb in der Hotellerie – sowohl weltweit als auch in Deutschland – nimmt stetig zu, dadurch entsteht ein erheblicher Druck auf die Hoteliers, die ihre Hotelzimmer und Dienstleistungen erfolgreich und vor allem effizient verkaufen müssen. Das im internationalen Vergleich niedrige Preisniveau in der deutschen Hotellerie, ist hauptsächlich durch die enormen Überkapazitäten entstanden. Die hohe Kundenfluktuation in unserer Branche, verleitet einige Anbieter ferner zu kurzfristig angelegten Aktionen, die in erster Linie zur Sicherung einer anvisierten Kapazitätsauslastung beitragen sollen (Bruhn/Meffert, S. 134 ff.). Durch Preisdifferenzierungen und Last-Minute-Angebote wird die Auslastung der verfügbaren Kapazitäten angestrebt, um Deckungsbeiträge und den Gewinn zu steigern. Der Einsatz von Pricing-Modellen und Yield-Management erfolgt in der Hotellerie mit zunehmender Bedeutung.

Das Hotel als System im „System Tourismus“

In dem Lehrbuch von K. Hentschel wird Hotelmanagement als ***Gestalten, Lenken und Entwickeln einer Hotelunternehmung als zweckorientiertes soziales System*** umschrieben. Aus dieser Definition des Hotelmanagements ist ersichtlich, dass eine Hotelunternehmung selbst ein zweckorientiertes soziales System darstellt. Formal ist ein System eine Anordnung von Elementen, die durch wechselseitige Beziehungen gekennzeichnet sind. (vgl. Vester, Tourismustheorie 1999).

Zur Einordnung der Hotellerie als Branche in unser Wirtschaftssystem ist ein Bezugsrahmen notwendig. Dieser kann als System Tourismus beschrieben werden, dessen Beziehungsgeflecht durch die Subsysteme Tourismussubjekt (Touristen) und Tourismusobjekt (Orte, Unternehmen) determiniert wird (vgl. Kaspar 1991). In diesem System haben die Hotels eine herausragende Bedeutung, da sie als objektbezogene Tourismusunternehmen eine enge Beziehung zum Tourismusort haben und die „wesentliche touristische Grundleistung“, die Beherbergung, anbieten (C. Laesser, Kriterien für die Finanzierung in der Hotellerie...)

Das Hotel ist in einem ganzheitlichen integrativen mehrdimensionalen System im Tourismus eingebunden, es stellt somit das institutionelle Subsystem des Tourismus - das Tourismusobjekt - dar. Der Tourist / Gast, der auch als das „Tourismussubjekt“ bezeichnet wird, fragt bzw. konsumiert die Leistungen des Hotels = „Tourismusobjekt“ (Sölter: Buchprojekt Hotellerie und Gastronomie – eine betriebswirtschaftliche Einführung).

Ein Hotelunternehmen als soziales System, ist somit ein Teil des „System Tourismus“, wobei dieses System wiederum ein Teilsystem des „Gesamtsystems Wirtschaft“ ist (vgl. Buer 1997).Das System „Hotel“ setzt sich aus verschiedenen Subsystemen (z.B. Zubereitung, Service, Bettenverkauf) zusammen und existiert in einer Umwelt zu welches es gesellschaftliche, technische und wirtschaftliche Beziehungen unterhält (Jamin/Schaetzing 1982). Die kleinsten Einheiten in diesem System sind die Menschen und Maschinen (vgl. Jamin /Schaeting 1982).

Innerhalb des System Tourismus bzw. innerhalb der Tourismuswirtschaft ist die Hotellerie den kommerziellen Dienstleistungsunternehmen zuzuordnen und besteht neben Gastronomie, Reismittlern und Reiseveranstaltern (vgl. Velsen-Zerweck / Pommrich). Abgesehen von den kommerziellen Anbietern zählen öffentliche Institutionen (z.B. das Fremdenverkehrsbüro) und Distributoren als zwei weitere Bereiche zum Tourismusmarkt (Velsen-Zerweck / Pommrich). Insbesondere die Hotellerie ist der zentrale lokale Leistungsträger im Tourismus denn Reisen erstrecken sich zum überwiegenden Anteil auf Mehrtagsreisen. Kernbestandteil von Mehrtagsreisen ist die Übernachtung bzw. die kommerzielle Beherbergung in einem Hotelunternehmen (vgl. Dettmer 1999).

Definition Hotel

Leider hat sich für den Begriff „Hotel“ oder „Hotelunternehmen“ kein einheitlicher Begriff bzw. eine allgemeingültige Definition durchgesetzt. Für den Begriff Hotelunternehmen und die damit verbundenen Dienstleistungen gibt es eine Vielzahl von Typologisierungsansätzen (vgl. Frehse 2003). Ein Grund hierfür ist, dass einer allgemeinen Begriffsauffassung von Hotel oder Hotelunternehmen bislang die in der Branche vorherrschende Heterogenität im Sinne vielfältiger Leistungsbündel und –facetten entgegensteht (vgl. Bouncken 1997). So kam auch Hunziker der in seiner Publikation „Betriebswirtschaftslehre des Fremdenverkehrs“ zahlreiche Definition des Begriffs „Hotels“ untersuchte, zu dem Ergebnis, das wohl keine dieser Definitionen ob nun summarische oder ausführliche zu einem befriedigenden Ergebnis führen. Problematisch für eine verbindliche Definition ist die Formvielfalt der Betriebsart Hotel. Das Hotel zeigt sich im Wandel der Zeit in so vielfältigen Erscheinungsformen, dass es kaum möglich erscheint, sie alle in einem präzisen Begriff zusammenzuführen (Seitz 1997).

Definition Hotel: ***Ein Hotel ist ein der Hotellerie (nicht Parahotellerie) zugehöriger Behergungsbetrieb in dem eine Rezeption, hoteltypischen Dienstleistungen, tägliche Zimmerreinigung, zusätzliche Einrichtungen und mindestens ein Restaurant für Hausgäste und Passanten angeboten werden. Ein Hotel sollte über mehr als 20 Gästezimmer verfügen.*** (leicht veränderte Definition des DeHoGa)

Besonderheiten des Angebots in Hotellerie und Gastronomie

Die Aufgabe des Hotels besteht darin, dass es während der Dauer der Leistung eine möglichst enge und innige Beziehung zu der Gesamtpersönlichkeit des Verbrauchers (Gastes) herstellt und Dienste und Dinge, die es ihm darreicht, zu einer harmonischen Gesamtwirkung auf Geist und Körper des Kunden vereinigt, in einer Wirkung, die jedoch auf die Zeitdauer begrenzt ist, innerhalb derer die gastgewerbliche Leistung dargeboten wird (vgl. Willareth: in Thoms S. 537). Das eigentliche Angebot im Hotel- und Gaststättengewerbe ist auf die Befriedigung der Kundenbedürfnisse in den Komplexen Ernährung, Wohnung und Kultur ausgerichtet (vgl. Autorenkollektiv 1970).

In der Hotellerie und Gastronomie werden die Angebote immer ähnlicher, viele Leistungen werden angeboten aber nur selten auch verkauft. Das Angebot eines Hotels verkörpert primär die Bereitstellung materieller Leistungsdimensionen, wie beispielsweise der Räumlichkeit, der Inneneinrichtung und technischen Ausstattung oder auch der Speisen und Getränke, die mit einer Vielzahl weiterer Dienstleistungen (z.B. Weindegustationen mit einem Sommelier) kombiniert werden. Die Anzahl und Größe der Räume spiegelt die Leistungskapazität eines Hotels für die jeweiligen Leistungen wider (vgl. Schultze 1993). Die kleinste Kapazitätseinheit neben dem eigentlichen Flächenmaß ist für die Beherbergung das Hotelzimmer, für die Bewirtung der Tisch- und Sitzplatz, für Tagungen und Bankette die Anzahl der Tagungs- und Banketträume mit der jeweiligen Anzahl an Tisch- und Sitzplätzen (vgl. Schultze 1993). Das Niveau der Beherbergungsleistungen wird durch ein breites Angebot von Zimmertypen mit gestaffelten Preisen bestimmt (Autorenkollektiv 1970). Das Grundproblem des Produktes bzw. des Angebotes eines Hotelunternehmens, ist die kurzfristige Lebenszeit von nur 24 Stunden oder um es noch knapper zu sagen, nur für eine Nacht, wird es nicht genutzt, kostet es nur Geld und bringt nichts ein und löst sich in Wohlgefallen auf (vgl. Grothues 1990),

Das Leistungssystem eines Hotelunternehmen ist durch die Bereiche Beherbergung, Bewirtung (Gastronomie) und Nebenleistungen gekennzeichnet (Gardini 1997) Das gastgewerbliche Angebot besteht sowohl aus materiellen und immateriellen Leistungen, welche auf die Bedürfnisse und Wünsche der Gäste ausgerichtet werden müssen. Um die Komplexität der Hotelleistungen vor allem im Hinblick auf eine kundenorientierte Perspektive transparenter zu gestalten, empfiehlt sich für analytische Zwecke eine gedankliche Trennung des Leistungssystems einer Hotelunternehmung in ein materielles und immaterielles System (Gardini 1.Aufl. 1997).

Zur materiellen Komponente des Leistungssystems eines Hotels, zählt all das - was dem Gast im Zusammenhang mit dem Zimmer (Beherbergung) angeboten wird (vgl. Gardini 2004. S.42). Materielle Leistungsdimensionen halten Hotels z.B. in Form von Anlagen bereit, die sich in die Hauptbereiche Bauten, Mobiliar und Maschinen einteilen (vgl. Bouncken 1997). Die Aufgabe des Leistungsangebotes einer Hotelunternehmung, umfasst sowohl die Bereitstellung der Beherbergungs-, Verpflegungs- und allfälliger Nebenleistungen, die für den Gast einen Grundnutzen darstellen, als auch die Schaffung von Behaglichkeit, Freundlichkeit, und „Ambiance". Die materielle Komponente in der Gastronomie und im F&B-Bereich der Hotellerie besteht zum einen aus den Speisen und Getränken (alles was dem Gast zum Verzehr angeboten wird) und zum anderem aus dem Komfort – der alles Materielle, das dem Gast zur Verfügung gestellt wird umfasst (vgl. Poggendorf: 1991 S. 98). Nach Bouncken bezeichnet der Begriff „Hardfacts“ die materiellen Dimensionen im Hotel zutreffend (vgl. Bouncken 1997).

Zur materiellen Komponente der Hotelleistung zählen somit die Beherbergung, Speisen / Getränke und Komfort. Die Beherbergung und Bewirtung können somit als die zentralen Komponenten der gastgewerblichen Leistung bezeichnet werden. Der zur Leistung gehörende Komfort, zählt allerdings nur zu den sog. komplementären Komponenten der gastgewerblichen Leistung.

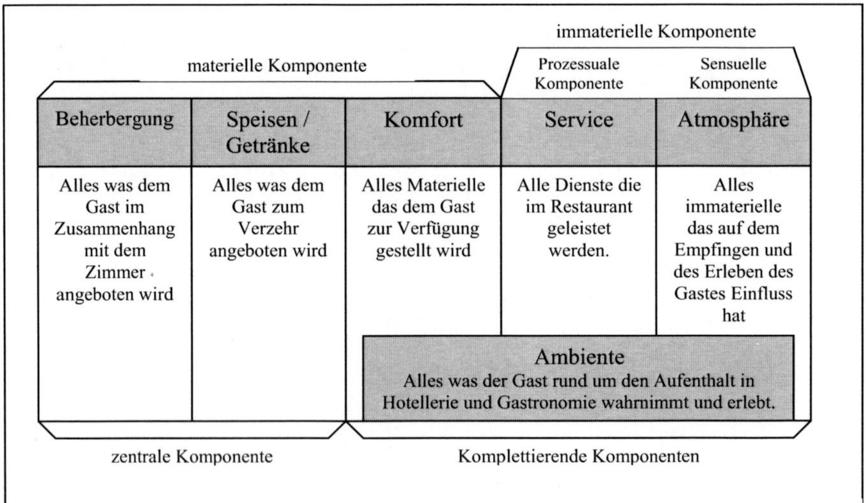

(Abb.: Dimensionen der Hotelleistung nach Poggendorf 1991 und Gardini 2004)

Es muss jedoch berücksichtigt werden, dass sich die Nachfrage nach Hotelleistungen nicht ausschließlich auf das materielle Leistungssystem bzw. nur auf die von Maslow definierten physiologischen Grundbedürfnisse nach Nahrung und Wohnung beschränkt, sondern auch auf eine Fülle zusätzlicher Leistungen wie z.B. Gastfreundschaft, Höflichkeit oder Atomsphäre, die sich vielmehr aus übergeordneten Bedürfnissen wie sozialen Bedürfnissen, Bedürfnis nach Wertschätzung oder nach Selbstverwirklichung ableiten (vgl. Barth/Benden/Theis). Daher wird zunehmend auch die präferenzstimulierende Wirkung der so genanten immateriellen Leistungsdimensionen erkannt (Bauer/Keller: in Homburg 5. Auflage).Die immaterielle Komponente der Bewirtungsleistung kann in eine prozessuale und eine sensuelle Komponente unterschieden werden. Die prozessuale Komponente in der Gastronomie umfasst alle Dienste die im Restaurant geleistet werden – also den sog. Service (vgl. Poggendorf: 1991 S. 98). Ergebnis des Zusammenwirkens der angesprochenen immateriellen Faktoren ist ein abstrakter Zustand, der auf sozi-emotionaler Ebene positiv oder negativ als Atmosphäre, Klima oder Ambiance empfunden wird (Gardini: 1.Aufl. 1997 S. 43). Die immateriellen Leistungsdimensionen – vor allem menschliche Dimensionen – lassen sich als sog. „Softfacts“ bezeichnen (vgl. Bouncken 1997). Leider wird von Seiten der Hotellerie, die Suche des Gastes nach emotioneller Bedürfnisbefriedigung nur selten oder zu wenig berücksichtigt.

Die Atmosphäre, welche physiologische (Beleuchtung, Geräusche), psychologische (Dekorationen, Musik/Tanz) und soziopsychologische (Animation, Kommunikation) Faktoren umfasst, wird als sensuelle Komponente der Bewirtungsleistung definiert (vgl. Poggendorf: 1991 S. 98). Die Atmosphäre umfasst alles immaterielle das auf das empfinden und erleben des Gastes Einfluss hat.

Die Relevanz der Erlebnisfunktion der Gastronomie kommt klar zum Ausdruck, wenn in allen vorliegenden Marktforschungsprogrammen die Atmosphäre eines Gaststättenbetriebs die erste Rangstelle eingeräumt wird (Kaub 2. Aufl. 1990).

Eine sowohl materielle als auch immaterielle Komponente der Hotelleistung, stellt das sog. Ambiente dar. Das Ambiente umfasst in der obigen Abbildung die Komponenten Service, Komfort und Atmosphäre - dass Ambiente wird in einem gastgewerblichen Betrieb geboten, um die Speisen und Getränke als Bewirtungsleistung komplett und möglichst attraktiv zu machen (vgl. Poggendorf: 1991 S. 97).

In der Publikation von Dr. Zegg (Arbeitsplatz Hotellerie 2. Aufl.) werden die immateriellen (nicht direkt erfassbaren) Faktoren der Hotelleistung wie z.B. Freundlichkeit, Ambiance oder im weitesten Sinne die Atmosphäre unter dem Begriff der „Haushaltsfunktion“ zusammengefasst. So ist das Hotel nicht nur ein ökonomisches sondern auch ein soziales System, mit der Aufgabe der Bereitstellung von Beherbergungs-, Verpflegungsmöglichkeiten und Nebenleistungen, sowie die Schaffung von Behaglichkeit, Freundlichkeit, usw. als Zusatznutzen für den Gast.

Für die Anbieter im Gastgewerbe – die Gastronomen und Hoteliers – ist jedoch auch entscheidend zu wissen, dass sich ihr absatzfähiges Leistungspaket in der Regel aus drei verschiedenen Leistungsarten zusammensetzt, deren betriebswirtschaftliche Bedingungen, Kosten und Einsatzkriterien sehr unterschiedlich sind:

- in einem Angebot aus der Leistung eigener ***Produktion***
- einem Angebot and ***Handelsleistungen***
- und dem meisten größten Angebotsteil verschiedener ***Dienstleistungen***

(vgl: Hamer/Riedel: Gastronomie-Marketing 1990 S.33)

Als Anmerkung sei hier erwähnt, dass sich die Handelsleistungen eines Hotels nicht ausschließlich auf etwa den Verkauf von Zeitschriften, Getränken und Sorten beschränkt, sondern einige Autoren (z.B. Meyer oder Frehse) zählen auch die Vermietung des Hotelzimmers hierzu. Dies erklärt sich aus der Tatsache, dass bei der Überlassung bzw. Vermietung des Versorgungsobjektes Hotelzimmer weder ein immaterielles Leistungspotential noch eine Interaktion zwischen dem Anbieter der Leistungsfähigkeit und dem externen Faktor (Gast) vorliegt. (vgl. Frehse: Dienstleistungskompetenzen in der internationalen Hotellerie).

Diese drei oben genannten Leistungsarten können entweder einzeln oder zu zweit kombiniert oder alle drei gemeinsam im Angebot eines gastgewerblichen Betrieb enthalten sein (vgl: Hamer/Riedel: 1990 S.33).

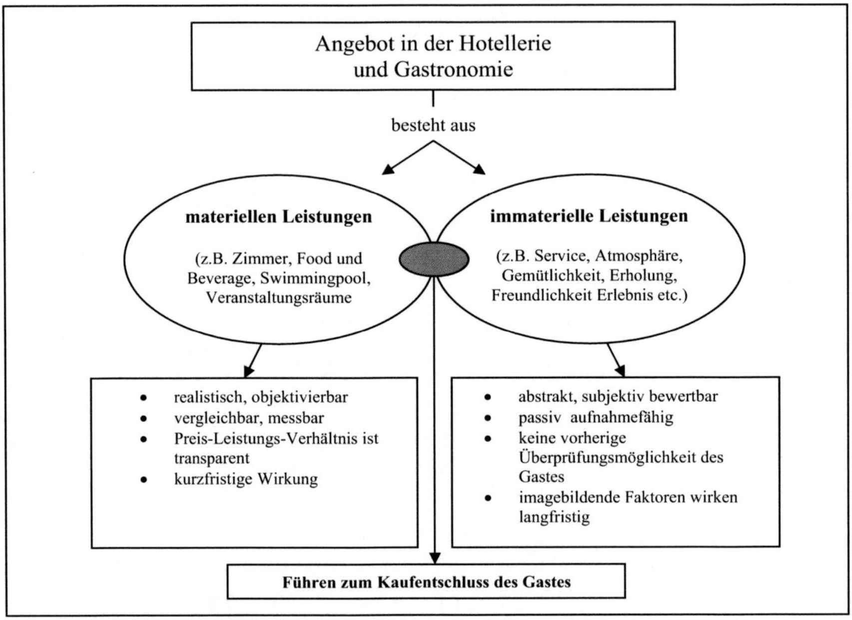

(Abb. .E. Schaetzing: Qualitätsorientierte Marketingpraxis in Hotellerie und Gastronomie 3. Aufl. S.41)

In der deutschen Hotellerie besteht eine sog. Angebotsstarre, die Unelastizität des Angebotes macht das Hotel wie kaum einen anderen Betrieb empfindlich gegenüber Nachfrageschwankungen (vgl. Zegg 2. Aufl. 1989). Grundsätzlich sind die Möglichkeiten eines Hotels, die Kapazität kurzfristig zu erweitern, sehr beschränkt, dies gilt besonderst bei kurzfristigen Schwankungen im Logisbereich (Schultze 1993 S.84) Das Angebotsspektrum der Dienstleistungen in der Hotellerie stellt sich äußerst heterogen dar und ist meist abhängig von der jeweiligen Güteklasse des Hotelbetriebs. Zudem hängt das Angebot stark mit der jeweiligen Gästepolitik und der Marketingstrategie zusammen. Darum sollten sich die Anbieter von gastgewerblichen Leistungen, mit unterschiedlichen Angebotsformen für die einzelnen Marktsegmente differenzieren.

Anbieter im Hotel- und Gaststättengewerbe fungieren in erster Linie als Anbieter einer Beherbergungs- oder einer Bewirtungsleistung, oder einer Kombination dieser beiden Leistungen. Darum muss bei der Angebotsgestaltung darauf geachtet werden, dass die angebotenen Produkte und Dienstleistungen mit der Betriebsart / -form des Hotels harmonieren. Es macht z.B. keinen Sinn in einem Bahnhofshotel einen exklusiven Wellnessbereich anzubieten. Das Hotel ist zudem ein sog. typischer Tourismusbetrieb, den Schwerpunkt seines Angebots bildet die Spezialisierung auf Touristen- oder Geschäftsreiseverkehr. Je nach Spezialisierung ist das Angebot auf die Bedürfnisse der Zielgruppe (Freizeitreisende oder Geschäftsreisende) auszurichten.

Wachsende Bedeutung erhalten neben den Leistungen „rund ums Bett“ zusätzliche Angebote, die entweder vom Beherbergungsbetrieb oder in Kooperation mit Partnern offeriert werden (Landesmarketing Sachsen / DEHOGA Magdeburg 2004). Zu den wichtigsten dieser Leistungen zählen: Betreuungs-, Informations-. und Unterhaltungsleistungen. Im Einzelnen sind es:

- Kinderbetreuung
- ÖPNV-Tickets, Eintrittskarten für Veranstaltungen, Museen, Theater und Freizeitattraktionen.
- Auslage, Verleih oder Verkauf von Stadtplänen, Prospekten, Gastronomie- und Kulturführer, Fahrplänen (kleine übersichtliche Stadtpläne sollten kostenlos an der Rezeption an die Gäste abgegeben werden)
- Vermittlung von Stadt- und Ortsführungen
- Transfer zum Bahnhof oder Flughafen (Shuttle-Bus)

(vgl: Landesmarketing Sachsen /DEHOGA Magdeburg: Ratgeber Produktentwicklung 2004)

- Zusammenarbeit mit örtlichen Leistungsträgern wie z.B. Schifffahrtsbetrieben, Busunternehmen, Sportvereinen usw. um Packages zu erstellen.

Nur durch eine nachhaltige Differenzierung des Leistungsangebotes und durch innovative Hotel-Produkte kann ein unverwechselbares Profil geschaffen werden.

Leistungserstellung in der Hotellerie

Im Gastgewerbe haben wir im Kleinen alle Bereiche unserer volkswirtschaftlichen Produktionssektoren abgebildet. In der Küche haben wir eine „industrielle“ Produktion (Fertigung von Speisen) und im Restaurant neben der Dienstleistung einen Handelsbetrieb, in dem wir zum Beispiel Getränke einkaufen und wieder verkaufen (Wolf K., 2005 S.120). Im Beherbergungsbereich können die Hotelzimmer als Produktionsfaktoren (Einsatz von Betriebsmitteln) gesehen werden, ihre Überlassung an den Gast ist die (Dienst-) Leistung (vgl. Hänssler 4. Aufl.). Betrachtet man die Grundfunktionen eines Hotelbetriebs, so umfassen diese zum einen die Bereitstellung einer Übernachtungsmöglichkeit und auf der anderen Seite die Verpflegung/Bewirtung der Gäste mit verzehrfähigen Speisen und Getränken. Aus diesen beiden Grundfunktionen eines jeden Vollhotels, können die Leistungsbereiche ***Beherbergungsleistungen*** und ***Verpflegungsleistungen*** unterschieden werden. In der einschlägigen Fachliteratur zur Hotellerie gibt es teilweise unterschiedliche Auffassungen, welche Leistungsbereiche für die Erstellung von originären Hotelleistungen verantwortlich sind. So zählt z.B. Bouncken neben den Leistungsbereichen Beherbergung, Verpflegung,

Zusatz- und Nebenleistungen noch den Bereich Verwaltung auf. Mehrheitlich werden jedoch nur die Bereich Beherbergung, Verpflegung/Bewirtung und Komplementärleistungen genannt (z.B. Hentschel, Gardini, u.a.), daher beschränken sich die Ausführungen in dieser Arbeit auf diese drei Hauptleistungsbereiche einer Hotelunternehmung.

.

Bevor nun die einzelnen Leistungsbereiche einer Hotelunternehmung näher beschrieben werden, soll kurz der Unterschied zwischen gastgewerblichen Rahmendienstleistungen und gastgewerblichen Hauptdienstleistungen beschrieben werden. In einem Hotel werden gastgewerbliche Rahmendienstleistungen benötigt, um überhaupt die Hautleistung des Hotelbetriebs erbringen zu können (vgl. Hammer / Riedel 1990). So ist z.B. die Bereitstellung und Ausstattung des Hotelgebäudes Rahmenbedingung dafür, dass ein Gast im Hotel übernachten kann bzw. das vom Hotelier und seinen Angestellten die Hauptleistungen „Beherbergung" und „Bewirtung / Verpflegung" überhaupt erst erbracht werden kann. Diese theoretische Unterscheidung nach Rahmendienstleistung und Hauptdienstleistung hat für das Gastgewerbe den Sinn, darauf hinzuweisen, wie geschäfts- und erfolgsnotwendig bereits das Rahmenangebot des Hoteliers ist (vgl. Hammer /Riedel 1990). Ohne ein ordentliches, gepflegtes und attraktives Hotelgebäude würden Gäste evtl. nicht in diesem oder jenen Beherbergungsbetrieb übernachten. Ohne einen ansprechenden Rahmen sind auch anspruchsvolle Dienstleistungen nicht abzusetzen, weil anspruchsvolle Gäste auch entsprechende Ansprüche an den Dienstleistungsrahmen stellen (Hammer / Riedel 1990). Im Ergebnis kann festgehalten werden, das sowohl die gastgewerbliche Rahmendienstleistung mit der gastgewerblichen Hauptdienstleistung miteinander harmonisieren muss.

Beherbergung: Die Logis ist eine der grundlegenden Dienstleistungsfunktionen des Hotelbetriebs. Aus der Dienstleistungskette des Tourismus abgeleitet, besteht somit die Beherbergungsleistung des Hotels in der Bereitstellung von Unterkunftsmöglichkeiten bzw. den unterschiedlichen Kategorien der Hotelzimmer (Einzelzimmer, Doppelzimmer, Suite, Appartement etc.) Die Bereitstellung der sog. Hardware ist die eine Seite, jedoch wesentliche Aufgaben sind u.a. die Betreuung des Gastes durch die Rezeption (Reservierungsannahme, Check in und – Check out, Beratung und Beschwerdeannahme, Inkasso) und in großen Hotels durch den Concierge (Nachrichten, Informationen, Wecken, Theaterkarten, kleine Besorgungen durch Hotelangestellte, Tischreservierungen), die Raumpflege des Hotelzimmers und der übrigen Geschäftsräume (Konferenzräume, Lagerräume, Back Office, Fernsehzimmer etc.) die Reinigung der Hotelwäsche (teilweise auch Gästewäsche), die Gewährleistung der persönlichen Sicherheit des Gastes hinsichtlich Diebstahl und Gesundheit (vgl. hierzu Schultze: 1993 S.79). Je nach Zielpublikum gehört zur Beherbergungsleistung auch das Bereitstellen von Gesellschaftsräumen, sowie dem Hallenbad, die Sauna ,der Whirlpool usw. soweit diese nur den Hotelgästen offen stehen und keine besonderen Nebenleistungen erbringen (Zegg: 2. Aufl. 1989) Corsten benennt die Beherbergungsleistung als verrichtungsorientierte Dienstleistung, bei der der Leistungsnehmer die Teilnahme an der Faktorkombination nachfragt und dabei selbst Produktionsfaktor wird. Ohne die Integration und Anwesenheit des externen Faktors (Gast / Tourist) ist also weder die Erstellung einer Beherbergungs- oder Bewirtungsleistung möglich. Der Gast wird ein Teil (Produktionsfaktor) der Beherbergungsleistung und bestimmt somit teilweise auch den Erfolg oder Misserfolg der Leistungserstellung – im weitesten Sinne somit die Qualität der Bewirtungs- oder Beherbergungsleistung.

- Die Beherbergungsleistungen eines Hotels bestehen aus der Kombination von produktiven Faktoren, den Anlagen und Räumlichkeiten eines Hotels sowie menschlichen Arbeitsleistungen sowie,
- Dienstleistungen welche von Mitarbeitern (Personen = pers. Dienstleistungen) aus dem Housekeeping oder dem Front Office erbracht werden.

<table>
<tr><th colspan="5">Beherbergungsbereich</th></tr>
<tr><td colspan="3">Bauliche Anlagen
(Hardware)</td><td colspan="2">Dienstleistungen des Hotelpersonals
(Software)</td></tr>
<tr><td>Hotelzimmer</td><td colspan="2">Sonstige bauliche Anlagen</td><td rowspan="2">Empfangsbereich</td><td rowspan="2">Etagenbereich</td></tr>
<tr><td>Produktive Flächen</td><td>Produktive Flächen</td><td>Un-produktive Flächen</td></tr>
</table>

(Abb.: Beherbergungsbereich)

Verpflegung/Bewirtung: Die Bewirtung ist eine Dienstleistung mit einem immateriellen Ergebnis. Dieses besteht in einem Versorgungszustand, beschreibbar als Befinden, als Stimmungslage des Gastes. Es handelt sich jedoch nicht um eine Sachleistung (Poggendorf: 1. Aufl). Zwar besteht die eigentliche Verpflegungsleistung zu einem großen Teil aus Produktions- und Handlungsfunktionen, jedoch dominiert auch hier der Aspekt der Dienstleistung - da der Absatz der Leistung über das Servicepersonal (= persönliche Dienstleistung) erfolgt. Die Bewirtungs- / Verpflegungsleistungen eines Hotels können ihrem Ursprung nach nicht als Einheit erfasst werden, weil es hier keine so bequeme Maßgröße wie diejenige der Übernachtung gibt (vgl. Kunz: 3. Aufl. S. 27). Der Verpflegungsbereich gliedert sich gewöhnlich in die Funktionsbereiche Lager- und Materialwirtschaft (Keller) sowie Küche und Service in der Gastronomie (vgl. Bouncken 1997).

Eine Verpflegungsleistung kommt nur dann zustande, wenn ein Gast den gastgewerblichen Betrieb betritt, seine Bestellung aufgibt und die bestellten Speisen und Getränke an Ort und Stelle konsumiert. Daraus folgt, das die vollständige Hotel- und Restaurantverpflegung an den Bewirtungsraum in dem der Gast bedient wird gebunden ist, bzw. setzt die Verpflegungsleistung die Bereitstellung der Konsumationen im gastgewerblichen Betrieb voraus (Sölter 2005). Die Verpflegungs-/ Bewirtungsleistung entsteht im Gegensatz zur Beherbergungsleistung in direktem und indirektem Kundenkontakt. So finden einige Bestandteile der Bewirtungsleistung wie z.B. die Getränke- oder Speiseherstellung außerhalb der direkten persönlichen Interaktion zwischen Kunden (Gast) und Dienstleister (Personal des gastgewerblichen Betriebes) statt.

Nach Bober, besteht der Prozess der Leistungserstellung in der Gastronomie aus zwei Teilprozessen.

1. Die Herstellung der Leistungsbereitschaft (Speisen und Getränke werden zubereitet bzw. in einen verzehrfähigen Zustand gebracht. Ebenfalls wird der Verzehrbereich (Gastraum, Restaurant) und das Personal zur Verfügung gestellt.
2. Im zweiten Schritt (Endkombination der Produktionsfaktoren), findet unter Mitwirkung des Gastes, die eigentliche Produktion der Bewirtungsleistung statt.

(Quelle: Bober: Der Gast als Subjekt und Objekt bei der Leistungserstellung in der Gemeinschaftsgastronomie in: Schriften zur Oecotrophologie 3 1986 S. 3 – 26)

Weitere Bestandteile der Verpflegungs-/Bewirtungs- oder Gastronomieleistung sind die Sortimentstiefe, Sortimentsbreite, Qualität des F&B Angebotes, Service (Umfang der Serviceleistungen, Niveau und Verhalten der Servicemitarbeiter) sowie die Ausstattung des Restaurants und die Öffnungszeiten (Dienstleistungsbereitschaft). Neben der eigentlichen Bewirtungs-/Verpflegungsleistung und dem Angebot der Speisen und Getränke im verzehrfertigen Zustand können noch weitere Dienstleistungselemente wie z.B. die Bereitstellung des Gastraumes mit entsprechender Ausstattung, das Angebot an Musik oder die Bereitstellung einer Tanzgelegenheit hinzukommen (vgl. Reisen 1986).

Die Bewirtungs-/ Verpflegungsleistung umfasst demnach (R. Zegg, 2. Aufl.):

- ***die Bereitstellung der Konsumation***
- ***die Bereitstellung des Gastlokals***
- ***die Bedienung der Gäste***

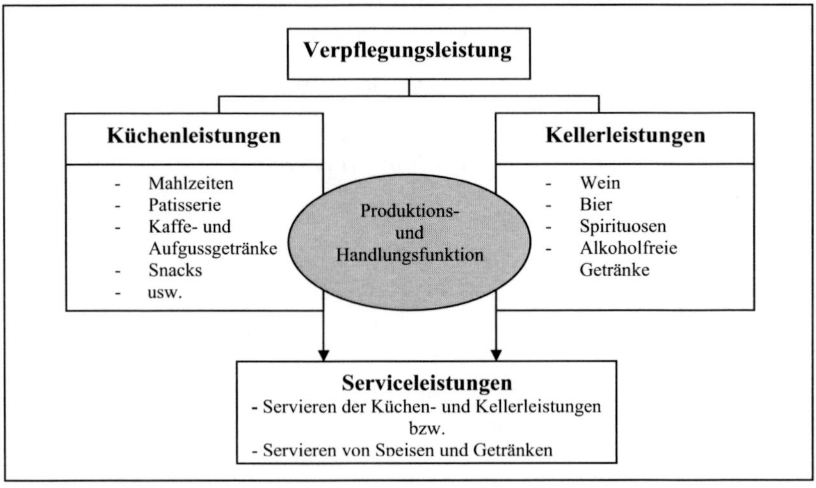

(Abb.: „Die Verpflegungsleistung" eigene Darstellung)

Die eigentliche Verpflegungsleistung kann in die zwei Hauptpfeiler Küchen- und Kellerleistungen unterteilt werden. Bei den Kellerleistungen, von den gemixten Getränken abgesehen, wird ein anderwärts produziertes Sachgut (Ware) bereitgestellt und dem Gast serviert; die Bereitstellung des Getränkes ist hier der Leistung eines Detailhandelsgeschäfts sehr ähnlich (Kasper/Kunz: 1982 S. 43). Die Küche vereinigt menschliche Dienstleistungen durch die Bearbeitung und Erstellung von Speisen und materielle Vorleistungen aufgrnd des hohen Anteils an vorgefertigten Speisen (Wegner 1986 zit. in Bounchken 1997).

Merke: Zu den ***Küchenleistungen*** zählt all das, was mit der Produktion und dem Verkauf von Speisen zu tun hat. Zu den ***Kellerleistungen*** gehört alles, was mit Getränken bzw. mit dem Getränkeverkauf zu tun hat.

Charakteristisch ist sowohl für die Küchen- als auch für die Kellerleistungen, das ihr Absatz über eine menschliche Dienstleistung (Service) erfolgen muss und sie erst dann zu einer Hotelleistung werden, wenn der Gast die Produkte in den Räumlichkeiten des Hotels zu sich nimmt (Gardini 1997 S. 41).

Nebenleistungen

Die Nebenleistungen des Hotels sind vielfältiger Natur (Kunz: Die Kosten des Hotels 3. Aufl.). Zu den normalen Hauptleistungen werden in einem Hotel Nebenleistungen wie z.B. chemische Reinigung der Gästewäsche, Reinigung des Autos der Gäste, Schuhputzservice, Vermietung der hoteleigenen Tennisplätze sowie die sog. Detailhandelsleistungen wie der Verkauf von Kioskwaren (Zigaretten, Zeitschriften, Schokolade, Postkarten usw.) gezählt.

- Als neben- oder komplementär Leistungen werden solche Leistungen bezeichnet, die das Angebot der Verpflegungs- und Beherbergungsleistungen ergänzen. Dabei handelt es sich um Nebenleistungen die eigentlich nicht dem Hauptzweck des Hotelbetriebes entsprechen aber jedoch vom Gast nachgefragt werden.
- Bei diesen Komplementärleistungen können sachbezogene und personenbezogene Komplementärleistungen unterschieden werden. Sachbezogene Komplementärleistungen wären z.B. Fahrradverleih, Reparaturleistungen an Kleidungsstücken, - zu den personenbezogenen Komplementärleistungen zählen z.B. Kosmetik, physikalische Therapien, Wannenbäder usw. (M. Sölter: Buchprojekt „Hotellerie und Gastronomie eine betriebswirtschaftliche Einführung).

Das Angebotsspektrum der Nebenleistungen ist sehr heterogen und korreliert in seiner Quantität und Qualität stark mit der jeweiligen Hotelkategorie (Gardini: 1. Aufl. 1997)

Wichtig: Die Nebenleistungen trachten wir nur dann als selbstständige Leistungen, wenn sie gegen Entgelt abgegeben werden; andernfalls sind sie Bestandteil der Beherbergungs- oder der Verpflegungsleistung. (Kasper/Kunz: S. 24)

Kernleistungen	Zusatzleistungen
Beherbergung - Zimmer je nach Größe, Bettenzahl, Ausstattung und Lage - Zimmerreinigung	produktorientierte Zusatzleistungen - Sportanlagen - Freizeiteinrichtungen - Kureinrichtungen - Tagungseinrichtungen - Bar - Shops - Parkplätze - etc.
Verpflegung - Frühstück - Mittag - Abendessen - Zwischenmahlzeiten	Service - Zimmerservice - Gepäckservice - Parkservice - etc.

Abbildung 7: Elemente der Produktpolitik von Beherbergungsbetrieben (DREYER/DEHNER, 2003)

Während Beherbergung und Verpflegung Kernleistungen eines Hotelunternehmens darstellen, übernehmen die Nebenleistungen zusätzliche Dienstleistungsfunktionen und stellen in ihrer Ausgestaltung ein wichtiges Differenzierungsmerkmal für Hotelunternehmen in ihrem jeweiligem Kunden- / Marktsegment dar (Gardini: 1997 S. 41). Gerade über Neben- und Zusatzleistungen besteht für Hotelbetriebe die Möglichkeit sich gegenüber ihren Mitbewerbern zu differenzieren und unterschiedliche Zielgruppen anzusprechen.

Die Gesamtleistung/eigentliche Hotelleistung

Die Hotelleistung stellt somit die Gesamtheit der Beherbergung-, Verpflegungs- und Komplementärleistungen dar. Nach C. Kaspar schließt die Hotelleistung weitere Faktoren im Tourismusort mit ein, denn so wird z.B. die Bettenkapazität eines Hotels nie isoliert nachgefragt, sondern steht immer im Zusammenhang mit weiteren Leistungen wie z.B. des abgeleiteten und ursprünglichen Angebots des Tourismusortes.

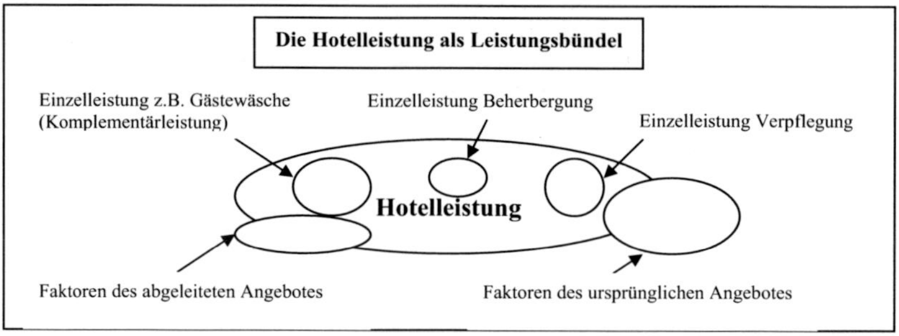

Abb. „Die Hotelleistung als Leistungsbünde" in Anlehnung an K. Henschel, Hotelmanagement S. 75

Die Leistungen eines Hotels, als Tourismusbetrieb einer Stadt / Destination werden überwiegend nicht um ihrer selbst willen nachgefragt. Ein Tourist bucht primär sein Reiseziel aufgrund des ursprünglichen oder abgeleiteten touristischen Angebotes eines Ortes, einer Stadt oder einer Destination. Das ursprüngliche Angebot umfasst z.B. Landschaft, Flora,

Fauna, Naturdenkmäler, Kultur, Tradition oder Brauchtum. In einigen Fällen reicht das ursprüngliche Angebot allerdings nicht aus um den potentiellen Touristen für das Reiseziel zu begeistern. Daher wird ein erweitertes Angebot – das sog. abgeleitete touristische Angebot – benötigt, dass sich aus Einrichtungen zur Ortsveränderung, Einrichtungen des Aufenthalts (Beherbergung, Verpflegung, Unterhaltung) und Einrichtungen der Vermittlung (Touristinfo, Reismittler) zusammensetzt (vgl. hierzu Kaspar 1996). Das abgeleitete Angebot umfasst demnach die Bereiche „touristische Infrastruktur“, „Freizeitinfrastruktur“ und „spezielle touristische Angebote“ (vgl. Freyer 1997). Die Hotelleistung steht innerhalb der touristischen Reise als Komplementärleistung neben anderen touristischen Leistungen und ist in der Regel für die Wahl des Reiseziels als eher sekundär zu bezeichnen.

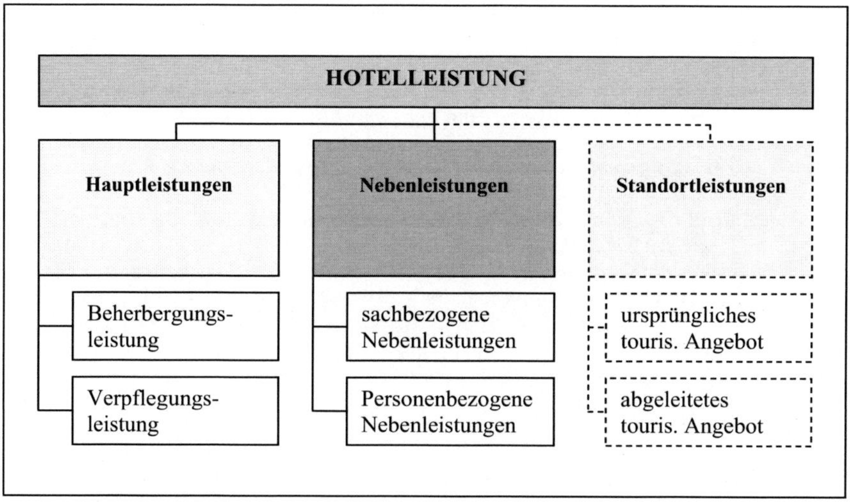

(Abb.: „Hotelleistung“ eigene Darstellung in Anlehnung an Daten von Hänssler 1997)

Grundlagen des Marketings in der Hotellerie

Die deutsche Hotellerie und Gastronomie ist eine mittelständisch strukturiertes Dienstleistungsgewerbe, das nur in wenigen Betrieben eine eigene Marketingabteilung beschäftigt (Schätzing: 3. Aufl.). Studierte Betriebswirtschaftler die dass Marketing-Mix steuern, gibt es meist nur in Hotelketten oder in den Sales-Departments der Hotelkooperationen. Deshalb dominiert beim Hotel-Marketing auch heute noch in der Praxis die reine Verkaufsfunktion (vgl Schätzing in Gewald.). Marketing ist aber nicht nur für Hotelketten oder – kooperationen notwendig; ganz im Gegenteil, gerade im mittelständischen Gastgewerbe ist Marketing zu einem unverzichtbarem Instrument geworden (vgl. Dettmer: Hotellerie und Gastronomie 1. Aufl). Denn die Wettbewerbsintensität ist gestiegen, die Produkte sind austauschbar geworden und ein dadurch bedingter und zunehmender Kostendruck auf die Hotelbetriebe zwingt ihre Produkte und Dienstleistungen aktiver und zielgerichteter zu vermarkten (Berg: 1. Aufl. 2006). Dennoch wird die Investition in Marketingmaßnahmen von vielen Hoteliers nur als zusätzlicher Kostenblock, statt als Investition für die erfolgreiche Zukunft des Hotelunternehmens verstanden.

Das Hotelmarketing ist eine Teilaufgabe des Tourismus- und Hospitality-Managements (vgl. Hafner 1997). Hotelmarketing im weiteren Sinn, bezeichnet daher die planmäßige Beeinflussung des Verhaltens beliebiger Marktpartner und Bezugspersonen durch marketingverantwortliche Personen und Hotelpersonal innerhalb des Tourismus- und Hospitality-Sektors.

Der Ausdruck „Marketing" wurde vor ca. 45 Jahren aus dem angloamerikanischen Sprachraum in die BR Deutschland übertragen (vgl. Grothues 1993). Ursprünglich war Marketing gleichbedeutend mit der „Lehre vom Absatz". Doch heute geht Marketing weit über den Terminus der betrieblichen Grundfunktion „Absatz" hinaus. Anstelle der früheren instrumentellen Vorstellung der Absatzpolitik trat eine umfassende Marketing-Management-Methode (Freyer: Tourismus-Marketing 2. Aufl.). In der heutigen Marketing-Denkweise bildet der Markt (Hotelmarkt) den Ausgangspunkt aller betrieblichen Überlegungen und Entscheidungen. Als Markt wird der Ort des Aufeinandertreffens von Angebot und Nachfrage verstanden, d.h. hier werden Produkte und Dienstleistungen ausgetauscht (Dettmer: Tourismus-Marketing-Management 1. Aufl).

Aus praxisbezogener Sicht kann Hotel-Marketing so verstanden werden, dass:

- die nachgefragte (Hotel-)Leistung,
- zur richtigen Zeit und am richtigen Ort,
- zum richtigen Preis,
- auf dem geeigneten Vertriebsweg,
- mit wirksamer Verkaufsförderung, Werbung und Öffentlichkeitsarbeit,
- den richtigen Gästen angeboten und
- damit eine angemessener Gewinn erzielt wird. (SHV/DEHOGA: Marketing der Gastfreundschaft 1994)

Marketing in der Hotellerie bzw. Hotelmarketing, bedeutet nichts anderes, als auf die Wünsche der Gäste zu reagieren, und diese durch die Leistung des Hotelbetriebs zu begeistern. Marketing ist somit eine unternehmerische Grundhaltung, eine Hotelunternehmung auf den Absatzmarkt ausgerichtet zu führen und die Bedürfnisse der Kunden zu erkennen und mit seinem Angebot befriedigen zu wollen und damit einen angemessenen Gewinn zu erzielen. Marketing heißt aber auch, den Markt von Morgen mit den Augen von Heute zu sehen. Die Erfahrungen von Gestern einzubringen um die Dienstleistungen für den Markt der Zukunft zu positionieren (vgl. DEHOGA: Herausforderung

Hotelmarketing). Es gilt dem Markt durch innovative Leistungen neue Impulse zu vermitteln, um auf diesem Wege sowohl Nachfrage zu induzieren, diese auf das eigene Hotel zu lenken und langfristig an den Betrieb zu binden (vgl. Barth/Benden/Theis 1994). Hotelmarketing beinhaltet somit die Ausrichtung des Hotelbetriebs auf die gegenwärtigen und zukünftigen Entwicklungen und Erfordernisse des Hotelmarktes mit dem Ziel, einerseits die Wünsche und Bedürfnisse der Kunden zu erfüllen und andererseits die Unternehmensziele und somit auch einen Gewinn zu realisieren.

Kunden gewinnen
die Bedürfnisse und Wünsche der Kunden und Gäste befriedigen
Kunden halten und zurückgewinnen

Entwicklungsphasen des Hotelmarketings

Entwicklungs-stufen	**Phase**	**Markt-situation**	**Haupt-aufgaben**	**Einfluss des Marketing**	**Instrument Preispolitik**
1960 - 1970	Produktion	**Verkäufer-markt**	bauen beherbergen verpflegen	gering	kosten-orientiert Vollkosten-rechnung
1970 - 1980	Marketing Anbieten - Verkaufen	**Übergangs-markt**	werben verkaufen	verkaufsbetont	auslastungs-orientiert Deckungs-beitrags-rechnung
1980 - 1995	Qualitäts-management	**Käufermarkt**	gastorientierte Service-leistungen	hoch qualitäts-orientiert	Marktpreise Target Costing
1995 - 20..	**Marketing der neuen Werte für den Gast**	**Informations-Käufermarkt**	Nachfrage-Ressourcen-Netzwerk-management	Unternehmens-führung wird zur Marktführung	nachfrage-orientiert Gast definierte Preise

(Abb. 10: „Entwicklungsphasen des Marketing" Quelle Hotel/Restaurant 12/2002)

Die obige Abbildung zeigt die Entwicklung des allgemeinen Marketings, die Entwicklung des Hotel- im weitesten Sinne Tourismusmarketings muss allerdings differenziert betrachtet werden. Die Entwicklung des allgemeinen Marketings in der Bundesrepublik Deutschland nach der Nachkriegszeit, wird meist in vier Stufen bzw. Phasen unterschieden (vgl. Abbildung). Für den Tourismusbereich - der auch die Hotellerie umfasst – hat sich Marketing hingegen anders entwickelt (vgl. Freyer 1999). Hier lassen sich vor allem drei Phasen bis Ende der 80er Jahre unterscheiden, die erst zu Beginn der 90er Jahre zunehmend Parallelitäten zur allgemeinen

Marketingentwicklung aufweisen (Freyer 1999). Zwar wird sich zeigen das zu Beginn der 90er Jahre das Marketing im Tourismus wesentlich Prallen zum allgemeinen Marketing und im besonderem zum Dienstleistungsmarketing aufweist, allerdings erfordern die Besonderheiten von touristischen Dienstleistungen ein eigenständiges Tourismus-Marketing.

Stufe 1: Fehlendes Tourismus- und Hotelmarketing (teilweise bis ca. 1980)
Die Zeit bis vor 1980 war die Zeit von Verkäufer- und Übergangsmarkt. Bis zu Beginn der 80er Jahre war die touristische Entwicklung in der BRD durch einen stetigen Anstieg der Reisenachfrage sowie des Angebotes gekennzeichnet (Freyer 1999). Dennoch wurden zu dieser Zeit bereits erste Ansätze für das Hotelmarketing entwickelt. Die Arbeit von Walterspiel (Walterspiel 1969) behandelt bereits in einer Einzelanalyse die Instrumentalbereiche des Marketings. In der Zeit des Übergangsmarktes, wurde auch die erste wissenschaftliche Gesamtdarstellung zum Hotel-Marketing veröffentlicht (Waak 1978). In seiner Arbeit versuchte Waak, die Ansätze des Dienstleistungsmarketings für die Hotellerie fruchtbar zu machen. Den Versuch einer Marketing-Theorie für den Tourismus, unternahm Krippendorf mit seiner Publikation „Marketing im Fremdenverkehr". Trotz dieser Ausnahmen konnte sich in der Zeit bis vor 1980 kein eigenständiges Tourismus-Marketing entwickeln. Es war zu dieser Zeit auch einfach noch nicht notwendig, die Zuwachsraten im Tourismus waren durchweg positiv und auch die Hotellerie hat keinen Grund über die Auslastung zu klagen.

Stufe 2: Instrumentelles Tourismus- und Hotelmarketing (ca. 1975-1983)
Zu Beginn der 80er Jahre zeigten sich auf dem Tourismusmarkt erste Stagnationstendenzen. In dieser Phase gab es einige Ansätze, die auch im Tourismus und in der Hotelbranche nach einem moderneren Marketing riefen (vgl. Freyer 1999). Marketingorientierung setzte in der deutschen Hotelbranche später als in anderen Branchen ein, ca. erst ab Mitte der siebziger Jahre. Das Tourismus- und Hotelmarketing zu dieser Zeit beschränkte sich hauptsächlich auf den Einsatz der Instrumentalbereiche des Marketings. In der Marketing-Organisation in der Hotellerie ging es darum, im Rahmen einer marktorientierten Führungskonzeption die einzelnen Marketing-Funktionen (Instrumente) in ihrer unterschiedlichen Gewichtung systematisch auf die sich ständig ändernden Marktverhältnisse und angestrebten Unternehmensziele anzupassen (vgl. Schaetzing 1980). Beim Marketing im Tourismus wurden Pläne und Strategie vor allem für die Marketinginstrumente: Produktgestaltung, Distribution, Preisgestaltung, Werbung und Verkaufsförderungsmaßnahmen festgelegt (Hoffmann: Touristik-Marketing 1980). Andere diverse Ansätze zum modernen Tourismus-Marketing (z.B. durch den Studienkreis für Tourismus) bleiben in ihren Anfängen stecken, zumal sich Ende der 80er / Beginn der 90er Jahre aufgrund neuer Märkte und Nachfrager die alte Wachstumsmentalität im Tourismus wieder einzustellen schien.

Stufe 3: Konzeptionelles Tourismus- und Hotelmarketing (ca. 1983-1995)
Die Fortentwicklung zu einem verstärkten Marketing im Tourismus wurde durch die Wiedervereinigung 1989 unterbrochen (vgl. Freyer 1999). Durch die Öffnung der Grenzen und den Reisewillen der ostdeutschen Bevölkerung, stieg die touristische Nachfrage kurzzeitig wieder an. Allerdings täuschte diese Entwicklung über die bereits seit den 80er Jahren vorhandenen Überkapazitäten in der Hotellerie hinweg. Vom SHV wurde 1983 das Buch „Hotel-Marketing" veröffentlicht. In dieser Publikation wird Marketing bereits als unternehmerische Grundhaltung, einen Betrieb auf den Markt ausgerichtet und damit marktgerecht zu führen, verstanden. Ziel war es allerdings das mit Hilfe dieses Buches und des Konzeptheftes, der Hotelier in die Lage versetzt wurde ein eignes ***Marketingkonzept*** für seinen Betrieb zu erstellen. Die gesamte unternehmerische Aktivität wird nach Marketinggesichtspunkten ausgerichtet.

Stufe 4: Professionelles Tourismus- und Hotelmarketing (ab ca. Mitte der 90er Jahre bis heute)

Mit zunehmender Stabilisierung der Nachfrage und dem verstärkten neuen Angebot der neuen Bundesländer machten sich Mitte der 90er Jahre die rezessiven Tendenzen sowohl im Outgoing- als auch beim Incoming- bzw. Inlandstourismus erneut bemerkbar (Freyer 1999). Zudem bestand und besteht ein teilweiser ruinöser Preis- und Verdrängungswettbewerb. Die Kunden fordern immer billigere aber nicht bessere Produkte. Durch neue Kommunikations- und Reservierungssysteme vollzog sich ein rascher Wandel der technischen und ökonomischen Rahmenbedingungen. Nunmehr ist die gesamte Palette des modernen Marketings auch für den Tourismus zu aktivieren und anzuwenden (Freyer 1999). Zum Marketing gesellen sich moderne Managementtechniken wie Yield- oder Leanmanagement. Das ursprüngliche Marketing entwickelt sich zu normativen, ganzheitlichen und globalen Marketing. Vom DEHOGA und SHV wird das Buch „Marketing der Gastfreundschaft" 1992 veröffentlich. Die Publikation führt Praktiker in die Materie des Hotelmarketings ein. Für den Hochschulbereich wurde von Barth/Benden/Theis 1994 das Lehrbuch „Hotel-Marketing" veröffentlicht. In der heutigen Zeit gibt es eine Vielzahl an Publikation die das Themengebiet Tourismus- und Hotelmarketing umfassen (Hotelmarketing = Schaetzing 1997 +2006, Gardini 2004, Seitz 1997, Grothues 2006; Tourismusmarketing = Freyer 1999, Dettmer 1999, Roth/Schrand 1995, Hebestreit 1992, Hafner 1996, Wiesner 2006, Echtermeyer 1999)

Nutzen des Marketings in der Hotellerie

Die Zeiten des Verkäufermarktes in der Hotellerie, wo sich die Leistungen quasi von selbst absetzen ließen, sind schon lange vorbei. Selbst Betriebe die eine ausgezeichnete Hotelleistung anbieten, haben Schwierigkeiten ihr marktfähiges Angebot an den Gast zu bringen. Denn nicht die Dienstleistung allein macht den Erfolg eines Betriebs aus, sondern auch das man die Leistungen in der richtigen Art und Weise verkaufen kann, die richtigen Kunden dafür findet und einen guten Preis dafür erzielt (vgl. Hammer / Riedel 1990). Hierbei zeigt sich ein deutlicher Marketingvorteil der amerikanischen Hotelketten gegenüber einigen deutschen Hotelgesellschaften und Einzelunternehmen: die amerikanischen Hotelgesellschaften haben ein profiliertes Image, und sie haben es nicht zuletzt wegen der Gleichartigkeit ihres Angebotes (vgl. Tietz 1980).

Viele Hoteliers und Gastronomen sind der Meinung das Marketing nichts für ihren Betrieb ist und zudem nicht die finanziellen Möglichkeiten und dadurch auch nicht entsprechend qualifiziertes Personal für die Lösung von Marketingentscheidungen zur Verfügung steht. Unbegründet ist diese Vermutung sicher nicht, andererseits lässt sie sich aber nicht durchgängig aufrechterhalten, denn die Resignation vor zu großem Aufwand im Verhältnis zum erreichbarem Erfolg (bzw. letztendlichem Erfolg) resultiert größtenteils aus der Tatsache, dass sich viele (kleineren) Unternehmen kaum des breiten Spektrums der brauchbaren Handlungsalternativen, die ihnen das Marketing bietet, bewusst sind (Waack 1978). Daher sollen hier einige Nutzen die durch Hotel-Marketing gestiftet werden können betrachtet werden:

Auslastungsausgleich durch Hotel-Marketing

Mit Sicherheit einer der Hauptnutzen der durch Marketing in der Hotellerie erreicht werden kann, ist die bessere Auslastung der verfügbaren Hotelkapazität. Durch den Einsatz der verschiedenen Marketinginstrumente (Marketing-Mix) kann zusätzliche Nachfrage für die Leistungen des Hotels erzeugt werden. So wird z.B. von fast allen Hoteliers Werbung in Form von Anzeigen oder Prospekten betrieben. Deshalb wird wohl auch von vielen Hoteliers der Begriff „Marketing" mit dem Begriff „Werbung" gleichgesetzt. Jedoch stellt die Werbung nur einen Teil der Kommunikationsinstrumente (Werbung, Öffentlichkeitsarbeit, Verkaufförderung) innerhalb der Kommunikationspolitik dar. Die Instrumentalbereiche des Marketings bieten vielfältige Ansatzpunkte die zur Steigerung und Steuerung der Auslastung eines Hotelunternehmens verwendet werden können. Durch die Preispolitik bzw. durch differenzierte Preise kann zusätzliche Nachfrage geschaffen und auch die Auslastung gesteigert werden. Auch Entscheidungen der Distributionspolitik haben bzw. können Einfluss auf die Auslastungssituation eines Hotelbetriebs haben (vgl. Kapitel Distributionspolitik).

Konkurrenzvorteile durch Hotel-Marketing

In der heutigen Wettbewerbssituation auf dem Hotelmarkt, kann sich nur derjenige am besten behaupten, welcher mit dem besten Marketingkonzept die beste Attraktion mit seinem Hotel für die Gäste erreicht, wer also in der Lage ist, die Gäste von anderen Betrieben zu sich abzuziehen und seine Gäste gegen die Werbewirkung der Konkurrenz zu halten (vgl. Hammer / Riedel 1990). Eines der möglichen Marketinginstrumente um sich von der Konkurrenz zu differenzieren bzw. um Vorteile gegenüber den Wettbewerbern aufzubauen ist die Produktpolitik. Durch sog. USP und SEP`s können Wettbewerbsvorteile erreicht bzw. aufgebaut werden. Im Rahmen der Distributionspolitik können die Vertriebs- und Buchungskanäle ausgebaut werden, so dass z.B. das Hotel im Gegensatz zur Konkurrenz über Internet, Buchungsplattformen, CRS und GDS buchbar ist. So wäre der Vorteil erreicht, dass der Betrieb über vielfältige Buchungskanäle buchbar ist. Aber auch die Konkurrenz schläft nicht, durch Marktforschung und Konkurrenzanalyse kann sich der Hotelier über aktuelle Entwicklungen bei der Konkurrenz und auf dem Hotelmarkt informieren und ggf. angemessen reagieren. Marketingüberlegungen und Marketingmaßnahmen werden also nicht nur eingesetzt um mit den anderen Schritt zu halten, sondern um diese womöglich zu übertreffen. Gelingt dies, hat der Hotelier Wettbewerbsvorteile (Konkurrenzvorteile), entsprechenden Gästezulauf, entsprechenden Umsatz und dadurch Erfolg (vgl. Hammer / Riedel 1990).

Verbesserung des Image und Erhöhung des Bekanntheitsgrades durch Hotelmarketing

Zur Verbesserung des Image und Erhöhung des Bekanntheitsgrades einer Hotelunternehmung, bietet sich besonderst die sog. Kommunikationspolitik an. Im Rahmen der Marketing-Kommunikation werden Gäste, Kunden und Öffentlichkeit über die aktuelle und zukünftige Entwicklung (z.B. geplanter Anbau) des Hotelunternehmens informiert. Das Ziel hierbei ist, ein positives Image für das Unternehmen zu schaffen und Kunden zur Buchung von Hoteldienstleistungen des Unternehmens zu animieren.

Bedeutung des Marketing-Mix in der Hotellerie

Seit jeher, herrschte im Allgemeinen über die Hotelbranche im Hinblick auf andere Wirtschaftsbetriebe eine gesonderte Meinung, die sich im landläufigen Spruch „ die Hotellerie tickt anders" ausdrückt. Allerdings ist die Hotellerie ein idealtypisches Vorzeigeobjekt für einen klassischen institutionellen Dienstleistungsbetrieb, da alle Besonderheiten von Dienstleistungen vollständig zum Tragen kommen. (*Bruhn/Meffert, Exxelence im Dienstleistungsmarketing S. 134 ff*) Der Absatz nicht lagerfähiger Leistungen eines Hotelbetriebes als investitionsintensiver, kundenpräsenzbedingter Dienstleistungsbetrieb kann nur über menschliche Dienstleistung in persönlicher Anwesenheit des Gastes nahezu ohne Lieferzeit erfolgen (Schaetzing in Falk: Dienstleistungsmarketing 1980). Auch wenn das Gastgewerbe zur Dienstleistungsbranche zählt, so ist Hotel-Marketing vom Dienstleistungs-Marketing von z.B. Versicherungsunternehmen oder Banken zu unterscheiden. Die Aufgabe des Hotel-Marketings ist es, unter Ausnutzung aller Marketinginstrumente in Richtung einer ausgeglichenen quantitativen Nachfrage hinzuwirken (Nutzung von Yield-Management). Geplante Marketingmaßnahmen dienen neben den Daten der aktuellen Nachfragesituation als Grundinformation, um für jeden kommenden Wochentag die voraussichtliche Zimmerbelegung nach Gäste- und Preiskategorien zu prognostizieren (vgl. Schaetzing: Management in Hotellerie und Gastronomie 6. Aufl.) bzw. um Yield-Management zu betreiben.

Unter Marketing-Mix, ist somit die optimale Kombination der Marketinginstrumente zu verstehen. Anzustreben ist eine harmonische Kombination der Instrumente, so dass sich idealerweise die Marketinginstrumente positiv beeinflussen. Aus der Palette der vorhandenen Marketinginstrumente ist also die beste Kombination auszuwählen um die gesetzten Ziele der Hotelunternehmung zu erreichen. Auf unsere Branche übertragen kann die Tätigkeit eines Marketing-Managers bei der Erstellung des optimalen Marketing-Mix, mit einem Koch beim zubereiten einer Speise verglichen werden. Wie der Marketing-Manager, so muss auch der Koch die verschiedenen Zutaten so aufeinander abstimmen, das dass Gesamtergebnis erfolgreich ist bzw. das es dem Gast schmeckt und er zufrieden ist. Die Marketinginstrumente als „Handwerkzeug der Marketingtechnik" in der Hotellerie müssen in ihrer Kombination, im hotelbetrieblichen Marketing-Mix fein gewichtet, aufeinander abgestimmt und koordiniert werden (Schaeting in Gewald 2001). Die traditionellen Marketinginstrumente werden nach den sog. 4 P`s gegliedert (Mc Carty):

- **Product: Produktpolitik** = beinhaltet physische Produkte, Dienstleistungen und Service.
- **Price: Preispolitik** = Preis-, Rabatt-, und Konditionengestaltung
- **Promotion: Kommunikationspolitik** = Werbung, Verkaufförderung, Öffentlichkeitsarbeit
- **Placement: Distributionspolitik** = Vertrieb / Absatz von Produkten und Dienstleistungen, Wahl und Gestaltung der Vertriebswege.

Trotz in der Literatur teilweise unterschiedlicher Bezeichnungen (Vertriebspolitik statt Distributionspolitik, Leistungspolitik statt Angebotspolitik) hat sich die Einteilung in diese vier klassischen Marketinginstrumente durchgesetzt.

Die Produkt- und Preispolitik bestimmt den Wert (Nutzenerwartung der Abnehmer) eines Angebotes, während durch die Distributionspolitik die Verfügbarkeit und durch die Kommunikationspolitik der Bekanntheitsgrand und das Image eines Angebotes festgelegt werden (vgl. Kreilkamp in Haedrich/Kaspar/Klemm/Kreilkamp 3. Aufl. 1998).

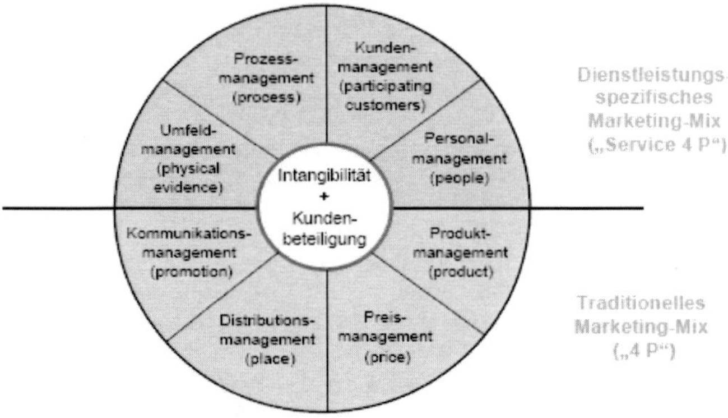

(Abb. Quelle: Stauss: Dienstleistungsmanagement 2001)

Um den zahlreichen betriebswirtschaftlichen Implikationen, die sich aus den Besonderheiten von Dienstleistungen ergeben, gerecht zu werden, geht man in der Dienstleistungsliteratur davon aus, dass ein erweitertes Verständnis von Marketingorientierung vonnöten ist, das neben den klassischen externen Aufgaben des Marketings auch die internen Prozesse zwischen Unternehmen und Mitarbeitern sowie die interaktiven Prozesse zwischen Mitarbeitern und Kunden im Zuge des Kundenkontakts prägt (Gardini 2004). Die vier traditionellen Marketinginstrumente Produkt-, Preis-. Distributions- und Kommunikationspolitik wurden ursprünglich für Sachgüter produzierende Betriebe entwickelt und wurden teilweise recht unmodifiziert auf Dienstleistungsunternehmen aus der Tourismuswirtschaft und Hotellerie übernommen. Daher werden in neuen Ansätzen die klassischen 4`Ps des traditionellen Marketing um weitere 4`Ps des Dienstleistungs- und Servicemarketings erweitert.

- **physical evidence** (Umfeldmanagement, Ambiente zum Wohlfühlen, Gebäude- und Raumgestaltung, Einkaufserlebnis)
- **processes** (Prozessmanagement am point-of-sale, moment-of-truth, das „Wie" der Kommunikation (gestalten der Kundenkontaktsituation), kundenorientiertes Beschwerdemanagement, Information, Transparenz der Abläufe)
- **people** (Personalmanagement, Führung und Kultur, Erscheinungsbild, Leistungsfähigkeit, Mitarbeitermotivation, Mitarbeiterbindung)
- **participating customers** (Kundenmanagement, Antizipation der Kundenbedürfnisse, der tiefenpsychologischen Motive, Vertrauensbildung, Dialogmarketing).

Physical evidence / Umfeldmanagement: Dieses Marketinginstrument bezieht sich auf das äußere Erscheinungsbild der bei der Erstellung der Dienstleistung zum Einsatz kommenden Sachgüter und Personen (vgl. Pompl 1995). Die Dienstleitung bzw. das Hotelprodukt ist von ihrem Wesen immateriell und abstrakt, daher interpretiert der Kunde das äußere Erscheinungsbild des Hotelgebäudes und der Mitarbeiter als materielle Belege für die zu erwartende Qualität der Leistungserstellung. Daher sollte sich jeder Hotelier folgende Fragen stellen:

- *Wie wirkt das Erscheinungsbild des Hotelgebäudes und des Personals?*
- *Wie wirkt die Gestaltung von Zimmern und Verkehrsräumen, Rezeption, Restaurant usw.*
- *Fühlen sich die Gäste wohl im Hotel*

Prozess / Prozessmanagement: Der Kunde erlebt bzw. empfindet die gastgewerbliche Leistungserstellung als Prozess. Anreise im Hotel, Valete-Service, Check-In, Porterage, Zimmererklärung usw. Besonderst bei z.B. ausländischen Reisenden besteht der Kundenprozess aus dem Konsum verschiedener touristischer Dienstleistungen die vom Kunden autonom verbunden werden (vgl. Stauss). Eine Reise besteht aus mehreren Gliedern wie z.B. Buchung (Reisbüro), Transport (Flugzeug / Bahn), Transfer (Flughafentransfer) und Beherbergung (Hotel) - dieser Gesamtprozess (Reise) wird am Ende vom Kunden als Gesamtheit als gut oder schlecht bewertet. Kundenprozesse umfassen Elemente vor und nach der eigentlichen Leistungserstellung und beziehen auch andere Anbieter mit ein (Stauss). Daher gewinnt Netzwerkmanagement entlang der Dienstleistungskette zunehmend an Bedeutung.

People / Personal: Greift als Marketinginstrument die Bedeutung der Mitarbeiter als Differenzierungsfaktor im Wettbewerb auf und skizziert die Aufgaben im Rahmen des Internen Marketing, die ein Dienstleistungsunternehmen durchführt, um das Personal zu befähigen und zu motivieren, den Kunden in jeder Phase des Dienstleistungsprozess voll zufrieden zu stellen (Gardini 2004). Als Ziele können definiert werden:

- Serviceorientierte Personalauswahl
- Kunden- und Qualitätsorientierte Information des Personals
- Schaffung von Akzeptanz in Bezug auf Qualitäts- und Kundenorientierung
- Vermittlung von Fach-, Sozial- und Emotionalkompetenz zur Bewältigung von Kundenkontaktsituationen (Quelle: Stauss 2000)

Mitarbeiter mit Kundenkontakt repräsentieren das Unternehmen, sie übernehmen somit eine Marketingfunktion (Pompl 1996). So wie Sie als Hotelier wollen, das ihre Mitarbeite ihre Gäste behandeln, so sollten Sie auch ihre Mitarbeiter behandeln. Denn zufriedene und motivierte Mitarbeiter sind von existentieller Wichtigkeit für das Hotelunternehmen.

Participating customers / Kundenmanagement:

Der Kunde / Gast bestimmt als sog. externer Faktor den Erstellungsprozess der Dienstleistung zu einem großen Teil mit. Ist der Gast z.B. durch verspätete Abflugzeiten und langen Bustransfer verärgert, so kann seine schlechte Laune den Dienstleistungsprozess negativ beeinflussen. Die neue Aufgabe des Marketings ist nun die kundenorientierte Aus- und Mitgestaltung des Produktionsprozess. Dies kann besonderst schon im Vorfeld bei der Auswahl und Einstellung von Hotelpersonal mit Kundenkontakt geschehen. Gute Mitarbeiter können individuell auf den Gast eingehen und seine Stimmung und Verhaltensweisen beeinflussen. „Hier unser Begrüßungscocktail – jetzt können Sie erstmal entspannen, ich lasse

Ihnen das Gepäck sofort auf ihr Zimmer bringen“ Da der Kunde die Qualität der Dienstleistung mit beeinflusst, wird er selbst zum Objekt des Management: Kundenmanagement (Stauss).

- Beeinflussung der Kundenerwartung
- Kundenerwartungs- und Kundenzufriedenheitsmessung
- Beeinflussung des Kundenverhaltens – Kundenentwicklung
- Beeinflussung der Kundenbeziehung
- Kundenwissensmanagement (Quelle: Stauss 2002)

Für das praktische Management bedeutet ein solches, über den bisherigen betriebswirtschaftlichen Funktionsbereich hinausgehendes Verständnis von Marketing - hin zum Dienstleistungs- / Servicemarketing – Verlagerung in der Gewichtung von Aufgabenbereichen und Veränderungen bisheriger Organisationsstrukturen, mitunter sogar eine Neudefinition der Unternehmensphilosophie (vgl. Pompl 1996).

Für das Marketing von Hotelbetrieben (und auch anderen Dienstleistungsbetrieben) können die gleichen Marketinginstrumente wie z.B. bei Konsumgüterbetrieben genutzt werden, allerdings müssen die Spezifika der Dienstleistung unbedingt beachtet werden. Ein relativ neues Instrument des Dienstleistungsmarketings ist das sog. Yield Management. Das Yield Management erweitert das klassische Instrumentarium (Produkt-, Distributions-, Kommunikations- und Preispolitik) des Marketing. Yield-Management versucht im Unterschied zum klassischen Marketing nicht nur, die Nachfrage anzuregen, sondern sie so zu steuern, dass die verfügbaren Kapazitäten möglichst optimal ausgenutzt werden (Mundt 1994). Die Prinzipien der Dienstleistungsproduktion und die Eigenschaften des Hotel-Produkts erfordern den Einsatz von Yield Management um auf diese Besonderheiten angemessen reagieren zu können. Im nächsten Kapitel wird deshalb das Produkt „Hotel“ bzw. die einzelnen Leistungen und Dienstleistungen beschrieben die dieses Produkt kennzeichnen.

(Abb. „Marketing im Hotel und Restaurant“ – Beilage zu SHV/DeHoGa/ÖHV: Marketing der Gastfreundschaft 1994)

Die Produkt-, Angebots- oder Leistungspolitik eines Hotelunternehmens

Die Hauptaufgabe des gastgewerblichen Angebots bzw. der Produkte und Dienstleistungen eines Hotelbetriebs ist es, die Gäste zufrieden zu stellen und zur Verlängerung der Aufenthaltsdauer der Gäste und der Wiederholung des Aufenthalts beizutragen. Produktpolitik betrifft grundsätzlich die marktgerechte Gestaltung des gesamten Leistungsprogramms eines Hotelunternehmens (vgl. Freyer 2003). Das kann nur ein spezielles Angebot sein, ist aber häufig die Kombination mehrerer Angebote (sog. Produktpalette) (Freyer 2003). Die gastgewerbliche Leistungserstellung hat das quantitative und qualitative Angebot an Beherbergungs-, Bewirtungs-, und sonstigen Dienst- und Serviceleistungen auf die Bedürfnisbefriedigung der Gäste mit einhergehender Gästezufriedenheit / Kundenzufriedenheit auszurichten. Denn um im Wettbewerb bestehen und ein optimales wirtschaftliches Ergebnis zu erzielen, ist ein marktgerechtes Produkt notwendig (vgl. Schröder, Forstnig, Widmann 2005).

In der Marketingliteratur zum Tourismus- und Hotelmarketing, wird teilweise der Begriff „Produktpolitik“ durch den Begriff „Leistungspolitik“ ersetzt.

In der Produkt- oder Leistungspolitik werden alle Maßnahmen zusammengefasst, die zur Gestaltung der Dienst- und Sachleistungen sowie deren rechtlicher Absicherung z.B. (Hotel)-Marken beitragen (Dreyer 1996).

Die Produktpolitik wird oft als wichtigstes Marketingmittel angesehen, da ohne ein gutes Produkt- oder Leistungsangebot auch das beste Marketing-Mix ohne Erfolg bleiben muss (vgl. Freyer 2003).

Das Produkt „Hotel"

Der Begriff **Produkt** umfasst sowohl Sachgüter (Hardware: materielle Leistung) und Dienstleistungen (Software: immaterielle Leistung). Das Produkt der Beherbergungsindustrie ist die **Übernachtungsleistung** /Beherbergungsleistung, das Bett/Zimmer/Haus, eventuell verbunden mit Verpflegung /Bewirtungsleistung (z.B. Halb- oder Vollpension oder garnis) und /oder sonstigen Betreuungs- und Unterhaltungsleistungen (vgl. leicht verändert nach: Freyer: Tourismus 6. Auflage).

Bei der Betrachtung des Hotels sind die einzelnen Leistungen, die Art ihrer Kombination zu einem in sich stimmigen Ganzen und die Einbettung des Hotels in sein Umfeld, seinen Standort zu berücksichtigen (Hänssler: AKAD-Fernlehrbrief „Allg. Tourismuslehre 6"). Bei der Betrachtung von Hotelleistungen können drei Ebenen unterschieden werden:

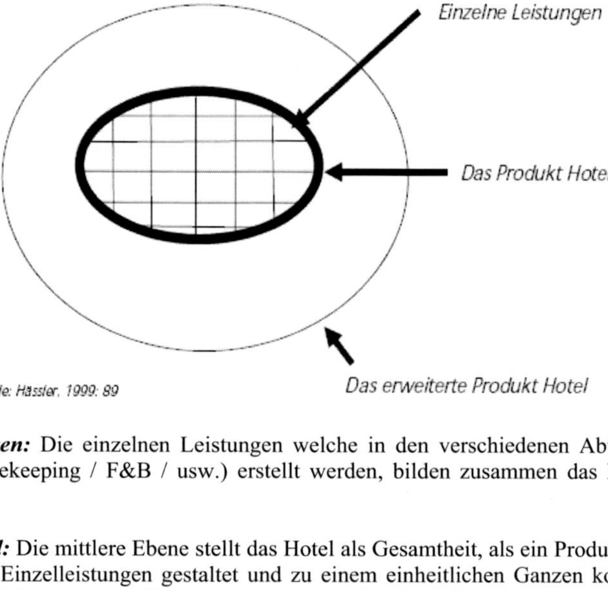

Quelle: Hässler, 1999: 89

Einzelne Leistungen: Die einzelnen Leistungen welche in den verschiedenen Abteilungen (Rezeption / Housekeeping / F&B / usw.) erstellt werden, bilden zusammen das Hotel als Ganzes.

Das Produkt Hotel: Die mittlere Ebene stellt das Hotel als Gesamtheit, als ein Produkt dar. Je nachdem, wie die Einzelleistungen gestaltet und zu einem einheitlichen Ganzen kombiniert werden, ergeben sich unterschiedliche Ausprägungen des Produkts Hotel, als bestimmte Betriebsarten und – typen (Hänssler: AKAD-Fernlehrbrief „Allg. Tourismuslehre 5").

Das erweiterte Produkt Hotel: Das Hotel darf nie isoliert betrachtet werden, es ist eingebettet in das System Tourismus bzw. stellt als institutionelles Subsystem das sog. Tourismusobjekt dar (vgl. Sölter: Management im Tourismus 2005). Das Produkt „Hotel" in Verbindung mit den Angebotbestandteilen des Standortes, welche die im Hotel erstellten Leistungen ergänzen oder beeinflussen und die vom Nachfrager häufig in enger Verbindung mit den Hotelleistungen gesehen werden, ist das erweiterte Produkt Hotel (vgl. Hänssler 4. Aufl.).

Eigenschaften des Produkts „Hotel“

Das komplexe Produkt „Hotel“ enthält sowohl eigene Produktion, Handelsleistung als auch zum überwiegenden Teil Dienstleistungen (vgl. Grotthus:9. Aufl.). Das „Produkt“ aus Bereitstellung der Zimmer / Beherbergungsmöglichkeiten und die Inanspruchnahme durch die Gäste ist die Übernachtung, an der selbst im Grunde überhaupt nichts bewerkstelligt werden kann (vgl. Waack: 1978 S.96). Unter dem Produkt in der Hotellerie verstehen wir eine Dienstleistung zur Befriedigung der komplexen Bedürfnisse des Gastes. Das Produkt Hotel setzt sich sowohl aus Hardware- sowie auch Softwareleistungen zusammen. Hardwareleistungen sind demnach alle aus den Anlagen resultierenden Leistungen; Leistungen also, die auf die gestalterische und qualitative Ausstattung von Hotelzimmern und allgemeinen Bereichen einwirken. Softwareleistungen sind hingegen all jene Leistungen, deren Qualität und Standard vornehmlich durch das Hotelpersonal getragen wird (Rezeption, Restauration u.a.)(Nagel 1993 zit. in Müller: Dienstleistungsqualität im touristischen Leistungsverbund). Der überwiegende Teil des Produkt „Hotels“ besteht jedoch aus persönlichen Dienstleistungen. Die folgende Abbildung stellt die Dienstleistungskette eines Hotelbetriebs dar.

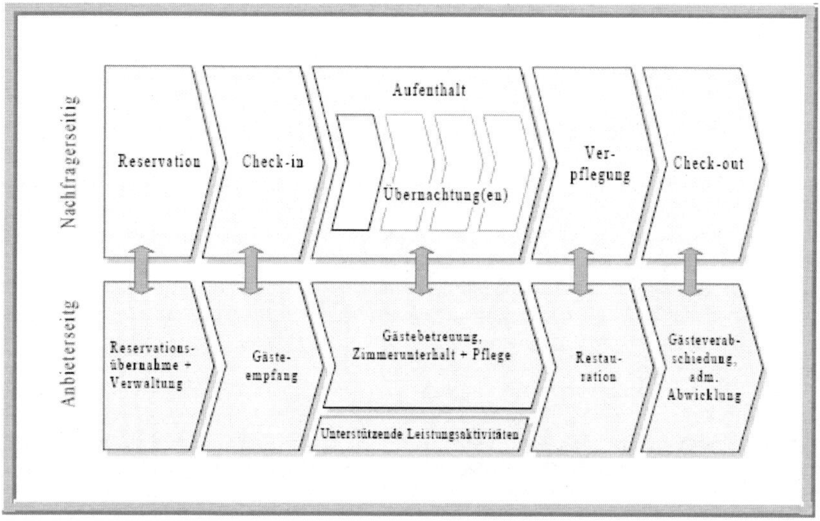

Abb: „Die Dienstleistungskette einer Hotelunternehmung aus Sicht der Austauschpartner“ – Quelle: :Müller: Dienstleistungsqualität im touristischen Leistungsverbund)

Der gesamte Prozess der Leistungserstellung in der Hotellerie ist von der Dienstleistungsfunktion, welche darin besteht dem Gast alle notwenigen Dienstleistungen in Bezug auf Beherbergung und Bewirtung mit Speisen und Getränken zu erbringen, geprägt. Bei der Dienstleistungsproduktion besteht immer eine Interaktion zwischen Gast und den Mitarbeitern des Hotels. Daher können Hotels und Hotelketten, auch als Dienstleistungssysteme mit einem hohen Anteil an zwischenmenschlichen Interaktionen beschrieben werden (vgl. Vavrik 1993). Die Dienstleistung entsteht meist durch die Betreuung des Gastes in den Räumen des Hotels, zum Teil aber auch durch die Pflege der dem Gast zu Verfügung stehenden Anlagen (Kaspar/Kunz: 1. Aufl. S. 43).

Hotelleistungen und das Hotel-Produkt bestehen zum größten Teil aus (pers.) Dienstleistungen. Daher lässt sich dass „Produkt" anhand der Besonderheiten der Dienstleitung charakterisieren, Hotelleistungen zeichnen sich daher aus durch:

- ihre **Immaterialität** (Unstofflichkeit), die eine Quantifizierung der Leistung erschwert und das Kaufrisiko erhöht. Damit ist die Hotelleistung abstrakt, was zu Folge hat dass die Gäste sehr unterschiedliche Vorstellung über die Hotelleistung haben.
- eine **mangelnde Standardisierbarkeit** der Leistung
- die **Standortgebundenheit** der Leistungserbringung, wodurch die Erreichbarkeit des Standortes einen hohen Stellenwert einnimmt. Die Ortsgebundenheit bewirkt, dass das Hotel seine Leistungen an dem einmal gewählten Standort absetzen muss, da Hotelleistungen nicht transportfähig sind.
- die **Simultanität** von Leistungserstellung und Leistungsverwertung, die ein raumzeitliches Zusammenkommen von Anbieter und Nachfrager erfordert. Durch dieses sog. uno actu-Prinzip, kann eine Hotelleistung erst durch die Anwesenheit des Nachfragers aktiviert und verbraucht werden. Da Leistungserstellung und –absatz demnach zeitlich synchron erfolgen müssen, spricht man von der Zeitgebundenheit der Hotelleistung.
- die **Nichtspeicherbarkeit** der Leistung, die eine hohe Kapazitätsvorhaltung notwendig macht. Somit ist jede nicht abgesetzte Hotelleistung unwiederbringlich verloren.
- die **fehlende Eigentumsübertragung**, da z.B. nur ein Mietvertrag abgeschlossen wird.
- die **Integration des externen Faktors.** Die Hotelleistung erfordert den Gast als externen Faktor. So wird die Erstellung der Hotelleistung, sowie ihr Ergebnis durch die Einwirkung eines Fremdfaktors mitbestimmt. Aus der Co-Produzentenrolle des Gastes resultiert, dass das Leistungsergebnis nur schwer zu Beginn oder finalen Leistungserstellung und schon gar nicht bei der Auswahl- oder Entscheidungssituation abschätzbar ist (vgl. Frehse: „Internationale Dienstleistungskompetenzen: Neue Impulse für das strategische Management von Tourismusbetrieben".

Nicht zu unrecht charakterisiert Walterspiel (Einführung in die Betriebswirtschaftslehre des Hotels 1969) den Hotelbetrieb als kundenpräsenzbedingten Dienstleistungsbetrieb, denn nach Walterspiel liegt das Wesen eines eigentlichen Dienstleistungsbetriebs, in der „persönlichen Anwesenheit" des Kunden, die so entscheidend ist, dass ohne sie gar kein Absatz möglich ist (vgl. Walterspiel S. 131).

(Quelle. Zusammenfassung aus: Barth: Hotel-Marketing 1994, Dreyer / Dehner: Kundenzufriedenheit im Tourismus 1998, Gardini: Marketing-Management in der Hotellerie 2004, Henselek: Hotelmanagement – Planung und Kontrolle 1999, Henschel: Hotelmanagement 1. Aufl. 2001, Kunz: Die Kosten des Hotels 3. Aufl. 1986, Seitz: Hotelmanagement 1997)

Durch die Besonderheiten der Dienstleistung ergeben sich auch Besonderheiten im Marketingansatz für Hoteldienstleistungen. Somit könnte man das Marketing von Hotelbetrieben auch als branchenbezogenes Dienstleistungsmarketing bezeichnen. Dies bedeutet, dass die Besonderheiten des Dienstleitungsunternehmens, in diesem Fall des Hotelbetriebs, auf jeden Fall zu beachten sind. Aus den spezifischen Charakteristika der hotelüblichen Dienstleistungen ergeben sich hinsichtlich des Absatzes prinzipielle Unterschiede zum Absatz von gewissen anderen Dienstleistungsarten und vor allem zum Absatz von Schachgütern (vgl. Krippendorf. 2. Aufl. S. 18):

- Die erfolgreiche Vermarktung der Hotelleistung ist stark abhängig von den infrastrukturellen Rahmenbedingungen.
- Hotels sind konsumnahe Betriebe, der größte Teil der Leistungen kann nicht wie in einem Produktionsbetrieb gelagert werden – außerdem ist der Kunde nicht ein anonymer Abnehmer, sondern der Gast mit all seinen Ansprüchen (vgl. Leiderer 4. Aufl. S. 15).
- Die Qualität der Hotelleistung als immaterielles Leistungsbündel ist verhältnismäßig schwer messbar.
- Durch die Immaterialität der Hotelleistung, wird die Vermarktung erschwert. Der potentielle Gast kann sich das Produkt lediglich mit Hilfe des Prospektes bildlich vorstellen. Die Darstellung der Leistungen des Hotels, ist also wesentlich komplizierter, als dies z.B. bei Sachgüterproduzenten der Fall ist.
- Das große Spektrum der möglichen Zielgruppen/Gäste für das Hotel, begründet die Notwendigkeit zu einem differenzierten Marketing.
- Die Hotelleistung ist nicht transportfähig, d.h. es kommt das Residenzprinzip zur Anwendung. Dieses besagt, das der Gast zum Ort der Leistungserstellung, also zum Hotel kommen muss. Der Gast muss also dazu bewegt werden, unter Umständen eine erhebliche Anfahrtszeit in Kauf zu nehmen bzw. Distanz zu überwinden.
- Charakteristisch für die Nachfrage nach Hotelleistungen, ist eine hohe Elastizität und Diskontinuität. Über Preisdifferenzzierungen in Zeiten von schlechter Nachfrage, wird versucht zusätzliche Gäste zu gewinnen.
- Die Hotelleistung besteht aus einem Bündel von Einzelleistungen, wobei dieses Leistungspaket – ausgehend von den Bedürfnissen und Erwartungen der sehr unterschiedlichen Gäste auch sehr unterschiedlich gestaltet werden kann. Daraus resultiert – ungeachtet des Trends einer zunehmenden Austauschbarkeit von Hotelprodukten – eine starke Individualität und eine vergleichsweise geringe Standardisierbarkeit der Hotelleistung. Das erschwert die Vergleichbarkeit mit Leistungen der Mitbewerber oder die Messbarkeit der Qualität der Dienstleitung (K. Henschel Hotelmanagement 1. Aufl.)
- Ein Hotelzimmer, das nicht vermietet werden konnte, ist ein entgangener Gewinn. Die Hotelleistung kann eben nicht gespeichert werden, die nicht verkaufte Kapazität (das Hotelzimmer) an diesem Tag ist also wertlos geworden.
- Die Kapazität eines Hotels kann nicht im Voraus produziert werden
- Die Hotelleistung ist an den Standort gebunden. Das zu vermietende Hotelzimmer kann nicht wie es bei anderen Produkten der Fall ist, von einem Ort zum anderem bewegt werden. Das Marketing muss also den potentiellen Gast dazu bewegen zum Produkt bzw. zum Hotel zu kommen. Diese Aussage betont auch die Wichtigkeit der richtigen Standortwahl für Hotelunternehmen.
- Das Produkt – das Hotelzimmer sowie all die dazu gehörenden Leistungsbestandteile, können in der Regel vom Gast nicht vorher getestet werden. Ebenfalls ist das Produkt, mit Ausnahme von Fotographien im Prospekt, oder Abbildungen im Internet, für den Gast auch nicht sichtbar = mangelnde Konkretisierbarkeit). Hier setzt nun das Hotelmarketing an, die Gestaltung des Prospekt und der Internetseite müssen so beschaffen sein, dass sie beim künftigen Gast eine Nachfrage nach der Hotelleistung auslösen.

Der Wettbewerb um die Gunst der neuen multioptionalen Gäste, spielt sich in der Hotellerie verstärkt im Bereich von zusätzlichen, mehrheitlichen immateriellen Dienstleistungen ab, mit denen sich Hotelunternehmen gegenüber Konkurrenten differenzieren und Qualitätserwartungen ihrer Gäste übertreffen können (vgl. Frehse: „Internationale Dienstleistungskompetenzen: Neue Impulse für das strategische Management von Tourismusbetrieben".

Das Produkt – das Hotelzimmer mit allen dazugehörigen Dienstleistungen – ist, mit Ausnahme weniger Bilder in einem Katalog oder dem Internet, vor erbrachter Leistung nicht sichtbar. Es kann nicht, wie bei anderen Produkten vorher ausprobiert werden .Die Hotelleistung kann durch den Kunden ***nicht vorher getestet*** *werden. Durch Hotelklassifikationen lassen sich jedoch bestimmte Serviceangebote des Hotels erkennen.*
(Baumgartner, Baumhackl, o.a. Medienmappe Tourismus in Österreich)

Eine Dienstleistung in der Hotellerie kommt erst durch Abnahme durch den Kunden zustande. Die Dienstleistung eines Hotelzimmers existiert nur im Moment der Inanspruchnahme durch den Kunden / Gast; ein ungenutztes Hotelzimmer kann somit nicht als Dienstleistung aufgefasst werden (vgl. Quartapelle & Larsen 1996).

Konzeptionsebenen bei der Entwicklung von Produkten / Hotelprodukten

Aus der Sicht der Leistungserstellung wurde das Produkt „Hotel" als Kombination von Leistungen gesehen, die im Beherbergungsbereich insbesondere in dem zur Verfügung stellen von Anlagen und personellen Dienstleistungen bestehen (Schrand/Schlieper in Hänssler 4. Aufl.). Aus der Sicht des Marketings, kann das Produkt in Anlehnung an Kotler in 5 Konzeptionsebenen unterschieden werden.

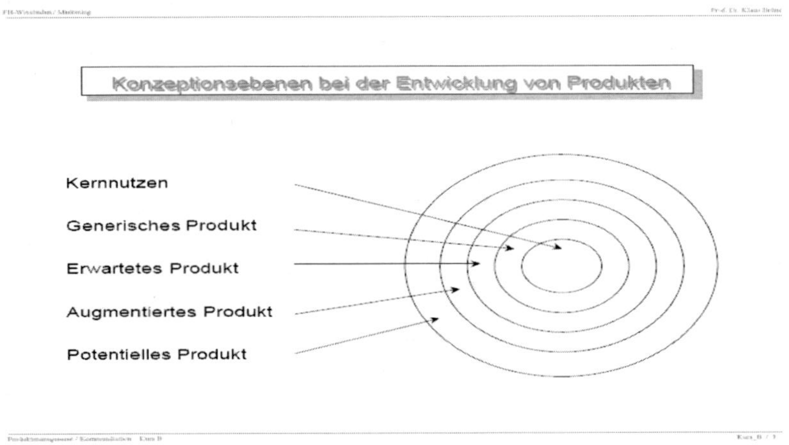

(Abb: „Konzeptionsebenen bei der Entwicklung von Produkten" Quelle: Brühne, Klaus Vorlesung Marketing)

Beispiel: Hotel

Kernprodukt	⟶	Schlaf, Ruhe und Entspannung
generisches Produkt	⟶	Zimmer, Bett, Empfang (zeitgemäßer Standard)
erwartetes Produkt	⟶	angemessene / luxuriöse Ausstattung, Reinigung des Hotelzimmers
augmentiertes Produkt	⟶	Roomservice, Obstkorb, Express check out
potentielles Produkt	⟶	W-Lan, turn down service, Valete Service

Die Neuproduktentwicklung im Gastgewerbe, erfolgt auf der Basis einer intensiven Beobachtung der Wünsche der Gäste und Nachfrager sowie deren Bedürfnisse. Zur Planung eines Produktangebotes, muss der Hotelier sein zukünftiges Produkt auf fünf Konzeptionsebenen durchdenken. In aufsteigender Folge muss jede Ebene dem Gast weiteren Zusatznutzen bieten, so dass die fünf Ebenen eine Wertsteigerung bieten (vgl. Kotler S. 670ff,). Auf der fundamentalsten Konzeptebene muss sich der Hotelier mit dem **Kernnutzen** seines Produktes befassen – und dieses in ein Basisprodukt bzw. die Grundversion seines zukünftigen Produktes umsetzen. Der Kernnutzen eines jeden Hotel-Produkts ist auch schnell gefunden, in der Hotellerie kauft der Gast Schlaf, Ruhe und Entspannung. Diese Grundversion des Produkts, welches in einem Hotelbetrieb aus den zu vermietenden Räumen und der sonstigen Grundausstattung besteht, wird als **generisches Produkt** bezeichnet. Auf der dritten Ebene, sind die vom Gast erwarteten Leistungseigenschaften und Rahmenbedingungen zu gestalten, was als **erwartetes Produkt** bezeichnet wird (Gardini: 2004). Bei der Konzeptionsebene des erwarteten Produkts geht es also um die Produkteigenschaften, die ein Konsument im Normalfall von dem Produkt erwartet, wenn er dieses Produkt erwirbt. In der Hotellerie erwartet der Gast z.B. ein sauberes Zimmer, WC, Bad oder Dusche, eine Sitzgelegenheit oder z.B. die ausreichende Beleuchtung des Hotelzimmers. Bei der vierten Konzeptionsebene hat der Hotelier die Möglichkeit sein Produkt von den Produkten der Konkurrenz zu differenzieren. Den bei dem sog. **augmentierten Produkt,** handelt es sich um eine Anreicherung der Produktbestandteile, die vom Kunden meist nicht explizit gefordert werden. Der Hotelier kann dem Gast durch exklusive Ausstattung, Qualität von Service und Speiseangebot einen sog. Zusatznutzen stiften. Dem erwartetem Produkt wird ein weiteres Bündel von Dienstleistungen, Eigenschaften und Kundennutzen hinzugefügt, so dass sich das eigene Angebot von dem der Konkurrenz unterscheidet und abhebt (Schrand/Schlieper: in Hänssler: 4. Aufl.). Es geht also um eine zielgruppenspezifische Anpassung der Produktleistung an die Nutzenerwartung der Gäste. Die letzte Ebene bei der Planung eines Produktangebotes, ist das sog. **potentielle Produkt**, diese Ebene umfasst mögliche Entwicklungen des Produkts (Produktverbesserungen) für die Zukunft. Es geht also um das Produkt mit jedem potentiellen Zusatznutzen und allen zukünftigen Verbesserungs- und Entwicklungsmöglichkeiten (vgl. Gardini 2004 S. 284). Während das augmentierte Produkt das beinhaltet, was heute zum Produkt gehören kann, befasst sich das potentielle Produkt mit möglichen Entwicklungen für die Zukunft (Kotler S. 670ff). Das potentielle Produkt bewegt sich (noch) auf der Ideenbasis und umfasst alles, was der Hotelier tun könnte um zusätzliche Gäste zu gewinnen und Stammgäste zu halten.

So könnte sich aus der Sicht des Gastes das Produkt „Hotel / Restaurant“ aus folgenden Komponenten zusammensetzen:

- Sachleistungen (Essen und Trinken)
- Nutzung von Bankettträumen und Zimmern
- Dienstleistungen (Serviceleistungen wie Gäste-Wäscherei, Theaterkartenservice)
- Mitarbeiter des Hotels/Restaurants (Empfangschef, Zimmermädchen, Restaurantfachmann)
- Standort des Hotels/Restaurants (Gebäude, Lage, Infrastruktur)
- Ausstattung der Räumlichkeiten (Zimmer, Restaurant, Hotelhalle, Freizeitbereich)
- Idee und Konzeption des Unternehmens (Theaterhotel, Kunsthotel, Frauenhotel)
- Qualität der Hotel/Restaurantleistung (Eignung zur Erfüllung von Gästeanforderungen, Nutzen für den Gast in Form von Grund- und Basisnutzen, Zusatz- und Erwartungsnutzen und Überraschungsnutzen)

(Quelle. Wolf K., Gastgewerbliche Betriebslehre 2005)

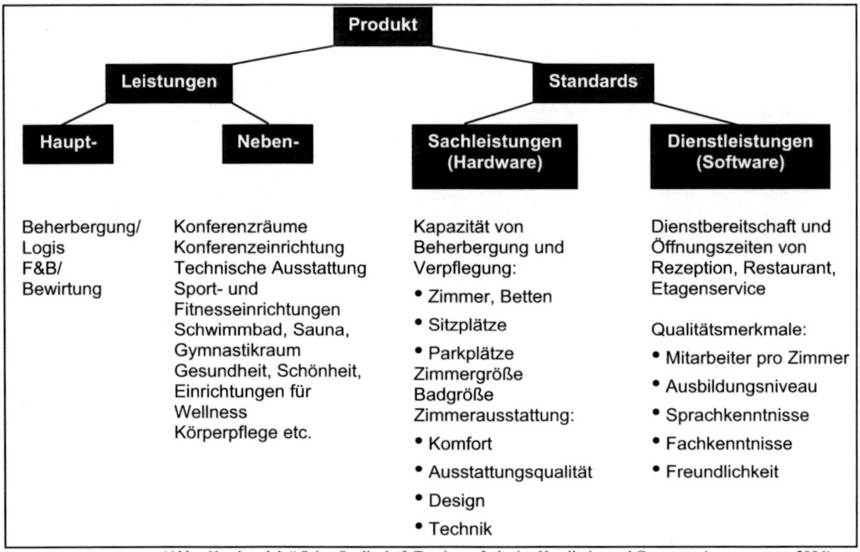

(Abb: „Hotelprodukt“ Seitz: Studienheft Tourismusfachwirt: Hotellerie- und Gastronomiemanagement 2006)

Das eigentliche Hotel-Produkt besteht für die Befriedigung der Bedürfnisse und Wünsche der Gäste aus drei Dimensionen: ***Gast/Konsument, Angebot und Zeitraum***. Bei der Produktgestaltung und Vermarktung sind der Gast, das Angebot und der Zeitraum zu berücksichtigen und in Einklang zu bringen (Plaz: „Graubünden – zu raues Klima für Hotels“ Referat 2005).

Vereinfachtes Produktkonzept

Der Nutzen des Hotel-Produkts lässt sich in Grundnutzen und Zusatznutzen unterscheiden. Dementsprechend bestehen Hotel-Produkte zum einen aus Standardleistungen (Kernprodukt) zur Befriedigung des Grundnutzens und Zusatzleistungen.

Die fünf Konzeptionsebenen nach Kotler, können vereinfacht auf zwei Ebenen zusammengefasst werden.

Vereinfachtes Produktkonzept	Produktkonzept nach Kotler
• **Grundleistung / Grundnutzen** **STANDARDLEISTUNG**	• **Kernnutzen** • **Generisches Produkt** • **Erwartetes Produkt**
• **Zusatzleistungen / Zusatznutzen** **SPITZENLEISTUNG**	• **Augmentiertes Produkt** • **Potentielles Produkt**

(Abb.: „Vereinfachtes Produktkonzept" eigene Darstellung)

Die Konzeptionsebene 1-3 können zusammenfassend als die Standardleistungen eines Hotelbetriebs bezeichnet werden. Zu solchen Leistungen zählen z.B. **Beherbergungsleistungen** (Empfang, Gästezimmer, Aufenthaltsräume), **Verpflegungsleistungen** (Restaurant, Bar, Bankett), **persönliche Dienstleistungen** (Etagenservice, Gepäcktransport, Gästebetreuung und –unterhaltung), **Sachleistungen** (Sortiment an Speisen und Getränken, sauberes Geschirr und Besteck, Seife im Bad), **Handelsleistungen** (Kiosk, Verkauf-über-die-Gasse /Take out) und **weitere Leistungen** wie z.B. Tennis, Kegelbahn, Sauna oder Schwimmbad (vgl. hierzu SHV 1994 S. 92). All diese aufgezählten Standardleistungen werden vom Hotelgast als selbstverständlich vorausgesetzt. Standard- oder Basisleistungen eines Hotels, stellen all jene Fähigkeiten und Ressourcen dar, die ein Unternehmen benötigt, um im Hotelmarkt als relevanter Anbieter angesehen zu werden. Unter die Standardleistungen fallen somit alle vom Gast vorausgesetzten und erwarteten Dienstleistungen die einen sog. Grundnutzen für den Gast bilden.

Unter der Standardleistung eines Hotelbetriebs bzw. dem Produktkern ist die Leistung zu verstehen, die der Gast – unter Berücksichtigung der gewählten Hotelkategorie – als selbstverständlich voraussetzt und aus der sich der Grundnutzen für den Gast ergibt.
(Henschel: Hotelmanagement 1. Aufl 2001)

Die Standardleistungen bzw. das Kernprodukt in der Hotellerie ist in fast allen Hotelbetrieben gleich oder zumindest sehr ähnlich, daher versucht eine Vielzahl der Hotels sich über spezielle Zusatzleistungen am Markt zu profilieren und auf diese Weise das Interesse der Gäste und neuer Zielgruppen für den Betrieb zu gewinnen. Mittlerweile wird in einer Vielzahl theoretisch fundierter Studien und Beiträge darauf hingewiesen, dass sich insbesondere im Luxussegment der Hotellerie, dass hotelbetriebliche Kernangebot in Bezug auf Qualität und Präsentation aus Sicht der Kunden immer homogener darstellt (vgl. Frehse/Toedt 2005). Darum gewinnen Alleinstellungsmerkmale und die Qualität der Zusatzleistungen - insbesondere die der Serviceleistungen - zunehmend in der Hotellerie an Bedeutung, da sie die Qualitätswahrnehmung des Gastes stark beeinflussen.

Zusatzleistungen gehen über die eigentliche Kernleistung hinaus. Sie sollen – aus Kundensicht – zur Differenzierung der angebotenen Leistungen dienen und – aus Produzentensicht – Wettbewerbsvorteile schaffen. (Freyer: Tourismus-Marketing 2. Aufl. S. 91)

Man spricht in diesem Zusammenhang im Marketing von einem Wandel von der „Hard- zur Software" oder von den „harten" zu den „weichen" Faktoren (Freyer: Tourismus-Marketing 2. Aufl.). Gerade über die Software bzw. über persönliche Dienstleistungen können Zusatz-/ Spitzenleistungen erbracht werden und der Hotelbetrieb kann entscheidende Wettbewerbsvorteile aufbauen. Denn nach Pircher-Friedrich, kann es nur durch die weichen Faktoren gelingen, einmalig, einzigartig, und damit unverwechselbar zu werden (vgl. Pircher-Friedrich. S. 115). Während Zusatzleistungen oft von Kunden erhofft oder gewünscht werden (beziehen sich z.B. auf die Atmosphäre des Hauses, Freundlichkeit), dienen Spitzenleistungen zum Aufbau eines Alleinstellungsmerkmales des Hotels bzw. kann der Gast mit Spitzenleistungen angenehm überrascht werden (vgl. hierzu Berg 2006 S. 397). In der Kaufverhaltensforschung wird die Ebene der Zusatzleistungen nochmals unterteilt in die Wahrnehmungsebene (Zusatzleistung 1) und die Vorstellungsebene (Zusatzleistung 2). Die Wahrnehmungsebene (teilweise wird auch von Designebene gesprochen) ist durch die sog. kognitiven Faktoren geprägt. Hier handelt es sich um Eigenschaften, die mit der Dienstleistungsdarbietung unmittelbar zusammenhängen und gedanklich oder sinnlich (schmecken, riechen, fühlen, hören, sehen) wahrnehmbar sind (Grothues 1.Aufl. 2000). Es geht hier also um die Wahrnehmungs-Eigenschaften der Hotelleistung. Beispiele hierfür sind:

- freundliches und zuvorkommendes Hotelpersonal
- ansprechendes Ambiente von Hotel und Restaurant

Die Zusatzleistung 2 findet ihren Höhepunkt in der Vermittlung von Erlebniswerten und spricht im Rahmen der sog. affektiven Faktoren vor allem die Seele und das Gefühl des Gastes an (vgl. Grothues 2000). In einem Hotel werden beispielsweise Freude, Entspannung oder Action (Animation im Hotel) (mit-)verkauft. Diese für das Marketing bedeutsamen Eigenschaften werden vielfach als „Erlebniswerte" bezeichnet, sie beinhalten aber noch eine Reihe anderer Eigenschaften (Freyer 2003).

Zusatzleistungen sollten die folgenden Bedingungen erfüllen, damit sie als innovativ empfunden werden und erfolgsversprechend sind:

- ***Neuheitscharakter:*** Der Gast muss die Leistung auf Anhieb als neu erkennen, sie muss bei ihm ein gewisses „Aha-Erlebnis" auslösen sowie sein Interesse wecken.
- ***Konkurrenzvorteil:*** Die Leistung muss qualitativ besser sein (oder vom Gast so empfunden werden) als eine gleichwertige Leistung des Konkurrenten.
- ***Nutzen:*** Die Leistung muss einem oder mehreren Bedürfnissen des Gastes entsprechen.
- ***Gesellschaftliche Billigung:*** Die Leistung muss den Wertvorstellungen der Gäste entsprechen.
- ***Sofortige Wirkung:*** Je rascher die angebotene Leistung zur Bedürfnisbefriedigung führt, umso höher ist der Kaufreiz.

- ***Kommunizierbarkeit:*** Die neue Leistung muss dem Gast mit wenigen Worten attraktiv erläutert werden können.
- ***Merkbarkeit:*** Die Leistung muss unverwechselbar sein, der Gast muss sie wahrnehmen und in Erinnerung behalten können.

(Quelle: leicht verändert nach: Grothues: Erlebnismarketing in der Hotellerie und Gastronomie 1. Aufl.)

Spitzenleistungen eines Hotelbetriebs

Die Spitzenleistungen eines Hotelbetriebs können eingeteilt werden in Strategische Erfolgspositionen (SEP) und Unique Selling Proposition (USP). Strategische Erfolgspositionen sind Kernfähigkeiten eines Hotelbetriebs welche die entscheidenden Wettbewerbsvorteile bringen (vgl. Pechlaner: in Ferner Bd. 2 2003). SEP sind von den Hoteliers bewusst geschaffene Eigenschaften und Fähigkeiten, die im Wettbewerb nachhaltig Überlegenheit schaffen und somit überdurchschnittliche Ergebnisse ermöglichen. Beispiele für Strategische Erfolgspositionen sind:

- Lage (Restaurant mit Seeblick, Hotelzimmer mit Gletscherblick, Flughafennähe)
- Besondere bauliche Eigenheiten (denkmalgeschützt, altertümlich)
- Sportangebote (innovativste Tennisschule, bester Golflehrer)
- Aufbau eines hohen Dienstleistungsgrades, der um mindestens 30 % besser ist, als jener der Mitbewerber
- Schnellbistro für Anspruchsvolle – Salat mit der Hand essen, ohne schmutzige Finger „Wrap“ – gewickelte Weizentortilla mit Frischefüllung – Handheld Snacks
- Vegetarisches Fast Food – saftig, knackig, kernig
- Einzige mittelamerikanische Kaffeebar (Coffeeshop) in der Region mit besonderem Zigarrenangebot
- Musikrestaurant mit Bergkulisse – Erlebnisgast
- Lounge mit biologischen Drinks wie frischen Fruchtsäften, kühl levitiertem Wasser und Weizengras-Saft, dazu Ofanic Fingerfood
- Suppenbistro – hier gibt's alles rund um die Suppe
- Zirkus-Hotel mit orientalischem Frühstück
- Event-Hotel – alles rund um die Inszenierung
- „Surf & Sushi“ Internet-Cafe mit japanischem Fisch und trendiger Atmosphäre
- Themenrestaurant mit Originalkulissen von Warner Brothers' Hollywood-Studio – von Casablanca bis Batman
- Fun-Hotel mit der höchsten und schrecklichsten Achterbahn der Welt

(Quelle: Pechlaner in Ferner: Tourismus und Marketing Bd. 2)

Damit Strategische Erfolgspositionen wirklich den längerfristigen Erfolg bringen, dürfen sie nicht einfach zu kopieren sein (SHV/DEHOGA: Marketing der Gastfreundschaft 1994).

Bei einem USP handelt es sich um eine einzigartige Verkaufsaussage oder ein unverwechselbares Nutzenangebot für den Gast. Der Begriff „Unique Selling Proposition“ wurde von einer New Yorker Werbeagentur bereits 1923 geprägt und bezieht sich auf Wettbewerbsvorteile aufgrund einer einzigartigen und unverwechselbaren Leistung (vgl. Dettmer

1997). Ein USP muss immer einen spezifischen Produktnutzen enthalten und sollte einzigartig (bzw. selten) auf dem Hotelmarkt sein. Jedes Hotel sollte viele solcher USP haben, wie z.B. CD-Player mit einem CD-Sortiment im Gästezimmer, echte Antiquitäten oder Designermöbel in der Halle, Bügelbrett und Dampfbügeleisen für die alleinreisende Dame, die doppelte Badewanne in der Haneymoon-Suite usw. (SHV/DEHOGA 1994). USP`s sind im Gegensatz zu den SEP´s in der Regel kurzfristiger, da sie Modeströmungen unterliegen und schneller von der Konkurrenz kopiert werden können.

Zusatz- und Spitzenleistungen eines Hotelbetriebs sind nicht immer automatisch mit zusätzlichen Kosten verbunden. Sie können sowohl in einem Luxus-Hotel oder Gourmetrestaurant, aber ebenso so gut in einem gewöhnlichen Wirtshaus angeboten werden. Spitzenleistungen müssen über das eigentliche hotelbetriebliche Kernprodukt hinausgehende Differenzierungsmerkmale aufweisen, die nicht nur dem Kunden als Vorteil vermarktet werden können, sondern auch von den Mitbewerbern nicht einfach nachgeahmt werden können.

Somit ergeben sich für die Hotellerie zwei zentrale Herausforderungen: Zum einem muss der Hotelier Mittel und Wege finden, seine Gäste durch Zusatz- und Spitzenleistungen zu begeistern, ihr Wohlbefinden steigern und somit den Aufenthalt zu einem unvergesslichen Erlebnis werden lassen. Zum anderen muss der Hotelier über die Fähigkeit und die notwendigen Instrumente verfügen, um seine Produkte und Dienstleistungen gegenüber der Konkurrenz differenzieren zu können. Das hotelbetriebliche Leistungsangebot, muss sich deutlich von den unzähligen Standardangeboten auf dem deutschen Hotelmarkt unterscheiden.

Das in Hotels ab der Kategorie „First Class" mittlerweile 99 Prozent der von den Gästen wertgeschätzten Einzigartigkeiten aus kleinen, oft wenig spektakulären hotelbetrieblichen Innovationen und Verbesserungen bestehen, wird hier zu Lande nur selten wahrgenommen (Frehse 2 / 2007 S. 141).

Das Angebot eines gastgewerblichen Betriebs muss attraktiv, einzigartig und klar sein:

- Die **Attraktivität** des Angebotes wird aus der Sicht des Gastes durch den Nutzen bestimmt den er daraus zieht. Haben Gäste einen besonderen Vorteil? Was ist unser USP?
- **Einzigartigkeit:** Überraschungen oder Leistungen, die verblüffen, bleiben am besten in Erinnerung
- **Klarheit:** Besonders einprägende Profilelemente sollen klar in den Vordergrund gestellt werden (Kosma ua: Betriebsorganisation, Tourismus, Marketing 11. Aufl)

Die Möglichkeiten, um in Hotellerie und Gastronomie zu einem besseren, billigeren, schnelleren oder einmaligen Leistungsangebot zu kommen, verlangt nach Kreativität und sorgfältiger Planung (vgl. Schaetzing in Gewald 2001).

Exkurs: Die Gestaltung von Zimmerkategorien

Die Zimmervermietung bzw. das Hotelzimmer stellt das eigentliche Kernprodukt in der Hotellerie dar. Doch wie wird es möglich, dem Hotelgast das Kernprodukt erfolgreich und differenzierter verkaufen zu können? Die Lösung hierzu ist im Grunde recht einfach, das Kernprodukt „das Hotelzimmer" muss in Zimmerkategorien detailliert und klar gegliedert werden. Die Zimmerkategorien eines Hotels können sich hauptsächlich nach ***Größe***, ***Lage, Komfort*** und ***Ausstattung*** unterscheiden. Bei den Standardzimmern wie Einzel- und Doppelzimmer sollte es ***mindestens vier Zimmerkategorien*** geben. In der Hotellerie ist die Unterteilung in Standard Einzel- und Doppelzimmer oder Superior Einzel- und Doppelzimmer üblich. In einigen Hotelbetrieben werden auch die Bezeichnungen Business oder Executive verwendet. Die einfachen Zimmerkategorien sind meist mit der Bezeichnung „Standard" gekennzeichnet. Für die nächst höherer Kategorie sind Bezeichnungen wie Komfort-, Luxus-, oder eben Superior-Zimmer üblich. Im Hotel zur Bleiche gibt es z.B.:

- Storchennester (Einzelzimmer)
- Kleine Doppelzimmer
- Geräumige Doppelzimmer
- Geräumigere Doppelzimmer

Wichtig ist, dass es möglichst viele verschiedene Zimmerkategorien gibt, denn so können die Preise besserer differenziert werden. Als Regel für die Gestaltung von Zimmerkategorien gilt:

- Günstige und teure Kategorien knapp machen
- „von unseren Hollywood-Suiten haben wir leider nur 2 Stück"
- „Für Schnellentschlossene: Die volle Hotelleistung zum Superpreis in einem unserer 3 Schnäppchen-Zimmer"
- als Verhandlungsspielraum nutzen (up-selling und up-grading)
- Die Unterschiede klar und übersichtlich darstellen

(Quelle :Liegel: Optimierung der Preise 2006)

Zudem sollten die Zimmerkategorie als Verkaufshilfe, genau beschrieben und bebildert werden. Die Preisunterschiede zwischen den einzelnen Zimmerkategorien sollten ca. 10 – 20% betragen. Ein höherer Preisunterschied wäre nur bei besonderst stark von der Ausstattung / Einrichtung abweichenden Zimmern gerechtfertigt.

Besonderheiten der Preispolitik im der Hotellerie

Das Überangebot an Hotelzimmer und –betten hat zu einer sehr niedrigen Durchschnittsrate in der deutschen Hotellerie geführt. Laufende Hotelneueröffnungen, Companies, aber auch private Unternehmer, kaufen sich mit neuen Hotels in den Markt ein, mit tiefen Raten, die das allgemeine Preisniveau senken (vgl. S. Gerhard in Der Hotelier 14.10.06). Dieser Umstand hat zu enormen Überkapazitäten auf dem deutschen Hotelmarkt geführt. Die durchschnittliche Zimmerbelegung der letzten Jahre in der deutschen Hotellerie beträgt gerade einmal ca. 42%. Die deutsche Hotellerie bemüht sich mehr um Marktanteile anstatt um ihre Raten (vgl. Touristik Report 01.07.04). Der derzeitige Wettbewerb in der Beherbergungsbranche spielt sich viel zu häufig über den Preis – und nicht über die Qualität der Beherbergungsleistung ab. Der Grund hierfür ist recht simpel, die Gäste reagieren schneller auf Preis- anstatt auf Leistungsänderungen. Natürlich ist es für die Hoteliers auch bequemer und vor allem einfacher an der Preisschraube zu drehen – anstatt Leistung, Qualität, Einrichtung und Service zu verbessern.

Gerade die Gastronomie und Hotellerie haben es bis heute nicht gelernt, den richtigen Preis für das hohe Maß an Dienstleistungen überhaupt anzudenken, geschweige denn zu verlangen. Jeder Handwerker macht es besser (Klaus Kobjoll 2003)

Nach Meinung von Gerhardt (14.10.06), hat es die Branche nicht verstanden die Raten adäquat zu erhöhen. So hat die deutsche Hotellerie traditionell einen zu niedrigen Preis für ihre Leistungen verlangt. Auf der anderen Seite haben die Hotelbetriebe ihre Preisgestaltung zum größten Teil an die Bedürfnisse und Forderungen der Distributions-, Reservierungs- und Vertriebssysteme angepasst. Das heißt, die Preisen werden vom Hotelier nicht mehr kalkuliert, sondern richten sich nach den Preisen der Konkurrenz (s. Gerhard in Der Hotelier 14.10.06). Auf der anderen Seite steht der Kunde, er möchte am liebsten eine 5 Sterne Leistung erhalten – ist aber nur bereit für eine 2 Sterne Leistung zu bezahlten. Vielen der Hoteliers gebührt allerdings eine Teilschuld an diesem Umstand, denn sie erwecken mit ihrer undurchsichtigen Preispolitik den Anschein, dass generell alle Raten verhandelbar sind. Im heutigen Verkäufermarkt der Hotellerie – gewürzt mit einem harten Verdrängungswettbewerb – scheint der Preiskampf keine gesunde Preisgestaltung zuzulassen (Schaetzing: Systematisches Yield Management zur Erhaltung und Steigerung des Marktanteils in der Hotellerie).

Dienstleistungsbetriebe wie z.B. Hotel- oder Touristikbetriebe verfolgen oft eine differenziertere Preispolitik als Sachleistungsbetriebe. Während sich die meisten Konsumgüter ganzjährig gleich gut verkaufen lassen, ist bei vielen touristischen Dienstleistungen die Nachfrage saisonabhängig (Wollenberg 2004). Die ertragsorientierte Auslastung der Hotelkapazitäten wird über den Preis - im weitesten Sinne durch die Preispolitik des Hotelunternehmens gesteuert. Bedingt durch Marktsättigung und Überkapazitäten werden Hoteliers zwangsläufig dazu gezwungen, sich näher mit Preispolitik und dem aktiveren Einsatz des Instrumentes Preis zu befassen. Die Preispolitik – früher eher stiefmütterlich im Marketing-Mix der Hotellerie behandelt – wird heute gezielt zur Steuerung der Nachfrage und Auslastungsoptimierung eingesetzt. In der einschlägigen Literatur zum (Hotel-) Marketing wird die Preispolitik manchmal auch als Kontrahierungspolitik – so z.B. in Meffert (Marketing 9. Aufl. 2000) oder Barth (Hotel-Marketing 1994) – bezeichnet.

Von allen Marketingmaßnahmen des Hotels, stellt die Preispolitik eine der schärfsten Waffen dar - sie gehört zu den schwierigsten und risikoreichsten – aber auch zu den effektivsten und chancenreichsten Marketinginstrumenten im Marketing-Mix der Hotellerie. Eine aktive Preispolitik (mit Preisvariationen an den Hotelmarkt herangehen) wurde über viele Jahre hinweg von der Hotellerie strikt abgelehnt. Auch hier waren wieder einmal große Hotelketten die Vorreiter, die sich mit aktiver Preispolitik und Preisdifferenzierungsmaßnahmen auf dem deutschen Hotelmarkt ausbreiteten. Mit einer einfallsreichen Preispolitik sollte heute nicht nur versucht werden Gäste zu gewinnen bzw. den eigenen Gewinn zu maximieren, sondern Gäste auch, auf lange Zeit hin an das Unternehmen zu binden (vgl. Schaetzing in Hotel Restaurant 7-8 / 2002). Generell, sind preispolitische Maßnahmen immer dann gerechtfertigt, wenn sie kurzfristig, besser aber langfristig dem Unternehmen einen höheren Ertrag einbringen (vgl. Reith: Bd. 2 1990).

Im Hotel-Marketing-Mix legt die Preispolitik den zu zahlenden materiellen Wert fest, der vom Nachfrager an den Anbieter zur Erbringung der gastgewerblichen Leistung zu zahlen ist. Somit kann die Festlegung des Verkaufspreises in Abstimmung mit den Marketing-Zielen und –Strategien als Gegenstand der Preispolitik definiert werden (vgl. Freyer 1999). Das Pricing ist zudem das einzige Element des Marketing-Mix das direkt Einnahmen generiert (vgl. Doyle: Marketing Management and Strategy 1994) und bei dem zudem keine Vorinvestitionen notwendig sind. Das Ziel muss es sein, das Verhalten der Kunden im Sinne des Hotelbetriebs so zu beeinflussen, das die Produkte und Dienstleistungen des Betriebes gekauft – bzw. das eine Buchung erfolgt. Für die praktische Preispolitik ist es beispielsweise für den Unternehmer unerlässlich, die Einflussfaktoren auf die Gewinnsituation zu kennen (Englisch: 2. Aufl. 1994).

So muss sich der Hotelier darüber im Klaren sein, das in einem fixkostenintensiven Betrieb, wie dem Hotel, der Einfluss des Marktes - der in der Kapazitätsauslastung, der Anzahl der anreisenden und zu bewirtenden Gäste und des zu erreichenden Preisniveau zum Ausdruck kommt - weit größer ist als die Wirkung von Kostenveränderungen für den Betrieb (vgl. Englisch 1994 S. 9). Weitere Einflussfaktoren auf die hotelbetriebliche Preispolitik sind das ***Besitz- oder Pachtverhältnis des Betriebes*** (Eigentümer, Pächter, Franchise, Managementgesellschaft), ***die jeweilige Verkaufsituation*** (Nachfrageverhalten, Konkurrenzsituation), ***das Marketing*** (Marketingkonzept, Marketing-Mix) oder die ***Art und Weise wie Investitionen erfolgen*** (Abhängig von der Konkurrenz, Leistungsstandards, Entwicklung von Einkaufspreisen).

Im heutigen Verkäufermarkt der Hotellerie und Gastronomie, ist der Kunde / Gast preispolitisch klar im Vorteil. Gerade in den deutschen Großstädten locken die vielen „Sonderangebote“ der sich ständig (im ruinösen Ausmaß) unterbietenden Hotelketten und -kooperationen. Die Verlierer in diesem Preiskampf sind meist die einzelbetrieblich organisierten Hotelbetriebe. Denn der Gast gewöhnt sich an den niedrigen Zimmerpreis – und es entsteht ein Marktpreis - den der Gast für bestimmte Produkte und Dienstleistungen eines gewissen Qualitätsstandard noch bereit ist zu bezahlen.

Beispiel:

Ein Hotelgast bezahlt in einem First Class Hotel in Hamburg (4 Sterne) 60€ für Beherbergung und Frühstückbüffet. Nun reist der Gast in eine andere Stadt, um dort ebenfalls in einem 4 Sterne Hotel zu übernachten. Dort wird im jedoch ein vergleichbares Hotelzimmer zum Preis von 110,00€ angeboten. Diesen Preis ist der Gast jedoch nicht bereit zu bezahlen. Wie würden Sie dem Gast auf die Frage antworten: „Warum ein vergleichbares Hotel mit etwa gleichen Kosten die Leistung zu einem günstigeren Preis anbieten kann?

Und hier beginnt eigentlich auch schon die Schwierigkeit, viele Zimmerpreise sind so kalkuliert, dass sie gerade einmal die vorhandenen Kosten decken. Aber wie will man das dem Gast erklären? Soll man ihm erklären das der Betrieb kurzfristig bereit ist Verluste in Kauf zu nehmen, nur um die Konkurrenz zu verdrängen? In den Augen des Gastes, wird kein Wirtschaftsunternehmen zu bestimmten Zeiten absichtlich nur kostendeckend arbeiten. Und so sieht es dann auch der Gast, für ihn sind bei einem Preis von z.B. 60,00€ die Kosten des Hoteliers gedeckt und er vermutet das bei diesem Preis auch ein Gewinn erwirtschaft wird.

Da der bisherige Preiskampf ein ruinöses Ausmaß erreicht hat, ist es an der Zeit den Gästen und Absatzmittlern begreiflich zu machen, dass auch Hotelleistungen bzw. eine gute Qualität Geld kostet. Ein Hotelier der sein Produkt „das Hotelzimmer“ ausschließlich über den Preis verkauft, braucht sich nicht wundern wenn seine Kunden nur noch nach den Preisen und nicht nach Ausstattungsmerkmalen wie Lage, Größe oder Komfort des Hotelzimmers fragen. Die neuen Zauberworte heißen daher Profilierung, Emotionalisierung und Differenzierung des gastgewerblichen Angebots. Die Hoteliers müssen ihre Betriebe zielgruppenspezifisch ausrichten und damit über Exklusivität und Individualität den Geschmack einer zahlungskräftigen Gästeschicht treffen. Denn auf bestimmte Kundengruppen spezialisierte Hotelbetriebe können sich im Hotelmarkt besser behaupten, als Allround- und Basisanbieter. Eine einfache Beherbergungsleistung wie Übernachtung und Frühstück ist austauschbar, sie wird in jedem Hotel mehr oder weniger gut erbracht. Und wenn die Leistung austauschbar ist, so ist in den meisten Fällen der günstigere Preis entscheidend. Und hier beginnt sich nun das Preiskarussell zu drehen – in der Regel mit ruinösen Preisen.

Zwar kann ein Hotel, niemals bei allen möglichen Leistungsbestandteilen der oder das Beste sein. Doch die Betriebe bzw. dessen Inhaber müssen sich über Differenzierungselemente wie z.B. Preis, Zimmerausstattung, Lage, Hygiene, Ruhe, Dienstleistungsqualität, F&B-Leistungen, Kundenorientierung, Design, Bettenqualität usw. von den Mitbewerbern abheben. Die unterschiedlichen Differenzierungsmerkmale müssen qualitäts- und kundenorientiert kombiniert werden und es ist eine Markbearbeitungs-Strategie zu entwickeln. Über die Ausgestaltung, Emotionalisierung und Differenzierung des Hotel-Produkts, soll in dieser Arbeit nicht weiter eingegangen werden – diese Faktoren werden in der Arbeit „Besonderheiten des Hotel-Marketings" ausführlich behandelt.

Die Hotelleistung und Konsequenzen für die Preispolitik

Die dienstleistungsspezifischen Spezifika der gastgewerblichen Leistungserstellung haben auch Konsequenzen für die Preispolitik von Hotelbetrieben.

Eigenschaften der Hotelleistung	Konsequenzen für die Preispolitik
Intangibilität / Immaterialität (Standortgebundenheit / Nichlagerbarkeit)	• Preis als Qualitätsfaktor • Dokumentation des Preis-/Leistungsverhältnisses schwierig • Schwierige Ermittlung der Preisbereitschaft des Gastes
Leistungsfähigkeit des Anbieters (Starre Angebotsstruktur)	• Schwierige Kostenzurechnung bei der Preisgestaltung • Preis- und Konditionenpolitik als Instrument zur Steuerung der Kapazitätsauslastung • Cross-Selling, Preisbündelung
Integration des externen Faktors (Integration des Gastes)	• Heterogenität Innerhalb der Preisfestsetzung • Preisgestaltung mit Berücksichtigung des Selbstbeteiligungsgrades des Nachfrager • Individuelle Preisgestaltung bei persönlichen Dienstleistungen • Qualität des externen Faktors

(Abb.: Quelle: nach Meffert/Bruhn 2003 S. 518)

Wie sich der Tabelle entnehmen lässt, haben die Eigenschaften von (gastgewerblichen) Dienstleistungen einen erheblichen Einfluss auf die Preispolitik / Preisgestaltung in der Hotellerie und Gastronomie. So führt z.B. Meffert (1997 S. 333) an, dass die Immaterialität von Dienstleistungen zufolge hat, dass das Preisniveau einer gastronomischen Leistung angesichts fehlender sichtbarer Leistungsmerkmale die Rolle eines Ersatzkriteriums zur Qualitätsbeurteilung inne hat. Der Gast stuft also die Qualität eines Produktes / Dienstleistung umso hochwertiger ein, je höher der Preis für diese Leistung ist. Aus dem hohen Fixkostenanteil ergibt sich, dass bereits geringfügige Veränderungen des durchschnittlich erzielten Übernachtungspreises erhebliche Veränderungen des Gewinns zur Folge haben können (Hänssler:2004 S. 304).

Grundlagen der Preisbildung

Die Bildung bzw. Ermittlung des Preises, ist meist eine heikle Sache. Nicht immer kann ein Preis rein rechnerisch bestimmt werden. Zusätzlich müssen Aufgrund einer zunehmenden Preissensibilität der Hotelgäste die Zimmerpreise gegenüber unterschiedlichen Anspruchs- und Zielgruppen immer mehr differenziert werden. Jeder Hotelier hat Anspruch auf einen angemessenen finanziellen Gegenwert, der mindestens seinen Arbeits- und Kostenaufwand deckt. Ebenso will er einen Gewinn erwirtschaften, der dem unternehmerischen Einsatz und Risiko entspricht. Wo aber liegt der „richtige" Preis, den genügend Gäste für die angebotene Leistung zu zahlen bereit sind und der dem Hotelier und seinen Mitarbeitern ein angemessenes Auskommen sichert? (vgl. Schweizer Hotelier Verein: Hotel-Marketing S. 77 1.Aufl. 1983)

Innerhalb der letzten Jahre, hat sich die Preispolitik in der Hotellerie grundlegend verändert. Lange Zeit wurden die Preise an feste Saisonzeiten gebunden oder es erfolgten Preisabsprachen mit den Konkurrenten. In der heutigen Zeit sind die Preise flexibel und müssen stets der Nachfrage angepasst werden. Dabei muss beachtet werden, das der Preis für ein Hotelzimmer niemals losgelöst betrachtet wird, er steht immer mit dem im Zusammenhang, was für ihn geboten wird (Beherbergung, Klimaanlage, bequeme und komfortable Schlafgelegenheit usw.). Doch welche Funktion hat eigentlich der Preis?

In der allgemeinen Betriebswirtschaftslehre, werden die sog. drei Grundfunktionen des Preises unterschieden. Die erste Funktion ist die Ertragsfunktion. Es muss ein gewisser Ertrag erwirtschaftet werden, damit z.B. die fixen- und variablen Kosten des Hotelbetriebs gedeckt werden können. Ebenfalls hat der Preis eine sog. Positionierungsfunktion – der Preis dient als Signaleffekt für einen bestimmten Wert. Die letzte Funktion (in der Hotellerie eine sehr wichtige Funktion) ist die Steuerungsfunktion. Im Rahmen vom Yield-Management und auch ganz allgemein in der Hotelbranche, wird der Preis als Instrument zur Steuerung der Nachfrage/Auslastung verwendet.

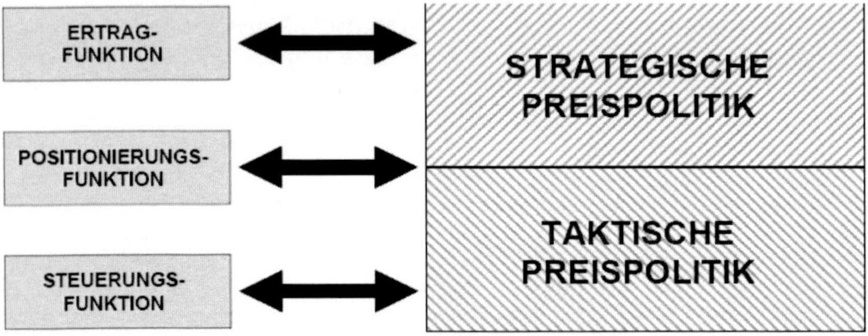

(Abbildung 19: Institut für Tourismus und Verkehrswirtschaft an der Universität St. Gallen, Workshop Pricing)

Exkurs: Preiselastizität
Die sog. Preiselastizität der Nachfrager gibt an, wie sich die Nachfrage (nach gastgewerblichen Leistungen) ändert, wenn der Preis um eine Einheit erhöht oder gesenkt wird. Die Preiselastizität der Gäste-Nachfrage, zeigt also den Zusammenhang zwischen dem Preis und der verkäuflichen Menge von gastgewerblichen Leistungen (vgl. Schweizer Hotelier Verein: S. 77 1.Aufl. 1983). Gerade in Business-Hotels, reagiert die Nachfrage auf Preisveränderungen relativ unelastisch, weil in der Regel – von Ausnahmen abgesehen – potentielle Gäste selten dazu bewogen werden können, wegen eventueller Preisvorteile Hotelleistungen zu Zeitpunkten in Anspruch zu nehmen, zu denen sie diese eben nicht benötigen.

Niedrig- oder Hochpreispolitik?

Mit der Preispolitik, werden meist unterschiedliche Zielsetzungen wie z.B. Erhöhung der Kundenzufriedenheit, die Bindung von Stammgästen, Gewinnung neuer Gästegruppen, Erhöhung des Marktanteils oder ganz allgemein, die Erhöhung des Gewinns angestrebt. Neben diesen sog. preispolitischen Zielsetzungen, lassen sich in der Hotellerie auch marktgerichtete Ziele der Preispolitik wie z.B. der Aufbau und die Pflege des Images oder die Beeinflussung der Kundenerwartungen und -wahrnehmungen erkennen. Wichtig ist, dass Hotelleistungen zu bestimmten (gewinnbringenden) Preisen und in ausreichender Menge abgesetzt werden müssen, um die übergeordneten Marketing- und Unternehmensziele zu erreichen. Auf dem heutigen Hotelmarkt ist vor allem eine extreme Niedrigpreispolitik vorzufinden, nach dem Motto „Geiz ist geil“ werden Hotelzimmer zu Schleuderpreisen an den Gast gebracht. Besonderst über das Internet werden Last-Minute-Angebote und Packages zu einem verhältnismäßig gering kalkulierten Preis vertrieben. Doch ist mit einer solchen Niedrigpreispolitik wirklich auch Geld zu verdienen? Welche Vor- und Nachteile ergeben sich bei solch einer Preisstrategie?

Auch mit einer Niedrigpreispolitik können die Hotels/Unternehmen Gewinne erwirtschaften, ein Beispiel ist z.B. der französische Accor Konzern der mit seinem klaren und sehr preiswerten Konzept ETAP bislang unangefochtener Marktführer im Bereich der 1 Sterne Hotellerie in Deutschland ist. Die Accor-Brands Formule 1 und Ibis sind im sog. Low Budget

Segment angeordnet und werden zu günstigen Preisen auf dem Hotelmarkt vertrieben. Nach dem Motto „Schlafen ist Vertrauenssache“ bzw. „preiswert übernachten“ versucht die Accor-Gruppe ihren Kunden an jeweils verkehrsgünstig und zentral gelegenen Standorten einen in allen Häusern gleich bleibenden Standard der Gastlichkeit zu bieten (K.H. Sebastian: Power Pricing Konferenz: Wege aus der Preisfalle – Konferenzbericht Juli 2000 www.simon-kucher.de). Bei Formule 1 zum Beispiel liegt der Preis weit unter dem Preis für normale 2 Sterne Hotels. Die Differenzierung zu anderen Low Budget Hotels erfolgt bei Formule 1 durch sehr gute Matratzen, beste Isolierung der Hotelzimmer und einem hohen Hygienestandard. Diese Art der Niedrigpreispolitik hebt sich jedoch deutlich von den Kampfpreisen auf dem deutschen Hotelmarkt ab. Bei Etab wird eine einfache Beherbergungsmöglichkeit mit geringem Service zu einem der Leistung entsprechendem Preis verkauft. Der Gast von Etab sucht eine einfache und preiswerte Schlafgelegenheit bei einem ausgewogenen Preis-Leistungsverhältnis. Der Standard der Zimmerkategorie ist genau beschrieben (bequeme Betten, lärmgeschützte Zimmer, keine schlafstörende Lichteinflüsse), zudem bestehen stabile Preise – die nicht wie in der Hotellerie üblich – der Nachfrage angepasst werden (vgl. H.K. Sebastian 2000). Hier stimmen also Preis und Leistung.

Ganz anders sieht die Situation in der 3-4 Sterne Hotellerie aus. Nach dem Motto lieber ein Zimmer zu einem kostendeckenden Betrag zu verkauften, als gar kein Zimmer zu verkaufen, betreiben die Hoteliers eine teilweise existenzbedrohende Preispolitik. Die preispolitische Zielsetzung besteht für viele Hoteliers nur noch darin, durch niedrige Preise den Hotelbetrieb am Leben zu halten bzw. den Fortbestand des Unternehmens zu sichern. Doch wenn der Preis einmal nicht mehr in Ordnung ist, d.h. auf einem zu niedrigen Niveau liegt, ist es fast unmöglich, ihn rechtzeitig wieder anzuheben (vgl. Schaetzing 6.Aufl. S.225). Ein anderer Nachteil bei dieser Art der Preispolitik ist die Wirkung auf den Gästekreis. Durch Tiefpreispolitik wird auch das Niveau der zu erwartenden Gäste erheblich beeinträchtigt und wie wir wissen, ist das Niveau eines Hotels auf die Dauer niemals höher als das Niveau seiner Gäste (Schaetzing 6.Auflage. S. 225). Das eigentliche Ziel der Niedrigpreispolitik ist es, durch große Absatzmengen einen entsprechenden Gewinn zu erwirtschaften. Bei einem Ein-Sternehotel bzw. einem Hotel mit geringen Kosten funktioniert diese Rechnung, doch bei einem First Class Hotel auf Dauer eben nicht. Und so multipliziert sich in vielen Hotels, eine immer noch ungenügende Belegung mit einem selbst bei normaler Belegung in keinster Weise kostendeckenden Tiefpreis. Nun wird es für den Hotelier schwierig, entweder es gelingt ihm seine Kosten drastisch zu reduzieren oder er wird seinen Betrieb bald schließen müssen. Zwar könnten mit einer günstigen Übernachtung eine Reihe von weiteren Leistungen wie z.B. Hotelrestaurant, Minibar oder Hotelboutique verbunden sein, die auch einen niedrigeren Zimmerverkauf profitabel machen. In der Realität ist es jedoch so dass nun einmal der Logisbereich die höchsten Deckungsbeiträge generiert, daher ist es schwierig durch hotelübliche Zusatzleistungen ähnlich hohe Deckungsbeiträge wie beim Zimmerverkauf zu erzielen.

Das Problem der Niedrigpreispolitik in der Hotelbranche ist zudem, dass diese Preisstrategie nicht nur den jeweiligen Betrieb der diese praktiziert betrifft, sondern auch die örtliche Konkurrenz darauf reagieren muss. Die im selben Segment angesiedelte Konkurrenz hat nun zwei Möglichkeiten, entweder werden auch in diesem Hotel die Preise gesenkt oder es wird versucht über die Qualität den Kunden an den Betrieb zu binden. Meist führt Niedrigpreispolitik jedoch zu einem verstärkten Preiskampf zwischen den Mitbewerbern. Die Folgen können sein:

- Gewinneinbußen
- Konkurrenz senkt ebenfalls die Preise – Preisspirale dreht sich nach unten

- Kapitalmangel für Investitionen
- evtl. minderqualifiziertem Personal, da nur niedrige Löhne gezahlt werden können und notwendige Qualifizierungsmaßnahmen unterbleiben
- niedrigere Deckungsbeiträge
- Ruf der "Unredlichkeit" bei Gästen

(vgl. Schaetzing: Management in Hotellerie und Gastronomie 6. Aufl. S. 225)

- Ist das Preisgefüge einmal ins Wanken geraten, werden Hoteliers von den Veranstaltern untereinander ausgespielt.
- „Umsatz um jeden Preis" bedeutet auf jeden Fall mehr Arbeit, aber im seltensten Fall auch mehr Gewinn

Eine extreme Niedrigpreis-Marketingaktion startete die Hotelgruppe Accor gegen Ende des Jahres 2005. Zum Jahreswechsel wurden 10 000 Hotelzimmer der 2 Sterne-Marke Ibis zum Preis von nur 1€ „verramscht". Diese Aktion wurde von vielen Hoteliers negativ kommentiert. Auch die Geschäftsführerin der Best Western Hotels Deutschland, Gabriele Schulze, äußerte sich äußerst kritisch auf den Vorstoß von Accor: *"Angesichts einer Inflation von Schnäppchenangeboten verliert der Gast das Gefühl für den tatsächlichen Wert eines Hotelzimmers. Wer an einem Tag nur einen Euro für ein Zimmer zahlt, wird nur schwer davon zu überzeugen sein, an einem anderen Tag den marktüblichen Preis zu zahlen."* (Berliner Zeitung 23.12.05 S. 11). Die eigentliche Intention von Accor bei dieser Marketingkampagne war es, mit „kreativen Ideen" neue Kunden zu gewinnen, dass allgemeine Preisdumping in der Hotellerie sollte nicht gefördert werden. In Wahrheit wird aber gerade mit solch einer Aktion genau dieses gefördert. Bei dieser Art der Preispolitik erhält der Kunde eine enorme Vergünstigung ohne nachvollziehbaren Grund. Dies bringt die gesamte Preispolitik in der Hotellerie in Verruf. Denn wenn schon Rabatte oder Discount Raten kommuniziert werden, so müssen diese an echte Verkaufkonditionen gebunden sein. Denn der Gast muss stets darauf vertrauen können, das er einen angemessen (fairen) Preis für das Hotelprodukt und keine Phantasiepreise – weder überhöhte noch Dumpingpreise bezahlen muss (vgl. Berliner Zeitung 23.12.05 S. 11).

Mit niedrigen Hotelzimmerpreisen eine möglichst hohe Kapazitätsauslastung anzustreben, wird jedoch nicht zum Maximalumsatz bzw. –gewinn führen, wenn bei den Nachfragern unterschiedliche Zahlungsbereitschaften bestehen (vgl. S. Kucher: Herausforderung Pricing www.simon-kucher.de). Besonderst gefährlich ist Niedrigpreispolitik im Bereich der 5 Sterne Hotellerie. Denn eine auf den Preis reduzierte Verkaufsargumentation könnte sich auf das Luxussegment fatal auswirken (vgl. o.V.: Fünf Sterne Discount in tophotel 2003/10) Denn in der Regel werden Luxusherbergen nicht wegen einem besonderst günstigen Preis sondern wegen dem besonderen Ambiente, der Atmosphäre und dem damit verbundenem Prestige gebucht. Vermarktet der Hotelier eine 5 Sterne Hotelleistung zu einem zu günstigen Preis, so verliert der Kunden das Vertrauen an das Luxus-Hotelprodukt. Denn Qualität kostet mitunter sehr viel Geld und das weis auch der Kunde. Deshalb ist gerade in der Luxushotellerie ein kontinuierlich hohes Preisniveau notwendig, um die eigene Preispolitik glaubhaft zu kommunizieren. Discount- und Lastminuteangebote helfen zwar kurzfristig die Belegung und Durchschnittsrate zu erhöhen – führen aber langfristig zu einem großen Imageschaden des 5-Sterne-Hotelprodukts. Die Luxusherbergen müssen sich im Hotelmarkt klar positionieren, der Hotelaufenthalt muss für den Gast zu einem außergewöhnlichen Erlebnis werden, für das der Gast auch gerne etwas mehr Geld ausgibt.

Eine erfolgreiche Hochpreispolitik setzt in der Regel auch ein hochwertiges Hotel-Produkt voraus. Eine Ausnahme sind hier z.B. Messezeiten oder manche Tage in der Hochsaison, zu diesen Zeiten können selbst Hotelanbieter einer Standardleistung erfolgreich Hochpreispolitik betreiben. So kostet z.B. bei Etab zum Oktoberfest in München ein Hotelzimmer weit über hundert Euro, die zu dieser Zeit aber auch gerne vom Hotelgast bezahlt werden. Zu bedenken gilt aber trotzdem, werden die Hotelzimmerpreise zu hoch angesetzt, so kann durch die frei bleibenden Zimmerkapazitäten kein Deckungsbeitrag generiert werden. In den Köpfen des Gastes wird oftmals ein hoher Preis mit einer sehr guten Leistung assoziiert. Ein weiter Faktor ist das sog. Prestige was der Kunde mit der Leistung verbindet. So wird für eine Nacht im Adlon auch gerne einmal 650€ bezahlt. In der heutigen Zeit ist eine erfolgreiche Hochpreispolitik nur möglich, wenn das jeweilige Hotel auch eine außergewöhnliche Leistung erbringt. Eine solche Preisstrategie setzt in der Regel Preis-Leistungsvorteile beim Anbieter oder Präferenzbildung beim Konsumenten/Gast voraus. Hier werden USP`s und SEP`s zu den strategisch wichtigen Wettbewerbsvorteilen, für die der Gast auch gerne bereit ist, etwas tiefer in den Geldbeutel zu greifen. Alleine über die Hardware kann heutzutage kein Hotelgast mehr gelockt werden. Auf dem deutschen Hotelmarkt gibt es mehrere Hotels die im 5 Sterne Segment angesiedelt sind, doch nur eine handvoll von diesen Betrieben kann es sich erlauben eine wirkliche Hochpreispolitik zu betreiben. Mit der Hochpreispolitik verbindet der Kunde:

- Prestige / Luxus
- eine gehobene Gästeschicht in dem Hotel
- ein ausgezeichnetes Produkt

Hochpreispolitik bzw. hohe Preis lassen sich nur dann problemlos durchsetzen wenn: ***Der Hotelbetrieb und seine Produkte und Dienstleistungen anders und besser sind, als die Konkurrenz und auch anders und besser sind, als dies der Gast erwartet.***

Die Durchsetzung hoher bzw. angemessener Hotelpreise für das 5 Sterne-Segment erfordert aber eines: Loyalität unter den Hoteliers. Alle müssten an einem Strang ziehen und bestimmte Preisuntergrenzen nicht unterschreiten. Ein hoffnungsloses Unterfangen, denn in Zeiten von Internet-Plattformen wie HRS oder hotel.de sind alle Preise mit nur wenigen Mausklicken vergleichbar (www.ahgz.de/vermischtes/Billigpreise-Hotellerie,142006,6042111432.html).

SKIM PRICING (= Abschöpfungspreise/Absahnpreise)

Bei der Einführung von sehr attraktiven Produkten kann es sich ein Hotel leisten, zu Beginn/Produkteinführung sehr hohe Preise zu verlangen und somit hohe Erträge zu erwirtschaften. Beim *Skim Pricing* (zu Deutsch: Abschöpfungspreispolitik) wird ein bewusst hoher Preis relativ zum wirtschaftlichen Wert des Produktes angesetzt. Außerdem geht man davon aus, dass die Produktionskapazitäten für dieses Produkt noch relativ begrenzt sind (vgl. Grothues 2006). Der hohe Preis verleiht dem Hotel-Produkt eine gewisse Exklusivität, die erst nach und nach durch Preissenkungen preisgegeben wird (vgl. Vermeulen 2004). Eine solche Preisstrategie ist allerdings nur für eine begrenzte Zeit möglich, denn die Konkurrenz wird versuchen das Produkt zu imitieren um ebenfalls hohe Gewinne zu erreichen. Der Hotelier muss nun auf die Wettbewerber reagieren, entweder er senkt seine Preise oder er verliert seine Gäste. Je mehr Konkurrenz, umso mehr bewegt sich der Preis nach unten. Diese Strategie ist jedoch nur sinnvoll, wenn der Gewinn aus den hohen Margen, durch den Verkauf an wenige preissensible Kunden, den potenziellen Absatzgewinn zu niedrigeren Preisen und kleinen

Margen auf einem größeren Markt übersteigt (Nagle/Holden/ Larsen: Pricing: Praxis der optimalen Preisfindung 1998 S. 188-235).

Eine andere Hochpreisstrategie ist die sog. ***Prämienpreisstrategie***, bei dieser Strategie soll auf Grund von Produktqualität und Image des Hotelprodukts ein relativ hoher Preis erzielt werden. Im Gegensatz zum Skim-Pricing ist diese Strategie allerdings dauerhaft angelegt und soll langfristig einen hohen Preis für das Hotelprodukt sichern.

Als Ergebnis kann festgehalten werden das sowohl Niedrig- als auch Hochpreispolitik in der 3-4 Sterne Hotellerie kaum einen dauerhaften Erfolg versprechen können. So wird es z.B. für Unternehmen im Niedrigpreissegment im schwieriger ihre Strategie zu verfolgen, den durch die erhöhte Preistransparenz und Konkurrenz auf dem Hotelmarkt, ist die Position als günstigster Anbieter heiß umkämpft. Lösung? Die Lösung ist eine Mischung aus Niedrig- und Hochpreispolitik bzw. eine der Nachfrage angepasste Preispolitik. In Zeiten schwacher Nachfrage werden niedrige Raten kommuniziert und bei starker Nachfrage sind die Zimmer nur noch zur Rack Rate verfügbar. Die Zauberformel heißt Yield Management – hierauf wird in den folgenden Kapiteln vertieft eingegangen.

Arten der Preispolitik

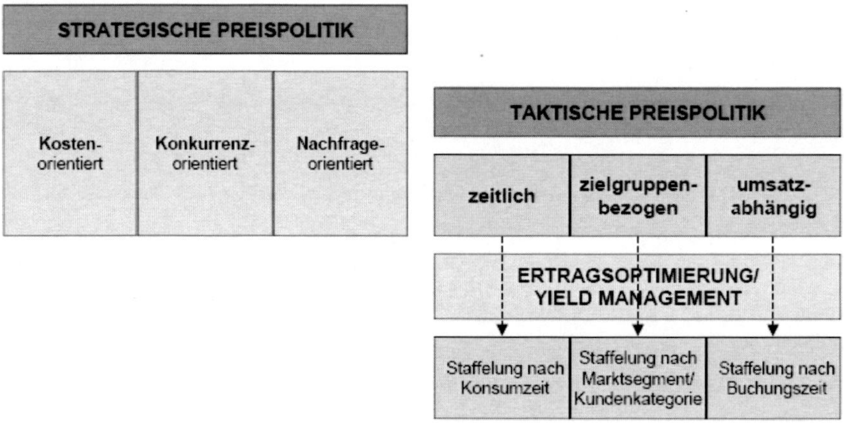

(Abb. 20: Institut für Tourismus und Verkehrswirtschaft an der Universität St. Gallen, Workshop Pricing)

Die Methoden der Preisbildung orientieren sich an
– den Kosten im Unternehmen,
– der Nachfrage und/oder
– der Konkurrenz.

In der Studie „Herausforderung Pricing“ wurde ermittelt, das Schweizer-Hoteliers besonderst die Zahlungsbereitschaft des Gastes, sowie die Kosten und den Wettbewerb (Konkurrenz) als primäre Kriterien zur Preisbildung heranziehen (vgl. Simon Kurcher & Partners: Herausforderung Pricing).

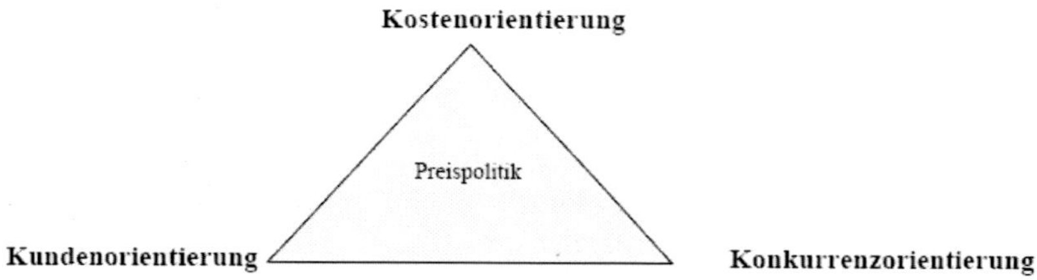

Abb. 21: „Preispolitik“ eigene Darstellung

Kostenorientierte Preisbildung

Die kostenorientierte Preispolitik berücksichtigt jeweils nach der Kalkulationsmethode (Teil- oder Vollkostenrechnung) bestimmte Kosten einschließlich einem gewünschten Gewinn, um einen bestimmten Preis zu ermitteln (Seitz, Hotelmanagement 1997). In jedem Hotelbetrieb fallen sowohl fixe als auch variable Kosten an. Fixe Kosten sind sog. anlagebedingten Kosten, die durch die Aufrechterhaltung der Kapazität, also durch die Bereitstellung der Räumlichkeiten und des Inventars anfallen (vgl. Poluschny: Kostenrechnung für die Gastronomie 1 Aufl. S. 9). Die fixen Kosten halten sich auch bei schwankender betrieblicher Leistung konstant hierzu zählen z.B. Gehälter, Pacht, oder Abschreibungen. Sie fallen an, unabhängig davon, ob Gäste ein Hotel in Anspruch nehmen (Lentz/Fritz: Gastgewerbliche Berufe – Organisation und Marketing 1994). Die variablen (veränderbaren) Kosten sind abhängig von z.B. der Zimmerbelegung, den Gästen sowie dem Umfang der gastgewerblichen Leistungserstellung und verändern sich je nach Leistungsmenge/Geschäftsauslastung. Hierzu zählen z.B. Kosten für die Zimmerreinigung bei Outsourcing, der Warenaufwand und die Energiekosten. Erst wenn die Gesamterlöse die Gesamtkosten – fixe Kosten plus variable Kosten – übersteigt, ist ein Gewinn zu verzeichnen (SHV: Marketing der Gastfreundschaft 1992). Um kostenorientierte Preisbildung betreiben zu können, muss der Hotelier verschiedenen Kalkulationsverfahren beherrschen um eine Preisfindung anhand der Kosten durchführen zu können.

Als mögliche Methoden der kostenorientierten Preispolitik nennt Seitz (Hotelmanagement 1997):

- Die Zuschlagskalkulation
- Die bottom up – Preiskalkulation
- Die Preisermittlung nach der Zimmergröße
- Die pro mille – Regel für den Zimmerpreis
- Die Hubbart – Formel für den Zimmerpreis
- Die Deckungsbeitragsrechnung

Eine echte kostenorientierte Preispolitik würde in der Hotelunternehmung bei hoher Belegung wegen der besseren Fixkostendeckung zu niedrigen Preisen führen (100 Hotelgäste müssen weniger zahlen als z.B. 50 Hotelgäste um die vorhandenen Fixkosten zu decken). Bedingt durch die harte Wettbewerbssituation und die potentiell vorhandenen Überkapazitäten, wird in der Praxis jedoch genau die entgegen gesetzte Verhaltensweise gezeigt. Je höher die Belegung des Hotels, desto mehr muss der Gast für ein Hotelzimmer bezahlen. Bei niedriger Belegung (obwohl die Fixkosten kaum gedeckt werden) wird der Preis für das Hotelzimmer gesenkt um somit (hoffentlich) die Nachfrage zu stimulieren. Bei wachsender Nachfrage steigen die Logispreise und bei rückläufiger Nachfrage sinken sie. Die Preise verhalten sich somit umgekehrt zu den Leistungskosten des Hotels (Seitz, Hotelmanagement 1997). Dies zeigt auch den sehr geringen Einfluss der kostenorientierten Preispolitik in Hotellerie und Gastronomie.

Merke: In der Hotellerie werden speziell die Beherbergungspreise bei steigender Nachfrage erhöht, während die Zimmerpreise bei geringerer Nachfrage gesenkt werden (Schaetzing: Marketing in Hotellerie und Gastronomie – in B. Falk: Dienstleistungsmarketing 1980).

Die kostenorientierte Bestimmung des Preises findet daher hautsächlich im F&B-Bereich der Hotellerie statt, im Logisbereich wird eine „reine" kostenorientierte Preisbestimmung kaum angewandt..

Konkurrenzorientierte Preisbildung

Kein Hotelbetrieb kann auf Dauer hohe Raten für seine Leistung fordern, wenn die vergleichbare Konkurrenz dieselben Leistungen deutlich günstiger anbietet. Wird in einem Hotelbetrieb der Hotelzimmerpreis hauptsächlich nach den Preisen der Konkurrenten bestimmt, so kann man von konkurrenzorientierter Preispolitik sprechen. Meist orientiert sich der Hotelier an der Rack Rate eines vergleichbaren Konkurrenten (ebenfalls 5 Sternehotel, gleiche Zimmeranzahl...) oder am Durchschnittspreis der Hotelbranche. Durch diese Form der Preisbildung wird eine Differenzierung von der Konkurrenz über den Preis von Anfang an ausgeschlossen (vgl. Reisen: Die Absatzpolitik von Gastronomiebetrieben 1986). Bevor allerdings der Hotelier den Preis des Konkurrenten imitiert, sollte vorher Klarheit darüber bestehen ob die Preispolitik der Konkurrenz zu Erfolg oder Misserfolg geführt hat. Fehlen dem Hotelier außerdem Informationen über die internen Kosten der Konkurrenten, ist die Übernahme der Konkurrenzpreise als alleinige Variante der Preisbildung problematisch (vgl. Lentz: Gastgewerbl. Berufe – Organisation und Marketing 1994). Daher sollten die aus der Marktforschung gewonnen Informationen über die Mitwettbewerber, primär nur als Orientierungsgröße für die eigene Preispolitik genommen werden (Leitpreis). Dieser Leitpreis tritt hauptsächlich in zwei Formen auf:

- ***Orientierung am Branchen(durchschnitts)preis:*** Diese Preisermittlung ist häufig in Märkten mit homogenen Gütern und Dienstleistungen bei überwiegen oligopolistischer oder polypolistischer Konkurrenz
- ***Orientierung am Preisführer:*** Als Preisführer bezeichnet man den Anbieter, dem sich bei einer Preisänderung – häufig im Oligopol – die Mehrzahl der übrigen Anbieter anschließen. (Detttmer: Tourismus-Marketing-Management 1. Aufl. 1997 S. 219)

Eine Grundvoraussetzung für konkurrenzorientierte Preispolitik ist die Kenntnis des relevanten Marktes, d.h. des eigenen Absatzmarktes hinsichtlich der geographischen Marktgrenzen, der konkurrierenden Leistungen, der Mitbewerber und der Nachfrager. Der Hotelier zieht also Rückschlüsse für seine eigene Preisbildung durch eine (lokale) Konkurrenzanalyse (vgl. Hässler, Management in der Hotellerie und Gastronomie 5. Auflage). Sind jedoch die Kapazitäten eines Hotelbetriebs sehr gut ausgelastet, so spielt die konkurrenzorientierte Preispolitik nur eine sekundäre Rolle. In der Hotelpraxis scheint es jedoch so zu sein - das der Blick auf den Kollegen und seine Preise- eine der gängigsten Methode zur Bildung von Angebotspreisen ist.

Anstatt das eigene Produkt zu vermarkten, seine Einzigartigkeit herauszustellen und so Wettbewerbsvorteile zu erlangen, orientiert man sich an den Preisen der Konkurrenz. (Simon Kucher & Partners: Herausforderung Pricing)

Kunden-Nachfragenorientierte - (taktische) Preisbildung

Hierbei handelt es sich um eine Preispolitik, die sich an der Ausgabebereitschaft der jeweiligen Zielgruppe orientiert. In der Regel bildet die betriebliche Kostenstruktur die Basis für die Preisgestaltung, jedoch viel wesentlicher ist aber, dass die Gäste das Preis-/Leistungsverhältnis des Hotelbetriebs akzeptieren. Es ist schwierig herauszufinden, welche Preisvorstellungen die Gäste von der Produktqualität haben - denn aus der Höhe des Preises leitet der Gast bestimmte Vorstellungen und Erwartungen gegenüber dem Leistungsangebot des Hotelbetriebs ab. Bei der nachfrageorientierten Preisbildung, muss der Hotelier herausfinden, wie viel der potentielle Gast bereit ist für ein bestimmtes qualitatives Leistungsbündel auszugeben. Die Kosten sollen und müssen dann dementsprechend angepasst werden. In der Realität erscheint diese Art der Preisfindung am Markt jedoch schwierig weil die Produktqualität von jedem rein subjektiv und meist unterschiedlich beurteilt wird (hier kann Yield-Management Abhilfe schaffen). Im Rahmen einer aktiven nachfrageorientierten Preispolitik strebt ein Hotelbetrieb nach der bestmöglichen Auslastung seiner kurzfristig nicht veränderbaren Kapazitäten (Barth/Benden/Theis, Hotel-Marketing). Hierfür eignet sich besonderst das Instrument der Preisdifferenzierung, das Vornehmlich im Logisbereich Anwendung findet (Seitz, Hotelmanagement 1997). Bei der nachfrageorientierten Preispolitik muss besonderst die Preiselastizität der Nachfrage beachtet werden. Die sog. „Willingness to pay" ist z.B. bei Business und Leisure-Gästen total verschieden. So sind z.B. Business-Gäste an ein bestimmtes Budget und an den jeweiligen Standort gebunden. Leisure-Gäste sind z.B. bezüglich des Standorts flexibel und können bei einem zu hohen Preisgefüge den Standort wechseln.

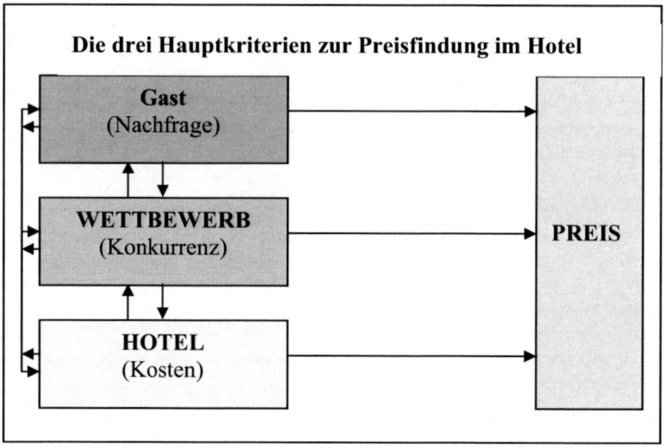

(Abb. „Preisfindung in der Hotellerie" eigne Darstellung)

Zusammenfassung:

In der Realität wird bei der Preisfindung in der Hotellerie eine Mischung aus kosten-, konkurrenz- und nachfrageorientierter Preisbildung betrieben. Die ersten Schritte zur Preisfindung ist das Herantasten an den Verkaufspreis, welchen die Hotelgäste bereit sind zu bezahlen. Im nächsten Schritt prüft der Hotelier seine Kosten und überprüft, ob über die Verkaufspreise ein Gewinn erreicht werden kann. Von dem ermittelten Verkaufspreis je Leistung werden die variablen Kosten je Leistung abgezogen, und es ergibt sich der Deckungsbeitrag der Leistung (Pircher-Friedrich, Strategisches Management in der Hotellerie 1. Aufl.). Jedoch gilt bei der Preisfestsetzung immer zu bedenken:

> Wenn der Gast das Gefühl hat, der erhaltene Gegenwert der Hotelleistung entspricht nicht der Geldausgabe – dann wird der Gast nie wieder kommen (verändert nach Schaetzing: Selektive Preiserhöhung im F&B-Bereich).

Egal welche Art der Preisbildung vom Hotelier verwendet wird, er muss stets ein Auge darauf haben ob der Preis in einem vernünftigen Verhältnis zur Leistung steht. Das Preis-Leistungsverhältnis für eine Hotelleistung muss je nach Markt- oder Nachfragesituation stets in einem ausgewogenen Verhältnis stehen. Die Einstellung des Kunden zum Preis-Leistungs-Verhältnis versteht sich als die Summe der als zufrieden stellend erbebten Teilbereiche Beherbergung, Bewirtung (F&B), Kultur-, Unterhaltungs- und Sportangebot sowie öffentliche Verkehrsmittel (vgl. Mazanec 2003).

Für die Überprüfung und Optimierung der Preissetzung bietet sich eine mehrphasige Vorgehensweise an:

1. Pricing Audit: Analyse und Bewertung des derzeitigen Standes der Preissetzung
2. Analyse interner Datenquellen und Identifikation von weiterem Informationsbedarf
3. optional: Untersuchung von kundenseitigen Leistungsanforderungen und Zahlungsbereitschaften mittels Marktforschung
4. Entwicklung einer optimalen Preisstruktur und von Preisniveaus
5. **Entwicklung eines unternehmensspezifischen Pricing-Prozesses**
6. **Implementierung der erarbeiteten Preismaßnahmen.**

Quelle: S. Kucher und Partner Herausforderung Pricing

Preisdifferenzierung in der Hotellerie

Das Angebot von homogenen Hotelleistungen zu unterschiedlichen Preisen bezeichnet man als Preisdifferenzierung. Für die Hotelgäste bedeutet Preisdifferenzierung, dass sie dem Anbieter für das gleiche Produkt (Hotelzimmer, gastgewerbliche Leistungen) jeweils unterschiedliche Preise zu bezahlen haben. Die zeitliche Preisdifferenzierung ist eine geeignete Methode zum Ausgleich auftretender Nachfrageschwankungen, wobei zu unterschiedlichen Zeiten für dieselben Leistungen unterschiedliche Preise verlangt werden (Barth/Benden/Theis, Hotel-Marketing). Grundsätzlich geht es um das Zimmerangebot zu einem ermäßigten Preis oder aber um einen Preisaufschlag (Seitz: 1997). Das Ziel der

Preisdifferenzierung in der Hotellerie, ist eine optimale Ausschöpfung des Marktpotentials. Dabei sollen mit differenzierten Preisen die unterschiedlichen Zahlungsbereitschaften der Hotelkunden so gut wie möglich abgeschöpft werden. Wichtig bei allen Preisdifferenzierungsmaßnahmen ist, dass sie auf objektiv nachvollziehbaren Qualitätszimmerpreiskategorien und Restriktionen beruhen. Der Hotelier muss abschätzen können wie seine Gäste auf Preisänderungen reagieren. In der Wissenschaft wird dies auch als Preiselastizität der Nachfrager bezeichnet.

Der Erfolg der Preisdifferenzierung hängt davon ab, inwieweit es gelingt, die Gesamtnachfrage in unabhängige Teilmärkte aufzuspalten (H. Luft 1996 S.86). Hierbei ist zu unterscheiden, ob es sich um die Trennung der Vertriebswege (= absatzpolitische Marktspaltung) oder um die Isolierung zeitlicher Teilmärkte (=Hauptsaison-, Nebensaisonmarkt etc.) handelt (H. Luft 1996 S.86. Preisdifferenzierungen gelten als das wichtigste Arbeitsinstrument des Yield-Managements (Berg: Tourismusmanagement 2006).

Bereits am 1. Februar 1979 hatte die schweizerische Mövenpick-Gruppe in zwei Hotels ein neues Tarifsystem eingeführt, dass gegenüber dem bisherigen System flexibler und kundenfreundlicher sein sollte (vgl. Tietz 1980 S. 763). Bei diesem System wurden drei Tarifgruppen unterschieden:

- **Der Normaltarif**: Wurde angewandt bei walk in´s und Gästen die zur normalen Tageszeit ein Zimmer buchen, ohne dieses vorher bestellt zu haben
- **Der Vorauszahlungstarif** : Wurde angewandt wenn der Gast 30, 60 oder 90 Tage im Voraus bucht und bezahlt. Bei diesem Tarif waren die Preise bis zu 30% reduziert. In der Hochsaison, war dieser Tarif aber nur in beschränktem Umfang gültig.
- **Der Stand by Tarif**: Wurde angewandt wenn sich der Gast erst nach 22:00 Uhr meldet bzw. reserviert – und das Zimmer spätestens um 09:00 Uhr am nächsten Tag verlässt. Je später der Gast anreist und je früher er das Zimmer verlässt, umso günstiger wird der Zimmerpreis. Bei diesem Tarif konnte der Kunde bis zu 40% Preisnachlass erhalten (vgl. in Anlehnung an: o.V: Stand-by-Tarife für späte Hotelgäste bei Mövenpick, in: Blick durch die Wirtschaft, 22Jg., Nr. 20 1979)

Dieses kurze Beispiel zeigt, dass schon Ende der 70er Jahre Ansätze für ein manuelles Yield Management und Preisdifferenzierungen zu erkennen waren. Auch zu dieser Zeit hatten die Hoteliers mit hohem Konkurrenzdruck, sowie einer Nachfrage mit erheblichen zeitlichen Schwankungen und kurzfristig nicht veränderbaren Kapazitäten zu kämpfen.

Folgende Arten der Preisdifferenzierung können unterschieden werden:

- ***Räumliche Preisdifferenzierung***: In verschiedenen geographischen Gebieten (Ausland, Inland, Stadt, Dorf) werden je nach Kunden und Konkurrenzstruktur für gleiche Produkte unterschiedliche Preise festgelegt (vgl. Grotthues 8. Aufl.).
- ***Personelle Preisdifferenzierung***: Zielgruppen des Hotels können nach verschienen Kriterien und demographischen Faktoren differenziert werden. Differenzierungskriterien sind z.B. Lebensalter (Kinderpolitik bei Accor – Kinder bis 16 Jahre übernachten gratis), berufliche Situation (Expedientenraten für Mitarbeiter eines Reisebüros) usw.

- ***Mengenmäßige Preisdifferenzierung:*** Differenzierung nach dem durch die Buchung erzielten Auslastungsgrad bzw. zu erwartenden Umsatzvolumen (Dettmer: BWL für das Gastgewerbe). So erhalten z.B. Gruppen ab z.B. einer Personenzahl von 10 Personen einen prozentualen Rabatt vom Hotelpreis. Firmen die einen Vertrag mit dem Hotelier haben und z.B. über 100 Room Nights abnehmen erhalten besonderst günstige Firmenraten wie COR, LCR, PCOR oder Consortia-Raten (siehe Kapitel weiter unten)
- ***Funktionsbezogene Preisdifferenzierung:*** Diese Form der Preisdifferenzierung kann sich in der Hotelunternehmung nur auf die unterschiedliche Nutzung von Räumlichkeiten beziehen. So können je nach Verwendung von Tagungsräumen unterschiedliche Preisforderungen erhoben werden (Barth/Benden/Theis: Hotel-Marketing).
- ***Umsatzbezogene Preisdifferenzierung***: Diese Art der Preisdifferenzierung kann mit einem Mengenrabatt verglichen werden. Je mehr ein Gast/Firma bei einem Hotel umsetzt, desto günstigere Preise kann es erhalten. Große Firmen wie z.B. Siemens haben weltweite Verträge mit der Accor-Hotelgruppe, deshalb bekommen diese Firmen günstigere Raten (Corporate Rates / Company Rates). Ebenfalls zur umsatzbezogenen Preisdifferenzierung zählen die buchungszeitpunkt- und aufenthaltsdauerbezogene Preisdifferenzierung.

Buchungszeitpunktbezogene Preisdifferenzierung: Hier kann unterschieden werden zwischen Frühbuchern die schon einige Wochen im Voraus ihren Hotelaufenthalt buchen und den vollen Hotelpreis vorzeitig bezahlen, den Cash Flow des Hotels positiv beeinflussen und dafür ein Preisnachlass für die Vorauszahlung erhalten und Spätbuchern die sehr spät (ohne Preisnachlass) buchen (vgl. Hänssler: 4. Aufl.)

Aufenthaltsdauerbezogene Preisdifferenzierung: Auch bei Accor-Hotels wird eine Preisdifferenzierung bei Hotelgästen die über einen langen Zeitraum bleiben durchgeführt. Diesen Gästen wird z.B. eines der Arrangements angeboten welches noch Zusatzleistungen zum normalen Hotelaufenthalt beinhaltet. Dieses Arrangement z.B. AR7 besteht aus der Hotelübernachtung, täglich Frühstückbüffet, einem Begrüßungscocktail und einem 3 – Gang Menü im Hotelrestaurant. Der Arrangementpreis ist günstiger als wenn der Gast den regulären Zimmerpreis für ein Woche Hotelaufenthalt bezahlen müsste.

Preisdifferenzierungen nach den Vertriebswegen: Bei dieser Art der Preisdifferenzierung erhalten Kunden die z.B. über die hoteleigene Webseite buchen ein günstigeren Preis als wenn sie z.B. über das Telefon buchen. Für das Hotel bedeutet eine Online-Buchung meist weniger Zeitaufwand als eine telefonische Buchung. Der Kunde muss nicht sehr zeitaufwendig am Telefon beraten werden – sondern er informiert sich selbst auf der Webseite des Hotelbetriebs.

Als letztes wird nun auf die zeitliche Preisdifferenzierung eingegangen. Diese Preisdifferenzierungen werden sowohl aus markt- als auch aus betriebswirtschaftlichen Gesichtspunkten vorgenommen. Vor allem in Dienstleistungsbranchen wie der Hotellerie spielt die zeitliche Differenzierung eine Rolle aufgrund der stark schwankenden Kapazitätsauslastungen und der guten Möglichkeiten zur Trennung der Markt- / und Kundensegmente (Gardini 2004). Eine zeitliche Preisdifferenzierung entsteht durch den Wunsch nach mehr Auslastung des Hotelbetriebs, da zu nachfrageschwachen Zeiten eine hohe ungedeckte Fixkostenbelastung entstehen kann. Eine zeitliche Preisdifferenzierung kann in Abhängigkeit von der Inanspruchnahme der Leistung oder z.B. abhängig vom Buchungstermin erfolgen. Wird ein Hotelzimmer z.B. in der Wintersaison

(Inanspruchnahme der Leistung) gebucht, so ist der Preis günstiger als z.B. in der Hochsaison. Die gerade in der heutigen Zeit zu findenden Frühbucherrabatte in der Touristik sind auch eine Art der zeitlichen Preisdifferenzierung, welche in Abhängigkeit vom Buchungstermin erfolgt (Wer früher bucht zahlt weniger). Bei der zeitlichen Preisdifferenzierung, geht es im wesentlich um die beiden Methoden:

- **Preisreduzierung ohne Kompensation** (d. h. ohne Hauptsaisonaufschläge)
- **Reduzierte Vor- und Nachsaisonpreise bei gleichzeitiger Aufhebung des Hauptsaisonpreises**

(vgl. hierzu: H. Luft: Grundlegende Tourismusbetriebslehre 1. Aufl. S. 87ff)

Die zeitliche Preisdifferenzierung ist Besonderst im Gastgewerbe weit verbreitet. In der Unterhaltungsgastronomie und vor allem in Diskotheken findet sie z.B. in Form von Happy Hours statt. In der Hotellerie werden die Preise abhängig von der Jahreszeit in Vor-, Haupt-, oder Nebensaison differenziert.

Als Gründe für die Preisdifferenzierung im Gastgewerbe nennen Schrand/Schlieper:

- Auslastungsoptimierung in nachfrageschwachen Zeiten,
- Die hohe Preiselastizität bei vielen Nachfragegruppen des Gastgewerbes,
- Markterweiterung und Gewinnung neuer Zielgruppen,
- Erstkunden sollen zu Stammkunden werden
- die Erhöhung der Stammkundentreue
- Preisdifferenzierung kann zu Synergieeffekten führen, z.B. durch Mischkalkulation im Beherbergungs-, Verpflegungs-, und Veranstaltungsbereich.

(Schrand/Schlieper in Hänssler: Management in der Hotellerie und Gastronomie 4. Aufl.)

Der Hauptgrund für Preisdifferenzierungsmaßnahmen in der Hotellerie, ist eine ertragsorientierte Preis-Mengen-Steuerung vorzunehmen um somit einen größtmöglichen Profit zu erreichen.

Die verschiedenen Arten und Formen der Preisdifferenzierung in der Hotellerie führt zu einer Vielzahl von Raten / Hotelzimmerpreisen die sich aus,

- der Qualität des Angebotes
- der Anpassung an den Nachfrager / potentiellen Hotelgast ergeben.

Allgemeine Regeln bei der Preisdifferenzierung von Hotelleistungen

- Um die Wettbewerbsfähigkeit eines Hotelunternehmens zu sichern, sollte das Preisniveau unter Berücksichtigung der Preiselastizität der verschiedenen Gastsegmente, aber auch unter Berücksichtigung der am Hotelmarkt üblichen Preise für eine qualitativ gleichwertige Beherbergungsleistung festgelegt werden.
- Um Kannibalisierung zu vermeiden bzw. angebotselastische Kunden davon abzuhalten auf preisgünstigere Raten umzusteigen, muss die Preisstruktur eine Abschottung zwischen den einzelnen Gastsegmenten sicherstellen.

- Durch eine flexible Preisstruktur kann der Hotelier schneller auf Marktveränderungen oder Aktionen der Konkurrenz reagieren.
- Eine übersichtliche Preisstruktur erleichtert die Kommunikation mit den Vertriebspartnern und hilft dem Kunden die Preisdifferenzierungen zu verstehen.

Teilweise kann es sich schwierig gestalten Preisdifferenzierungen im Hotelalltag durchzusetzen, da jeder Gast sich benachteiligt fühlt, wenn er erfährt, dass ein anderer Hotelgast ohne ersichtlichen Grund billiger genächtigt hat als er. Außer der meist von allen akzeptierten Form des „Mengenrabatts" müssen die übrigen Arten der Preisdifferenzierungen in der Regel nach außen hin „getarnt" werden (Korndörfer 2003).

Preisdiskriminierung (Yield Pricing)

Überall dort, wo Kunden gezwungen oder gewillt sind, für ein und dieselbe Leistung unterschiedliche Preise zu bezahlen, kann die Preisdiskriminierung eingesetzt werden (Hafner: Tourismusmarketing 1. Aufl. 1997). Folgende sechs Grundregeln sind nach Hafner bei der Preisdiskriminierung zu beachten:

- Der Markt muss segmentierbar sein und die unterschiedlichen Segmente verfügen über klare Profile. Der Geschäftsreisende muss, der Privatreisende kann z.B. die Leistung zu einem bestimmten Zeitpunkt in Anspruch nehmen.
- Kunden, die auf Basis der klar definierten Kriterien ein besseres Preisangebot in Anspruch nehmen, darf es nicht möglich sein, diese Leistung in anderen (teureren) Segmenten wieder zu verkaufen.
- Mitbewerbern sollte es möglich sein, Preise in den entsprechenden Hochpreissegmenten zu unterbieten. Diese Regel ist in der Praxis schwer durchführbar. Der voll zahlende Hotelgast ist größtenteils von der Bildfläche verschwunden. Zu groß sind die vorhandenen Überkapazitäten und der Konkurrenzdruck auf dem deutschen Hotelmarkt.
- Die Kosten der Segmentierung und Reglementierung im Sinne der Preisdiskriminierung sollten den Nutzen nicht übersteigen.
- Die Regeln müssen einfach und klar formuliert sowie anwendbar sein. Eine Verunsicherung und Verwirrung der Kunden ist zu vermeiden, denn dies führt zu Unzufriedenheit des Kunden sowie evtl. Abwanderung zu einem anderen Beherbergungsanbieter.
- Die Regeln dürfen nicht gegen bestehende Gesetze verstoßen.

(vgl. Hafner: Tourismusmarketing – Profitabilität durch Kundenzufriedenheit 1. Aufl. 1998 S. 348)

In der touristischen Praxis wird nach Hafner besonderst zwischen zwei Diskriminierungsmöglichkeiten unterschieden:

Diskriminierung nach dem Zeitpunkt der Inanspruchnahme der Leistung: Auf das Beispiel der Hotellerie übertragen bedeutet dies, dass der Gast je nach dem Zeitpunkt (z.B. Vor-, Neben-, oder Hauptsaison) zu welchem er das Hotelzimmer nutzt, unterschiedliche Preise dafür bezahlen muss.

Diskriminierung nach dem Zeitpunkt der Reservierung/Buchung/Kauf: Bei dieser Diskriminierung zahlt der Hotelgast je nach Zeitpunkt der Buchung entweder mehr oder weniger Geld für ein und dasselbe Hotelzimmer. So gibt es z.B. Rabatte für Frühbucher – die mit Werbeslogans wie „Wer früher bucht zahlt weniger“ teilweise aggressiv vermarktet werden. Auf der anderen Seite ist es aber auch üblich das Spätbucher oder Walk in´s die volle Rack Rate bezahlen müssen.

Und bei dem Thema „Preisdiskriminierung“ bzw. „Preisdifferenzierung“ sind wir dem Thema „Yield-Management“ auch schon sehr nahe, denn die Umsatzoptimierung im Rahmen der Preisdiskriminierung wird in der Fachsprache als Yield-Management bezeichnet (vgl. Hafner 1998). Beim Yield Management wird nämlich das Instrument der zeitlichen Preisdifferenzierung eingesetzt, damit durch eine optimale Preis-Mengen-Steuerung der Ertrag erhöht werden kann. Somit ist die Preispolitik im Rahmen des Yield Managements wichtig und notwendig, dient aber hauptsächlich der Vorbereitung des Kapazitätsmanagement (vgl. Chosten/Stuhlmann 1999).

Rabatte in der Hotellerie

In der Hotellerie gibt es die Möglichkeit den normalen Zimmerpreis (Rack Rate) durch Rabatte oder Boni zu reduzieren. Üblich reduziert sich der Preis um einen prozentualen Betrag vom normalen Zimmerpreis. Der Rabatt ist hierbei ein Mittel der preispolitischen Feinsteuerung, um den Preis im Einzelfall an die abnehmerspezifischen Nachfrage- und Kostenverhältnisse anzupassen (vgl. Barth / Benden / Theis 1994). Leider ist es in der Hotelbranche üblich geworden das sehr leichtfertig Rabatte für nichts und wieder nichts gegeben werden. Der Gast will halt einen Rabatt und bekommt ihn auch. Das einzige Ziel das der Hotelier bei dieser Art der Rabattpolitik erreicht, ist das er seine Talfahrt in den Konkurs erheblich beschleunigt. Rabatte sind Preisnachlässe die aus verschiedenen Gründen gewährt werden – die bekanntesten Formen sind der Mengen- und Treuerabatt. In der Regel sollen mit Hilfe der Rabattpolitik folgende Ziele erreicht werden:

- Ausweitung der Nachfrage und damit bessere Kapazitätsauslastung
- Erhöhung der Kundentreue
- Steuerung des Buchungsverhaltens
- Bindung von gewerblichen Nachfragern
- Schaffung von Preisspielräumen für den Geheimwettbewerb ohne Gefährdung des Hochpreisimage sowie
- Sicherung von Verbundeffekten bei der Nutzung des Leistungsangebotes (Barth/Benden/Theis 1994).

Doch Rabatte können unter Umständen eine erheblich negative Wirkung auf die Ertragssituation einer Hotelunternehmung haben. Eine Studie der Cornell University ("Why discounting doesn't work") zeigt auf, dass Hotels mit tieferen Preisen zwar besser ausgelastet werden können, der Umsatz pro verfügbares Zimmer (RevPAR) aber abnimmt (Ebneter 2005). Wie die nachfolgende Tabelle zeigt, kommt es also nicht nur darauf an, eine möglichst hohe

Auslastung zu erzielen, sondern auch darauf an, zu welchem Preis man die Zimmer verkaufen kann. So müssen im ungünstigsten Fall (in der Tabelle) bei einem Preisnachlass von 15% 11 Zimmer mehr verkauft werden.

Preissenkung in %

(x)	5%	10%	15%	20%	25%
38	40	42	45	48	51
42	44	47	49	53	54
46	48	51	54	58	61
50	53	56	59	63	67
54	57	60	64	68	72
58	61	64	68	73	77
62	65	69	73	78	83
66	69	73	78	83	88
70	74	78	82	88	93
74	78	82	87	93	99
78	82	87	92	98	104
82	86	91	96	103	109
86	91	96	101	108	115
90	95	100	106	113	120

gegebene Auslastung in %

erforderliche Auslastung in %

Quelle: ÖHV 2005

Um trotz Preissenkung den selben Ertrag zu erzielen, muss die Auslastung erhöht werden.

Für die Praxis gibt es eine einfache Formel, wie der Hotelier den Prozentsatz der erforderlichen Zimmer, die bei Rabattgewährung zusätzlich verkauft werden müssen berechnen kann. Beispiel:

1. Verkaufspreis vor Rabatt = 300,00€
   minus relevante Kosten = 50,00€

   Deckungsbeitrag I = 250,00€

2. Preisnachlass von 60,00€ oder 20%

3. Verkaufspreis nach Rabatt = 240,00€
   minus relevanten Kosten = 50,00€
   Deckungsbeitrag II = 190,00€

$$\frac{250{,}00€}{190{,}00€} - 1 = 0.316 \text{ X } 100 = 31.58\%$$

Bei einem Preisnachlass von 20% müssten 31,58% mehr Zimmer verkauft werden.

Kontrolle: Verkauf von 100 Zimmern zu 250€ = 25000€
Nach der Rechnung müssten nun bei einem Preis von 190,00€ 31,58% mehr Zimmer (aufgerundet insgesamt 132 Zimmer) verkauft werden.

132 Zimmer x 190,00€ = 25080€

Bei der Gewährung von Rabatten oder Boni, sollte zudem bedacht werden das Hotelgäste stark interagieren und ein Walk Inn – Gast, der ein Schnäppchen-Upgrade erhalten hat wirkt auf Geschäftsreisende die den vollen Preis bezahlt hat, nicht unbedingt loyalisierend. Und vor allem: Schnäppchenjäger sind nicht gegenüber dem Hotel loyal, sondern gegenüber den Schnäppchen (vgl. Schüller / Fuchs 2004).

Durch Rabattgewährung müssen also stets Zusatzverkäufe oder Mehrverkäufe erfolgen um die gleichen oder bessere Erträge zu erwirtschaften. Daher sollten Rabatte nur unter folgenden Bedingungen gewährt werden:

1. Stammkundenrabatt: Ein Gast der regelmäßig in einem Hotel nächtigt, kann ein Preisnachlass für seine Treue eingeräumt werden.
2. Mengenrabatt: Kunden die eine große Menge der Hotelkapazität einkaufen kann bzw. soll ein Preisnachlass gewährt werden.
3. „Verzichtsrabatt“: Verzichtet ein Gast auf bestimmte Hotelleistungen z.B. tägliche Zimmerreinigung, Wäschewechsel, usw. dann kann auch hierfür ein Preisnachlass gegeben werden.

Wenn schon Rabatte eingesetzt werden müssen, so sollte es oberstes Ziel sein, durch diese Preisnachlässe eine bessere Kundenbindung zu erreichen. Jedoch gilt auch hierbei zu beachten: ***Über einen günstigen Preis kann man einen Gast zwar gewinnen, zu Stammgast wird er jedoch nur wenn auch die Leistung stimmt.***

Preispolitik und Budgetierung

Nach Gugg (1992) ist die Budgetierung, also die zukünftige Darstellung der Nachfrage und übrigens auch der Kosten, der Dreh- und Angelpunkt für die aktive Preispolitik, für das Yield Management. Bei der Erstellung eines Budgets, macht sich der Hotelier Gedanken über die zukünftig zu erwartende Nachfrage. Der Hotelier muss sich nun überlegen wie er die Nachfrage nach seinen Produkten und Dienstleistungen erhöhen kann. Welche Maßnahmen müssen getroffen werden? Welche Kosten kommen auf den Betrieb zu? Die Budgetierung dient hier als Planungs- und Kontrollinstrument, das dem Hotelier eine wirtschaftliche Betriebsführung ermöglicht. Im „Uniform System of Accounts for Hotels“ wird deshalb ausdrücklich darauf hingewiesen, dass die Prognose den Hotelier zwingt, sich

1. mit seinem eigenen Hotel auseinander zu setzen,
2. die Konkurrenz zu beobachten (SWOT-Analyse) und
3. all jene wirtschaftlichen Entwicklungen in seine Kalkulation einzubeziehen, die das Nachfrageverhalten seiner Gäste verändern könnten (Gugg: Yield Management in der Hotellerie)

Die Budgetierung der monatlich zu erwartenden Zimmerverkäufe, wird in Hotelketten teilweise automatisch von der Hotel- (Yield-Management-) Software übernommen. In Abhängigkeit von gewissen Parametern wie z.B. Wettbewerb, Markttrends neuen Zimmerpreisen oder besonderen Ereignissen (Ferien, Feiertage, Messen), erstellt das System Listen über die zu erwartenden Zimmerverkäufe in den verschiedenen Zimmerkategorien (Beschreibung Optims.yield 2003).

In einem wöchentlichen Budget-Meeting sollten Vergangenheitsdaten nochmals analysiert und die Preisgestaltung für die kommenden Tage geplant werden. Gemeinsam mit den Führungskräften müssen in diesem Meeting:

- Ziele definiert werden
- Strategien und Maßnahmen zur Zielerreichung geplant werden

Generell muss ständig ein Vergleich zwischen Ist und Soll erfolgen: Wie können die Vorgaben erreicht werden? Wie verhalten sich die Gäste?

Kennt nun der Hotelier die Verhaltensweisen seiner Gäste, so kann der erste Schritt zu einem Yield Management d.h. zu einer flexibleren Preisdifferenzierung in Anspruch genommen werden (vgl. Gugg).

Empfehlungen für die Preisgestaltung in der Hotellerie

- Der Preis für das Hotelzimmer/Arrangement ist transparent und bedarf keiner Erklärung (vor allem bei einer Standardangebots-Strategie)
- Hotelzimmerpreise für dieselbe Leistung sollten sich während eines gleichen Zeitrahmens nur über Restriktionen und Buchungsbedingungen differenzieren, da sich die Gäste über den Preis unterhalten
- Mit einer transparenten und offenen Preisgestaltung mach sich das Hotel gegenüber dem Gast glaubwürdiger.
- In der Preiskalkulation sind Provisionen und Kommissionen für Mittler und Kreditkartenunternehmen zu beachten.
- Die Zahlungs- und Geschäftsbedingungen sind, sofern sie von den hotelüblichen Geschäftsbedingen abweichen, zu betonen.

(Quelle: Leicht verändert nach Buer: Gestaltung von ganzheitlichen Managementsystemen im Hotel 1997)

- Preiswürdigkeit, d.h. der geforderte Preis für die Hotelleistung muss geringer sein als die Nutzenerwartung der Gäste
- Verhältnismäßigkeit, d.h. der Gast muss davon überzeugt sein, dass die ihm gebotenen Leistungen ihren Preis wert ist,
- Konkurrenzfähigkeit, d.h. das die angebotene Hotelleistung im Konkurrenzvergleich, den der Gast anstellt, die Gästebedürfnisse besser befriedigen kann als es die Hotelleistung des Mitbewerbers vermag (Quelle: Hentschel: Hotelmanagement 1. Aufl. 2001 S. 390)

Vorschläge für ein besseres Hotel-Pricing

Eine erfolgreiche Preissetzung im Hotelbereich muss sich an einer Reihe von Faktoren orientieren, wie Auslastung, Konkurrenzsituation, Wettbewerbsvorteile etc. die dieses Thema entsprechend komplex werden lassen (Simon Kucher & Partners: Herausforderung Pricing). Zudem fühlen sich viele Gäste durch die bisher sehr „kreative Preispolitik“ der Hotellerie überfordert und sind verunsichert. Daher müssen Preissysteme in der Hotellerie zudem so gestaltet werden, dass sie vom Kunden als nachvollziehbar, ehrlich und fair empfunden werden. Dem Gast muss vermittelt werden, was hinter dem Preis steht, also das Angebot und das Hotel-Produkt (vgl: C.

Engl: Jan. 2007). Ein funktionierendes Preissystem ist auf zwei Punkte abgestimmt: Erstens auf die Zielsetzung und Strategie des Hotelunternehmens, die jeweils eng mit der derzeitigen bzw. anzustrebenden Position des Unternehmens im Hotelmarkt verbunden sind (vgl. Sebastian / Simon). Zweitens gestalten sich die Elemente eines Preissystems in Abhängigkeit des jeweils relevanten Kundenverhaltens (Sebastian / Simon).

Hotel-Pricing umfasst Verfahren, Techniken und Tätigkeiten die ein Hotelunternehmen im Rahmen der Preisermittlung und Preisgestaltung für gewinn- bzw. ertragsoptimale Preise für Produkte, Dienstleistungen und Hotelzimmer durchführt.

Das Hotel-Produkt muss über Qualität und nicht ausschließlich über den Preis verkauft werden. Und hier beginnt nun die Schwierigkeit, ein Zimmerangebot setzt sich stets aus vielfältigen Merkmalen zusammen, die für verschiedene Gäste einen unterschiedlichen Nutzen stiften und damit auch zu unterschiedlichen Preisbereitschaften führen (o.V. Chance Preis: Gewinntreiber Nr. 1 in Der Hotelier 5/2005 S.43). So ist z.B. das Hotelzimmer eine Oase der Ruhe für den Geschäftsmann. Für einen anderen Business Gast, ist es ein mit modernen Kommunikations-Medien ausgestattetes Büro mit Schlafgelegenheit. Für das Hochzeitspaar wird es zur Liebeshöhle in den Flitterwochen. Für einige Nachschwärmer ist es ein komfortabler Ort um den Rausch auszuschlafen.
Die Beispiele zeigen, das dass Produkt „Hotelzimmer", für jeden Kunden einen unterschiedlichen Nutzen stiften /liefern kann (Value Delifery) – und dieser Nutzen ist jedem Kunden unterschiedlich viel wert. An Messezeiten zahlen Gäste teilweise drastisch erhöhte Preise, nur um nahe am Veranstaltungsortes nächtigen zu können. Eine erste Segmentierung der Gäste sollte nach Geschäftsreiseverkehr und Freizeitreiseverkehr erfolgen. Geschäftsreisende und Freizeitreisende haben unterschiedliche teilweise konträre Anforderungen an das Hotel-Produkt (vgl. Kapitel Segmentierung im Yield Management). Diese relevanten Anforderungen und Merkmale ermöglichen es dem Hotelier ein kunden- bzw. segmentspezifisches Preissystem zu gestalten, bei dem die Zahlungsbereitschaften der Kunden optimal ausgeschöpft werden können. Die Hoteliers müssen eine faire und vor allem für den Kunden transparente Preispolitik betreiben. Heute werden Hotelleistungen über unterschiedliche Distributionskanäle vertrieben, leider ist hierbei oft keine logische Preisstruktur erkennbar. So werden z.B. auf einigen Buchungskanälen die Preise ohne MwSt. oder entweder mit oder ohne Frühstück ausgewiesen – der Kunde sieht bei diesen Angeboten aber primär unterschiedliche Preise für dieselbe Leistung. Die unterschiedlichen Preise ärgern und verwirren die zukünftigen Gäste. Daher ist eine strikte Preisparität auf allen Buchungskanälen zu gewährleisten. Durch richtiges Preismanagement – wenn Vergünstigungen gegen Kundenloyalität gewährt werden – kann eine nachhaltige Kundenbindung aufgebaut werden (ÖHV: „Die besten Tipps für Online-Pring im Hotel").

In regelmäßigen Pricing-Audits muss die bisherige Preissetzung und Pricingstrategie analysiert und bewertet werden. Zudem können die wichtigsten Aktionsfelder des Pricing durchleuchtet und die größten Verbesserungspotentiale identifiziert werden (vgl. Sebastian / Simon). Den Mitarbeitern muss in Meetings und Schulungen die Pricing-Strategie erläutert und vermittelt werden. Alle Mitarbeiter des Front Office müssen in der Lage sein, dem Gast Preisunterschiede, Rabatte und Raten verständlich zu erklären. Als Verkaufshilfe sollte eine Preisliste mit der Rack Rate aushängen – zwar wird diese Rate kaum noch angewandt - allerdings hat der Gast an der Rezeption dann das Gefühl das er immer noch einen günstigern Preis als die Rack Rate für sein Hotelzimmer bezahlt hat. Die Rack Rate kann auch bei Walk Ins als Verkaufargument eingesetzt werden: „Normalerweise kostet das Zimmer 160€, aber ich kann es Ihnen heute für 125€ anbieten.

Eine einmal entwickelte und geprüfte Preisstrategie sollte vom Hotelier auch konsequent durchgesetzt werden, d.h. Preisermäßigungen und Discountpreise sind an klare Voraussetzungen gebunden, nur wenn diese Bedingungen vom Kunden erfüllt werden wird ihm eine günstige Rate gewährt. Auch im Corperate Geschäft gilt, niemals Preise ohne eine Reduktion der Leistung oder einer Verlängerung der Vertragsdauer senken. An dieser Preisstrategie sollte auch festgehalten werden und Ausnahmen (günstiger Preis trotz Nichteinhaltung der Buchungsbedingungen) vermieden werden. Nur so wird die Preispolitik in den Köpfen der Kunden als ehrlich und fair angesehen. Denn neben der Höhe des Preises beeinflusst vor allem die Qualität und die klare und übersichtliche Preisgestaltung die Preiszufriedenheit des Gastes (vgl. Pechlaner 2006).

Damit Pricing erfolgreich ist, muss es in den Aktionen und Resultaten kontrolliert werden (Sebastian / Simon). In der Hotellerie lässt sich der Erfolg anhand von Kennzahlen wie dem RevPar oder der ARR messen. Allerdings sollte außer den reinen Kennzahlen auch die Kundenzufriedenheit berücksichtigt werden. Denn was nutzen gute Kennzahlen die z.B. während einer Messezeit realisiert wurden, während bei Kunden Preisunzufriedenheit entstanden ist???

Und bedenken Sie, letztlich bestimmt der Kunde ob er als „Gast“ (Käufer) oder „Nichtgast“ ihre Preise akzeptiert und nicht Sie als Hotelier (Verkäufer).

In einer Pressemitteilung zu der Veranstaltung „Walser Impulse 2007: Pricing & Vertrieb“ wurden folgende Tipps der Tourismus-Experten (ÖHV) zum Thema Pricing veröffentlicht:

Preisbildung im Beherbergungsmanagement

- Preisbereitschaft der Gäste nutzen
- Was ist der Gast bereit auszugeben?
- Bei welcher Preiserhöhung sinkt die Auslastung überproportional?

Preise durchsetzen

- Qualität des Angebotes
- Produkt wird nicht über Preis verkauft
- Preis-Leistungs-Verhältnis zählt
- Einzigartiges Angebot
- Produkt ist nicht vergleichbar

To Dos

- Mut zum Preis
- Langfristig planen
- Nerven nicht wegschmeißen

(Quelle: Pressemitteilung: Walser Impulse 07: Erfolgreiche Tourismus-strategien Pricing & Vertrieb 25.10.07 http://www.presseportal.de/pm/68148/1072160/walser_impulse_2007)

Wer sein Preis- und Ratenmanagement professionalisieren will, muss Hotel, Markt, Preisgestaltung und Umsetzung miteinander verzahnen - und sich auf drei wesentliche Erfolgsfaktoren konzentrieren:

- Ratentransparenz (egal über welchen Kanal ein Bett gebucht wird – es sollte zum selben Zeitpunkt und zu denselben Bedingungen immer dasselbe Kosten)
- Disziplin und
- ein System, das kontinuierlich Entscheidungsgrundlagen und Hilfestellungen liefert (Reiszahn)

Als grundsätzliche Ansätze die Rentabilität von (Mittelklasse-) Hotels zu verbessern nennt Plaz (Plaz 2006):

- ***Höhere Marktpreise realisieren*** (Upgrading)
- ***Umwegrentabilitäten*** suchen (vertikale Integration)
- ***Kosten reduzieren*** (automatisieren, downgrading, horizontale Kooperation)
- ***Höhere Auslastung erzielen*** (Multiprodukt-Strategie, Marketing-Power erhöhen)

Upgrading
Das Upgrading einer Hotelunternehmung bezeichnet eine Steigerung der Nützlichkeit für den Gast und / oder der Qualität (vgl. Anthamatten). Anzustreben ist eine Qualitätsstrategie – das Hotelprodukt wird nicht über einen günstigen Preis als Argument verkauft – sondern durch eine ausgezeichnete Qualität der Hard- und Software des Hotelbetriebs. Das könnte etwa das Upgrading eines 3-Sterne-Betriebs bis hin zum Aufstieg in die 4-Sterne-Kategorie oder die Entwicklung zum führenden 3-Sterne-Betrieb der Region sein (Reisenzahn 2007). Für eine ausgezeichnete, einmalige und qualitativ gute Leistung, lassen sich auch höhere Deckungsbeiträge und Erträge erwirtschaften. Das Problem beim Upgrading sind die hohen Kosten die z.B. für Renovierungsarbeiten, neue Zimmerausstattung, Erweiterung des Serviceangebotes oder durch Kosten für besser qualifiziertes Personal entstehen. Zudem muss man den örtlichen Hotelmarkt kennen! Es macht z.B. keinen Sinn in einer (Familien-) Reiseregion einen 4-Sterne-Betrieb in ein Luxushotel des 5-Sterne-Segementes umzuwandeln. Denn hierfür würde keine ausreichende Nachfrage bestehen. Zum Upgrading müssen ausreichendes Kapital und der Wille zur absoluten Qualitätsstrategie, am besten mit Einsatz von Qualitätsmanagement bestehen.

Umwegrentabilitäten
Umwegrentabilitäten entstehen über das Angebot zusätzlicher Dienste und Produkte mit attraktiven Margen, um so die Rentabilität etwa mittels Hotelshops, kostenpflichtiger Betreuungsdienste oder über Kommissionsvereinbarungen mit anderen Tourismusanbietern vor Ort zu optimieren (Reisenzahn 2007). Im Gegensatz zum Upgrading erfordert die Entwicklung rentabler Angebote weniger Investitionen, gefragt sind vielmehr gute und ausgefallene Ideen. Die Entwicklung rentabler Angebote erfordert oft weniger Kapital als primär Fantasie und den Mut, neue Wege einzuschlagen. Ein typisches Beispiel einer auf Umwegrentabilität basierenden Strategie ist der Betrieb eines knapp kostendeckenden Hotels durch eine Bergbahn, wenn mit dem Verkauf von Skipässen die notwendige Rendite erwirtschaftet werden kann (Reisenzahn 2007). Nach Reisenzahn ist diese Strategie besonders für Betriebe geeignet die mehr als 30000 Logier-Nächte produzieren.

Kosten reduzieren (automatisieren, downgrading, horizontale Kooperation)

Diese Strategie der Kostensenkung zielt darauf ab, die Beherbergungs- und Bewirtungsleistung auf die wesentlichen Elemente der Hotelleistung „Übernachtung“ und „Verpflegung“ zu beschränken. Es werden nur solche Leistungen angeboten die auch tatsächlich vom Gast bezahlt werden. Die Rezeption ist z.B. nur zu bestimmten Zeiten besetzt, die Zimmer werden nur bei An- und Abreise des Gastes gereinigt und anstatt der Hotelbar gibt es einen Getränkeautomaten. Diese Strategie führt allerdings nur zum Erfolg wenn Preis und Leistung exakt aufeinander abgestimmt wird und die Strategie dem Kunden ausreichend erklärt bzw. kommuniziert wird. Der Gast bekommt eine einfache Hotelleistung zu einem günstigen Preis. Diese Strategie ist besonderst gut in deutschen Groß- und Hauptstädten geeignet. In diese Städte reisen oftmals auch junge Menschen die gerne auf Qualität und Leistung im Gegenzug zu einem günstigeren Preis verzichten. Basis der Kostenersparnis sind Produktivität und Kosteneffektivität durch schlanke Strukturen und Prozesse (Laesser 2007).

Höhere Auslastung erzielen (Multiprodukt-Strategie, Marketing-Power erhöhen)
Durch Erhöhung der Auslastung der Hotelkapazität können höhere Margen erreicht werden. Je mehr Kapazität ausgelastet wird, desto besser werden die Fixkosten verteilt und es können bessere Deckungsbeiträge erreicht werden. Durch den gezielten Einsatz der Marketinginstrumente muss versucht werden die Auslastung zu steigern (vgl. Kapitel Produkt-, Preis- und Distributionspolitik). Durch Kooperationen kann eine stärkere Vertriebskraft erreicht werden. Auch durch den Einsatz von Yield Management und dynamischen Preismodellen kann eine höhere Auslastung der vorhandenen Kapazität erreicht werden. Im Rahmen der Produkt-Strategie sollte überlegt werden, ob durch Angebote für verschiedene Gastsegmente evtl. Nischenstrategie eine Auslastungssteigerung realisiert werden kann.

***Exkurs:* <u>**Der fehlende Referenzpreis in der Hotellerie**</u>**

Im Gegensatz zu anderen Produkten und Dienstleistungen, gibt es für das Produkt „Hotel“ oder besser gesagt für das Hotelzimmer keinen Referenzpreis. Der Referenzpreis für Güter ist leicht feststellbar da man z.B. ziemlich genau weiß was der Kunde bereit ist für ein Päckchen Butter oder einen Liter Milch auszugeben. In der Hotellerie ist dies um einiges schwieriger, besonderst der ruinöse Preiskampf in der Hotellerie, die verschiedenen Produktstandards und nicht zuletzt die verschiedenen Saisonzeiten, haben dazu geführt das z.B. der Referenzpreis für ein Hotelzimmer in einem 3 Sterne Hotel nicht so einfach bestimmt werden kann. Das Problem ist hier die Gegenüberstellung von Preis und dem jeweiligen Wert für die Mehrheit der Gäste. Die Differenzierung kann hier über die Faktoren Preis und Leistung erfolgen..

<u>Was ist dem Gast wichtig?</u>

Jedes Produkt ist für jeden Kunden unterschiedlich viel wert, jedoch gibt es einige Faktoren die die Preis- bzw. Zahlungsbereitschaft des Kunden beeinflussen:

- **Den Nutzen den das Produkt dem Gast erbringt bzw. erbringen kann** (z.B. Frühanreise – Nutzen für den Gast ist, dass er das Zimmer schon früher beziehen kann bzw. dass er keine unnötigen Wartezeiten an der Rezeption hat.
- **Die Lage / Standort des Hotels:** Gerade Geschäftsreisende sind bereit mehr Geld für ein Hotel in der Nähe des jeweiligen Tagungsortes auszugeben. Auch der Standort bzw. die Lage stiftet dem Hotelgast meist einen Nutzen so kann z.B. der

Geschäftsreisende auf sein Auto verzichten – er erspart sich Stress und unnötige Wartezeiten die durch hohes Verkehrsaufkommen oder Staus entstehen – und kann den Tagungsort bequem zu Fuß erreichen.

- **Flexibilität / Freiheit:** Dem Gast wird z.B. bei einer bestimmten Rate garantiert das sein Zimmer bis zum nächsten Tag (12:00 Uhr) für ihn zur Verfügung steht. Der Gast ist also flexibel in seiner Anreisezeit und es steht ihm frei ob er das Hotel über seine Spätanreise informiert, da das Zimmer ja sowieso garantiert ist.
- **Marke / Prestige:** Der Gast verbindet mit einer Hotelmarke gewisse Eigenschaften. So werden z.B. die Accor-Marken „Etab“ und „Formel one“ mit dem low budget Segment verbunden.

Fazit: Kunden kaufen also in ihrem Sinne keine Dienstleistungen oder Produkte, sie zahlen für den jeweiligen Nutzen und die Problemlösung die ihnen das Produkt bietet.

Distribution von Hotelleistungen

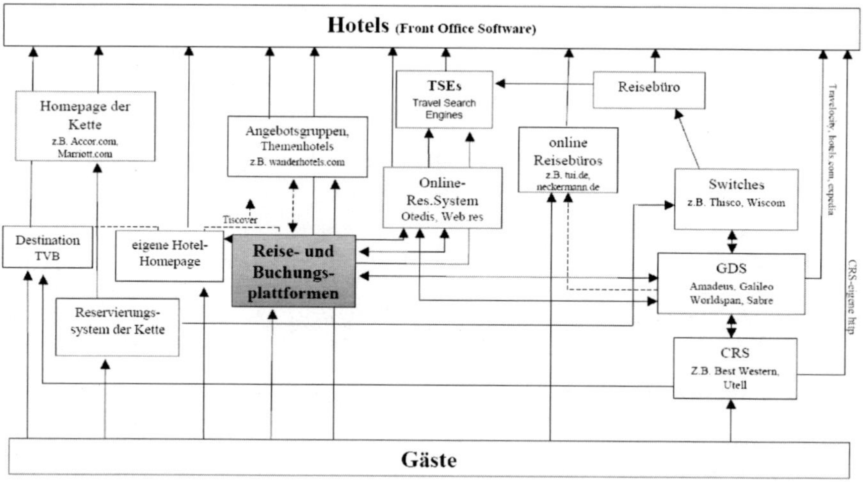

(Abb. 22: „Hotel-Distribuiton“ Quelle: ÖHV 2006)

Besonderst drei technologische Entwicklungswellen haben die touristische Distribution der Hotellerie in der Vergangenheit maßgeblich beeinflusst (vgl. Egger/Walters). In den 60er und 70er Jahren lief der Vertrieb noch vorwiegend ohne technische Systeme und wurde durch die Hotels direkt oder über den Zwischenhandel (Repräsentationsorganisationen und Reisebüros) bewerkstelligt (vgl. Amgwerd 2001). Nach der Deregulierung des Luftverkehrs zu Beginn der siebziger Jahre, waren dies besonderst die Computerreservierungssystem (CRS) die auch für die Hotellerie nutzbar gemacht wurden. Seit den achtziger Jahren die globalen Distributionssysteme (GDS) und das Internet, welches seit den späten 90er Jahren die drei bereits vorhandenen Kanäle Face-to-Face, Katalog, Fax, BTX und Telefon ergänzt (vgl. Egger/Walters S.37). Die rasante technische Entwicklung der Informationstechnologie hat den Hotelvertrieb revolutioniert. Elektronischen Medien eröffneten neue Kommunikationswege und –möglichkeiten, so dass die Reservierungsströme verstärkt über die neuen Kanäle wie Email und Internet fließen (vgl. Metz/Grüner/Kessler 2000). Die modernen Informations- und Reservierungssysteme sind um ein vielfaches schneller und leistungsfähiger als Telefon oder Telefax. Zudem haben sie so gut wie keine Kapazitätsbeschränkung, eine fast unendlichweite geographische Reichweite und können schnell und einfach Preise und Verfügbarkeiten anzeigen. Die Anzahl der Vertriebsmöglichkeiten für Tourismusleistungen, hat sich in den letzten Jahren stetig erhöht und wird auch in der Zukunft weiter wachsen (vgl. Mill / Morrison: The Tourism System S. 473). Bevor nun auf die einzelnen Distributionssysteme eingegangen wird, werden zunächst einmal die Grundlagen der Distributionspolitik behandelt/vermittelt.

Vertriebs- oder Distributionspolitik

Die Distribution von Hotelzimmern umfasst die Bedarfserhebung und –planung, den Verkauf mittels Buchung und Reservierung und das Verwalten der Geldflüsse (Drucksache 13/9446). Die Vertriebs- oder Distributionspolitik hat die Aufgabe, eine möglichst optimale Verbindung zwischen den Herstellern (z.B. Hotel) und den Konsumenten (Hotelgäste) zu gewährleisten (Freyer: Tourismus-Marketing 2. Auflage). Die Überschrift „Distribution von Hotelleistungen" könnte also grob - mit Verteilung (engl. Distribution = Verteilung) oder Vertriebswege von Hotelleistungen übersetzt werden. Bei einem touristischen Distributionssystem geht es also darum, touristische Angebote und Dienstleistungen auf dem richtigen Weg zum Verbraucher zu bringen und rechtzeitig vor dem „Verderb" bzw. „Verfall" der Leistung zu verkaufen. Besonderst in der Hotelbranche ist eine reibungslose Distribution extrem wichtig, da die Leistung –das Hotelzimmer- bei Nichtabnahme verfällt.

Die Distributionspolitik im Dienstleistungsbereich – speziell in der Hotellerie - ist im Gegensatz zum Produktionsbereich, etwas differenzierter zu betrachten: wie kommen ***Informationen über die möglichen Leistungen*** eines gastgewerblichen Betriebs zu den potentiellen Gästen und ***welche Buchungsmöglichkeiten*** können von „ihnen" genutzt werden? (vgl. Freyer in Dreyer/Krüger: 1. Aufl.). Durch die Beschaffenheit von Hotelleistungen, ist es nicht möglich dem Kunden bei Kauf, einen „fühlbaren" Beweis der Eigentumsübertragung zu liefern. Stattdessen erhält er nur Informationen zur Anreise wie z.B. Lagebeschreibung, Stadtplan und eine Reservierungsbestätigung die die Buchung bestätigt. Besonderst im Ausland, wäre es ohne die entsprechenden Distributionssysteme schwierig, dass einheimische Hotelangebot bekannt oder verfügbar zu machen.

Konkret zählen zur touristischen Distributionspolitik: Das Vertriebssystem und die Absatzwege (vgl. Kaspar: Einführung in das touristische Management 1.Aufl. 1990 S.89). In der Tourismuswirtschaft und im Gastgewerbe, können somit zwei Teilbereiche der Distribution von gastgewerblichen / touristischen Leistungen unterschieden werden:

- ***Wahl der Vertriebskanäle und Vertriebspartner (akquisitorische Komponente)***
- ***Gestaltung der Vertriebsorganisation (akquisitorische Komponente)***

Die Distributionspolitik der Hotelunternehmung umfasst vornehmlich die Auswahl der Distributionskanäle und –organe, die mit dem Verkauf der Anrechte auf Hotelleistungen betraut werden (Barth/Benden/Theis 1994 S.138). Im Rahmen der Distributionspolitik von

Hotelunternehmen, ist also sicherzustellen dass die Produkte und Dienstleistungen zur richtigen Zeit, im richtigen Zustand und in der erforderlichen Menge auf dem richtigen Vertriebsweg dem Kunden/Abnehmer erreichen. *Die Vertriebsfunktion in der Hotellerie ist vor allem auf die Akquisition und die Kundenbindung reduziert.* Bei den Absatz- oder Vertriebswegen in der Hotellerie kann zwischen direkten und indirekten Vertriebswegen unterschieden werden.

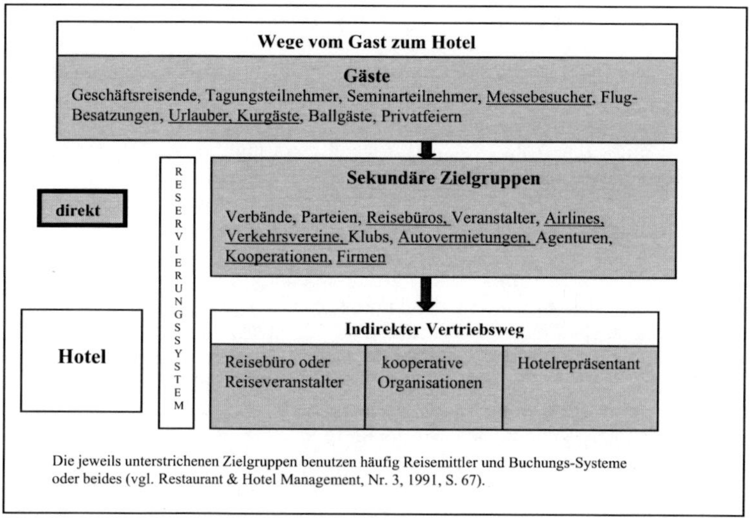

(Abb. 23: „Wege vom Gast zum Hotel" eigene Darstellung in Anlehnung von Restaurant & Hotel Management, Nr. 3., 1991)

Die Absatzwege oder Vertriebswege im Hotel- und Gasstättengewerbe können nach der Zahl der zwischengeschalteten absatzwirtschaftlichen Organe bzw. Institutionen klassifiziert werden und haben als Endglieder stets den gastgewerblichen Betrieb und den Gast (Grothues 9.Aufl.S.68).

Unter einem Vertriebs- oder Distributionskanal, verstehen wir die Gesamtheit aller ineinander greifenden Unternehmen oder Einzelpersonen, die daran beteiligt sind die Produkte und Dienstleistungen des Hotelbetriebs dem Endabnehmer / zukünftigen Gast verfügbar zu machen.

Ein Distributionskanal bietet dem Kunden die benötigte Information zum richtigen Zeitpunkt und am richtigen Ort. Der Kunde kann seine Kaufentscheidung treffen, die Buchung vornehmen und seine Rechnung bezahlen.

Der eigentliche Vertrieb und die Vermittlung touristischer/hotelbetrieblicher Leistungen, erfolgt in der Praxis über unterschiedliche Wege und Kanäle. Die operative Distributionstätigkeit im Hotel wird daher, hauptsächlich dadurch bestimmt, ob und in welchem Rahmen die Vermarktung der Hotelkapazitäten durch die eigenen Strukturen vorgenommen werden kann oder Absatzmittler eingesetzt werden (vgl. Buer 1997 S. 234) Die Wahl für eine bestimmte Absatzmethode / einen bestimmten Vertriebskanal bedeutet gleichzeitig eine Vorentscheidung für alle anderen Marketinginstrumente. Denn der gewählte Distributionskanal wirkt sich auf die anderen Elemente des Marketing-Mix in nicht unbeträchtlichem Maße aus, wird jedoch umgekehrt auch von diesen beeinflusst. Zu unterscheiden sind der sog. Direkt- oder Eigenvertrieb und der Fremdvertrieb über Vertriebspartner und Vertriebsplattformen. Nach Angaben der DEHOGA dominiert gegenwärtig noch die direkte Distribution, d.h. vier von fünf Buchungen werden im innerdeutschen Tourismus durch den Gast direkt beim Hotel vorgenommen (Sperling 1998).

Direkter Vertrieb: Beim direkten Vertrieb werden die Produkte und Dienstleistungen, ohne Hilfe von Absatzmittler direkt an den Kunden gebracht. So werden z.B. intern (im Hotel) Produkte und Dienstleistungen von allen Mitarbeitern mit direktem Gästekontakt an den Gast verkauft. Denn direkten Verkaufweg einschlagen, heißt nicht nur, bereits vorhandene Gäste direkt anzusprechen, sondern auch in eigener Regie nach neuen Gästen Ausschau halten (Häusler/Kühler (SHV). 1983 S.96). Der externe Verkauf erfolgt meist durch die Verkaufsabteilung des Hotels bzw. über die Reservationsabteilung. Die Vorteile beim direkten Vertrieb sind zum einen, die unmittelbare Steuerung und Kontrolle des Absatzgeschehens sowie die direkte Kommunikation mit dem Endabnehmer / -verbraucher. Ebenfalls von Vorteil ist der Umstand das der Hotelier jederzeit das gesamte marketingpolitische Instrumentarium einsetzen kann und entsprechend seiner Zielsetzung die Maßnahmen ergreifen kann die erforderlich sind. Bei der direkten Distribution von Hotelleistungen, lässt sich schneller ein großer Kreis von Stammgästen aufbauen, da die Gäste im direkten Kontakt zum Hotel stehen und so eine gewisse Verbindung und Vertrauen zum Anbieter aufgebaut werden kann. Der Hotelier hat direkten Kontakt zu seinen Kunden und hat somit auch einen direkten Einfluss auf den Gästekreis / die Gästeschicht die zukünftig in seinem Betrieb verkehren wird. Durch direkten Vertrieb werden die höchsten Erträge erwirtschaftet, es fallen keine Vertriebkosten wie Gebühren oder Provisionen an, die zusätzlich das Betriebergebnis schmälern.

Direkte Distributionswege

- *Direkter Eigenvertrieb:* Direkter Eigenvertrieb oder eigener Direktvertrieb, liegt dann vor, wenn die Kontaktwege „direkt" zwischen Hersteller und Nachfrager verlaufen (vgl. Freyer: Tourismus-Marketing 2. Aufl.).
- *Direkter Fremdvertrieb:* Direkter Fremdvertrieb liegt z.B. vor wenn eine betriebsfremde Firma die Leistungen des Hotels über ihr Vertriebssystem vertreiben würde. Der Fall fremder Direktdistribution ist nach Freyer (Tourismus-Marketing 2. Aufl.) eher unbedeutend und auch theoretisch schwer abgrenzbar. Denn nachdem in dem oben genannten Beispiel kein direkter Kontakt zwischen Hotelbetrieb und Nachfrager vorhanden ist, handelt es sich eigentlich bereits um einen Fall der indirekten Distribution.

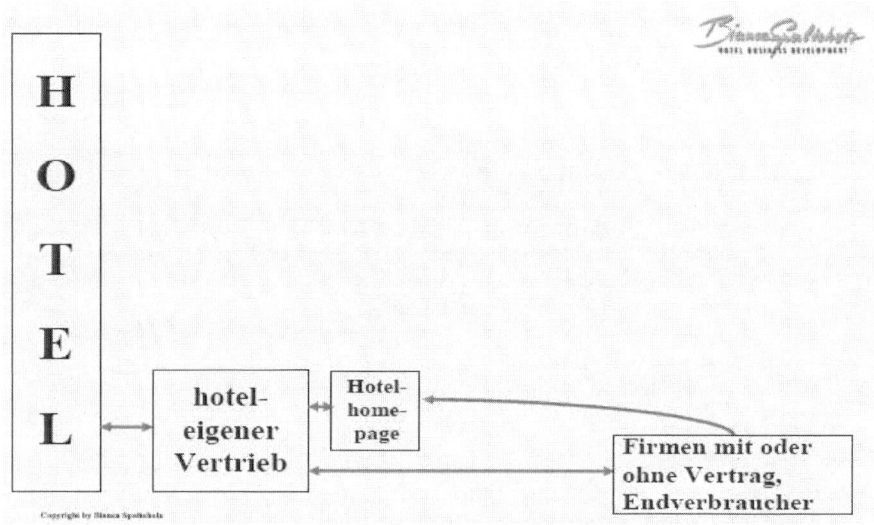

(Abb. 24: Quelle: Bianca Spalteholz 2005)

Nachteile der direkten Distribution von Hotelleistungen

- Beschränkter Aktionsradius
- Hohe Marktbearbeitungskosten
- Weitgestreuter Gästekreis, der mit den vorhandenen finanziellen Mittel für Marketing nur schwierig zu erreichen ist
- Marktabschöpfung nicht optimal möglich
- Inkassorisiko

Weitere Nachteile des Direktvertriebs in der Hotellerie, liegen vor allen in höheren Fixkosten, die ihn nur bei genügend hohem Absatz rentabel machen (vgl. Althof: Incoming Tourismus 2000 S.313).

Indirekte/r Vertrieb / Distribution: Beim indirekten Vertrieb vertreiben unabhängige Verkaufsstellen die Leistungen des Hotelbetriebs. Die Distributions- und Kommunikationsfunktion zwischen Anbieter und Endabnehmer werden von anderen Unternehmen wie z.B. von Reisemittlern und Hotelportalen wahrgenommen. Diese externen, rechtlich selbstständigen Verkaufstellen / Institutionen werden als unabhängig bezeichnet, da sie nicht an die Weisungen des Hotelmanagements gebunden sind. Im Rahmen der Distributionspolitik werden indirekte Absatzmittler und Vertriebspartner auch als Distributionsorgane bezeichnet. Distributionsorgane können Personen und / oder Organisationen sein, welche in die Überbrückung der ökonomischen Distanz eingeschaltet werden (Quelle: Scheuch, S. 302).

Der Anteil der Direktbuchungen ist in den Betrieben bis 50 Zimmer signifikant höher als in Betrieben mit mehr als 50 Zimmern. In dieser Kategorie der Betriebsgröße wird mehr als ein Drittel (35%) über Distributionspartner verkauft (Schegg/Fux: IT- und Internetnutzung im Beherbergungssektor

2005). Allein über den Direktvertrieb kann nur ein geringer Teil der möglichen Nachfrager nach Beherbergungsmöglichkeiten erreicht werden, deshalb gewinnt der Vertrieb über Distributionspartner / Absatzhelfer zunehmend an Bedeutung.

Zu den indirekten Absatzmittlern zählen:

- Reisemittler, Reiseveranstalter, Flug-, Schifffahrts- und Bahngesellschaften, Firmenreisebüro, Automobilsclubs, sonstige Fremdenverkehrsinstitutionen
- Lokale Tourismusämter- und organisationen (wie z.B. kommunale Eigenbetriebe, Kurverwaltung oder Fremdenverkehrsvereine)
- Kooperative Verkaufsorganisationen: Verkehrsvereine, Reservierungssystem (Dettmer: Tourismus-Marketing-Management 1. Auflage S. 238).
- Hotelrepräsentanten (Agentur), Hotelkooperationen
- Online-Ditributoren

Für größere Hotelbetriebe, Hotelkooperationen oder Hotelketten sind im Ausland auch sog. Repräsentanten tätig, die die freien Hotel- und Tagungskapazitäten anbieten und auch als Informationsstelle dienen (Lentz/Fritz: Gastgewerbliche Berufe – Organisation / Marketing 1994). Meist erfolgt der indirekte Verkauf über den zentralen Vertrieb der Hotelketten- und kooperationen.

Der indirekte Vertrieb kann zum einen über die oben genannten professionellen Absatzmittler erfolgen, aber auch über sog. nicht professionelle Absatzmittler. Insbesondere wegen ihrer Bedeutung für Klein- und Mittelbetriebe muss auf nicht professionelle Absatzmittler verwiesen werden – hierzu zählen (Quelle: Grothues: Marketing im Hotel- und Gaststättengewerbe S. 69:

- Taxifahrer
- Firmensekretärin
- Concierges
- Tankstellenpächter
- Busfahrer
- Parkplatzwächter
- befreundete Gastronomen und Hoteliers

Im touristischen Marketing können bei den Absatzmittlern brancheneigene Absatzmittler wie z.B. Reiseveranstalter, Reisebüros, Tourismusämter oder branchenfremde Absatzmittler wie z.B. Finanzdienstleister, Clubs oder sonstige Handels- und Dienstleistungsbetriebe unterschieden werden.

Die Vorteile der indirekten Distribution sind eine sog. breite Massendistribution und die Abwälzung des organisatorischen Aufwands des Absatzes an die Vertriebspartner. Besonderst beim indirekten Absatz über Reisemittler, lassen sich neue Gästesegmente und Märkte erschließen – dies kann zu einer möglichen Erhöhung der Auslastung in der Vor- und Nachsaison führen. Im Gegensatz zu den Hotelleistungen werden Bewirtungsleistungen bzw. Restaurantleistungen meist nur über die direkte Distribution vertrieben.

Nachteile der indirekten Distribution von Hotelleistungen

- Die Vertriebspartner fordern von den Hoteliers Preisnachlässe – ebenfalls werden Provisionen fällig.
- Zusätzliche Kosten für die Darstellung des Hotelbetriebs
- Probleme, Missverständnisse und Konflikte zwischen Absatzhelfer und Hotelier
- Unflexibel
- lange Implementierungszeit
- teilweise ist es notwendig das die Vertriebspartner geschult werden müssen

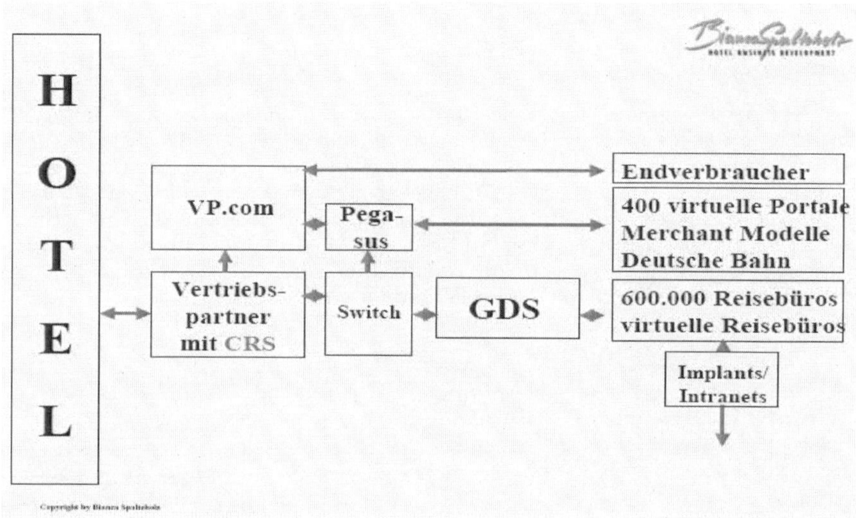

(Abb. 25: Quelle: Bianca Spalteholz 2005)

Push und Pull –Strategie

Bei der indirekten Distribution ist zwischen Push und Pull –Strategien zu unterscheiden, diese Strategien steuern insbesondere die Kommunikationsinstrumente Werbung, Public Relation und Verkaufförderung.

Die Push-Strategie legt den Hauptakzent der Marktbearbeitung auf die Absatzmittler bzw. Vertriebspartner, zum Beispiel, indem Verkaufsförderungsaktionen mithilfe von Werbung in Fachmedien bekannt gemacht werden (Schmidli IST 2005). Das Ziel der Push-Strategie (= Ergänzungskonzept) ist die Profilierung des Herstellers (Hotelbetrieb) beim Handel. Der Absatzmittler (z.B. Reiseveranstalter) soll von dem Produkt so überzeugt werden, dass er es zum einen in sein Sortiment aufnimmt und zum anderen seinem Kunden bevorzugt anbietet (Regele/Schmücker:– in Haedirch: 3. Aufl. S 422).

Die Pull-Strategie bearbeitet in erster Linie den Endkonsumenten mit dem Ziel, dass er die Leistung im Zwischenhandel (also bei den Absatzmittlern) nachfragt. Dazu würde beispielsweise ein Reiseveranstalter mittels Plakaten und/oder mit TV-Spots Werbung für eine neue Badeferien-Destination machen (Produktwerbung) mit dem Hinweis, dass das neue Angebot im Reisebüro gebucht werden kann. Er könnte auch einfach mittels Plakaten für Ferien am Strand werben und dabei seine Marke in den Vordergrund stellen ("mood making"; "Ferienstimmung" schaffen) (Schmidli IST 2005). Das Ziel der Pull-Strategie (= klassisches Markenartikelkonzept) ist die Profilierung des Herstellers beim Endverbraucher (Regele/Schmücker:– in Haedirch: 3. Aufl. S 421).

In der Praxis wird meist nicht nur einseitig die Push oder Pull– Strategie verwendet, sondern es werden beide Strategien kombiniert und ergänzen sich gegenseitig.

Gemischte Distribution

Um den Absatz der eigenen Produkte und Dienstleistungen zu erhöhen, wird in der Regel z.B. in der Ketten-Hotellerie, eine sog. gemischte Distribution betrieben. Bei der gemischten Distribution werden sowohl direkte als auch indirekte Vertriebswege genutzt. Die Hoteliers verlassen sich bei der gemischten Distribution nicht nur auf einen oder wenige Vertriebskanäle, sondern sie versuchen ihre Produkte und Dienstleistungen über mehrere Kanäle zu vertreiben. Diese Strategie wird auch als Multichannel Marketing bezeichnet. Durch den Vertrieb über verschiedene Absatzkanäle wird versucht, neue Märkte zu erschließen und natürlich auch den Gewinn des Unternehmens zu steigern.

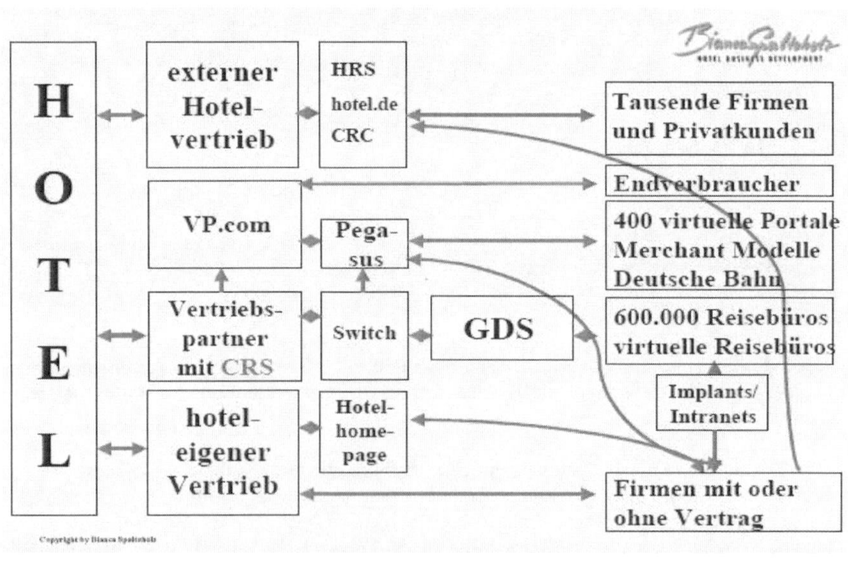

(Abb. 26: Quelle: Bianca Spalteholz 2005)

Die beste Voraussetzung, um effizienten Vertrieb zu betreiben und alle Vertriebsbereiche lückenlos abzudecken, ist Ausgewogenheit zu erzielen und den Gästen, insbesondere Firmenkunden, alle Möglichkeiten zu bieten, Reservierungen schnellstmöglich und unkompliziert im Hotel zu platzieren (Spalteholz: in IZT, Institut für Zukunftsstudien und Technologiebewertung; Nr. 70 2005). Für einen direkten Absatzweg spricht die Nichtlagerfähigkeit und die hohe Erklärungsbedürftigkeit der Hotelleistung, für den indirekten Absatzweg hingegen der beschränkte Aktionsradius des Hotels, der weit gestreute Gästekreis sowie die Möglichkeit über Absatzmittler und Absatzhelfer ein größeres Marktabschöpfungspotenzial zu erschließen (Henschel 1.Aufl. S. 415). Ein sehr erfolgreiches Konzept der Distributionspolitik ist der sog. Multichannelvertrieb, bei dem Hotelleistungen über verschiedene Absatzkanäle vertrieben werden.

Distributionsstrategien

In der Hotellerie können Unternehmen nach der Anzahl der eingesetzten Vertriebskanäle wie folgt unterschieden werden:

Einkanalstrategie: Beschränken sich Hotelbetriebe auf nur einen Vertriebkanal (z.B. alleiniger Vertrieb über Reisemittler), so wird dies als Einkanalstrategie bezeichnet. Diese Strategie ist mit Sicherheit eine der kostengünstigsten Variante, allerdings nimmt hierbei der Hotelier Umsatzverluste durch nicht genutzte Potentiale in Kauf. Eine Einkanalstrategie, wird vor allem von kleinen und mittelständisch geprägten Hotels betrieben. Ein klarer Nachteil ist die Abhängigkeit von nur einem Kanal, da auf diesem Weg nur ein kleiner Teil der Gästegruppen und Nachfrager erreicht werden kann.

Mehrkanalstrategie: Bei dieser Strategie erfolgt der Vertrieb der Hotelleistung über mehrere Kanäle. Besonderst in der Markenhotellerie zählt diese Strategie bereits zum Standard. Die Hotelleistung wird über unterschiedliche Vertriebspartner und Kanäle wie z.B. Reiseveranstalter und Reisemittler, Hotelportale oder über die GDS und CRS – Systeme vertrieben. Der Vorteil ist eine breite Massendistribution und das Erreichen von vielen und verschiedenen Kundensegmenten. Nachteilig sind die teilweise erheblichen Distributionskosten welche durch Gebühren und Provisionen entstehen und der hohe Zeit- und Verwaltungsaufwand. Im Rahmen dieser Strategie kann auch eine sog. selektive Distribution betrieben werden. Hierbei werden z.B. für Hotelprodukte mit hohem Bekanntheitsgrad sorgfältig ausgewählte Vertriebspartner und Kanäle eingesetzt.

Allkanalstrategie: (Intensive Distribution) Nutzt ein Hotelbetrieb alle verfügbaren Kanäle, so wird von einer „Allkanalstrategie“ bzw. einer intensiven Distribution gesprochen. Vorteil dieser Strategie sind hohe Marktpräsenz, breite Marktpenetration und eine hohe numerische Distribution. Problematisch bei dieser Strategie sind die hohen Kosten für Implementierung und Nutzung der Kanäle und der hohe Zeitaufwand für Wartung und Pflege. Zudem entstehen zusätzliche Personalkosten. Auf der anderen Seite ist es schwierig bei dieser Strategie eine Preis- und Ratenparität zu gewährleisten. Kannibalisierungseffekte und Konflikte zwischen den Distributionspartnern sind fast schon vorprogrammiert.

Exkurs: Multichannelvertrieb internationaler Hotelketten

Durch die Auswahl und Gestaltung der Vertriebskanäle, wird die Distributionspolitik auch als Channel-Management bezeichnet. Die Bezeichnung „Channel“ steht hier synonym für die Begriffe Absatz- Vertriebs- oder Distributionskanal. Als Multichannelvertrieb in der Hotellerie wird der integrierte Verkauf über alle denkbaren Absatzkanäle verstanden. Beim

Multichannelvertrieb bzw. einer Multichannel-Strategie, handelt es sich meist um eine Kombination aus direktem und indirektem touristischen Vertrieb.

Multichannel-Management kann somit definiert werden als integriertes Management der Vertriebskanäle eines Hotels mit dem Ziel der Maximierung des Unternehmensgewinns

(vgl. Ausgewählte Begriffe: http://www.hotelupdater.eu/57001

Die sog. Multichannel-Distribution (Strategie) wird in Zukunft immer mehr über Erfolg oder Misserfolg einer Hotelunternehmung entscheiden. Denn der Kunde, Travelmanager und Reisebüros fordern verschiedene Möglichkeiten (Kanäle) um ein Hotelzimmer – einfach, schnell und günstig – buchen zu können. Besonderst Hotelkette nutzen zahlreiche Kanäle um ihre Kapazitäten und Verfügbarkeiten zu verkaufen. Unter gleichzeitiger (paralleler) Nutzung mehrerer Absatzwege, wird versucht dem Kunden die Produkte und Dienstleistungen der Hotelkette bestmöglich (optimal) zu offerieren. Besonderst zeitaufwendig ist die Pflege von Online-Vertriebskanälen wie z.B. hrs, hotel.de oder bookings, da dort (teilweise manuell) Kontingente und Preise für die jeweilige Zimmerkategorie eingegeben werden müssen. Nicht zu unterschätzen sind die teilweise sehr erheblichen Distributionskosten die beim Multichannelvertrieb anfallen. Besonderst die Anzahl der Intermediäre bestimmt die Höhe der Distributionskosten. In der Hotellerie umfasst das Multi - Channel Management somit, dass Content Management bzw. den Datenab- und angleich der verschiedenen Distributionskanäle wie z.B. GDS, CRS, DMO`s und 3rd Party Websites, wobei die Verwaltung von Zimmerraten und -verfügbarkeiten meist einen größten Anteil einnimmt.

Der Multichannelvertrieb einer Hotelkette könnte z.B. wie folgt gestaltet werden:

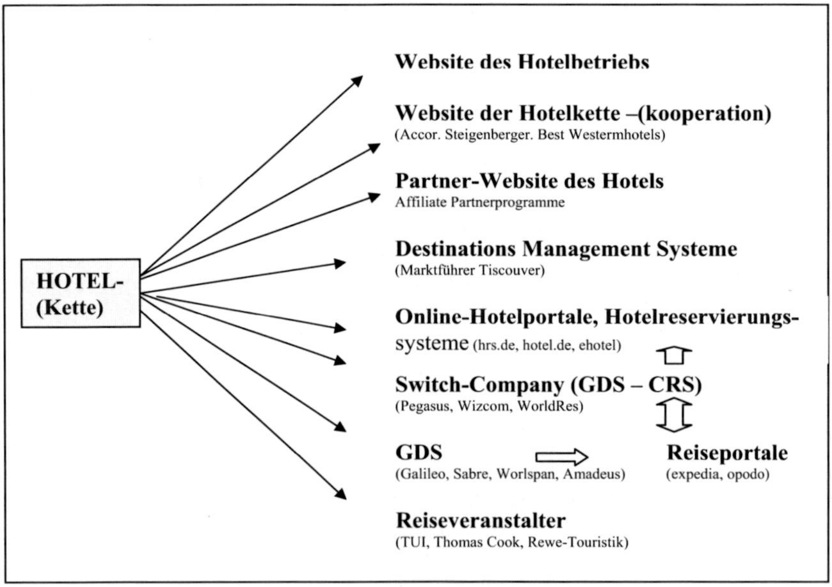

(„Multichannelvertrieb einer Hotelkette" eigene Darstellung)

Doch um wirklich vom Multichannelvertrieb profitieren zu können, müssen Hotelketten ihr Zimmerangebot so verfügbar machen, das alle Nachfrager und Buchenden jederzeit und überall auf dieses Angebot zugreifen können. Denn eines ist mit Sicherheit erwiesen, je mehr Kanäle ein Hotelier verwendet, desto einfacher ist es für seine Gäste das Hotel zu finden und eine Buchung zu tätigen. Jedoch ist für ein erfolgreiches Distributionsmanagement eine effiziente Software notwendig. Das Programm Amadeus Hotel Web Planning erlaubt es Hotelketten, von einem zentralen Management-Punkt aus, das gesamte Hotel-Portfolio zu steuern (vgl. Amadeus: Multichannel Distribution für Hotels). Amadeus Hotel Web Planning ist ein Tool mit dem Hoteliers ihre Zimmerkapazitäten über verschiedene Kanäle zur Online-Reservierung anbieten können. Somit ergibt sich für eine Hotelkette die Chance, über alle an Amadeus angebundenen Reiseagenturen und Fluggesellschaften gebucht zu werden.

- Die Zimmer können zu unterschiedlichen Raten angeboten werden
- Gestaltung von Sonderaktionen und Vertrieb von Spezialpreisen
- Den Kunden der Hotelkette können Kontingente zugeteilt werden, die automatisch auf dem Bildschirm der Reisebüromitarbeiter erscheinen (vgl. Amadeus)

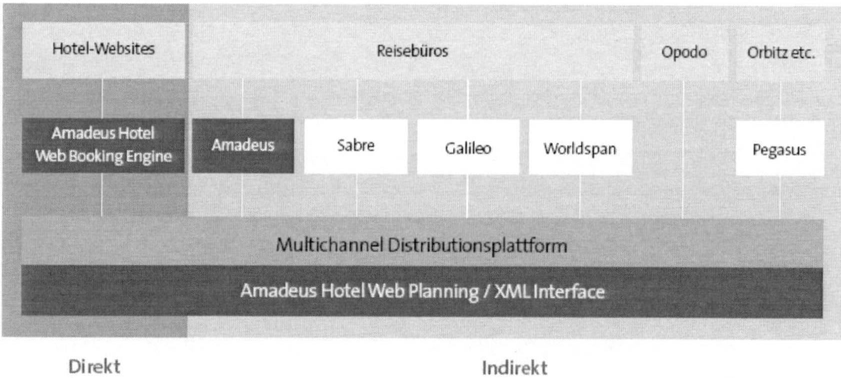

(Abb. 28: Quelle: Amadeus: Produktbeschreibung Hotel Web Planning)

Erfolgreiche Multichannel-Distribution ohne eine leistungsfähige Software, scheint im heutigen Hotelmarkt fast unmöglich zu sein. Nur so wird es möglich, mit geringem Zeitaufwand die Preise, Verfügbarkeiten und Kontingente des Hotels auf allen Vertriebskanäle zu verwalten und auf dem aktuellen Stand zu halten. Anforderungen an Multichannel-Software:

- Simultanes aktualisieren von Preis, Verfügbarkeit, Inventar / Kontingenten, Vorausbuchungsparametern, Mindestaufenthalten und Anreisesperren.

Durch den Multichannelvertrieb, haben Hotelketten die Chance ihre Kosten durch Einsparung von Provisionen und verbessertes Controlling zu minimieren. Ebenfalls wird ein gewisser Mehrwert für den Kunden generiert – die Hotelkette ist global und ganztägig (online) verfügbar, die Kapazitäten und Dienstleistungen können auf vielseitige Weise präsentiert werden und es kann somit auch eine stärkere Kundenbindung erreicht werden. Über eine breite Massendistribution wird das Risiko der Nichtbuchbarkeit minimiert, da das Hotel über mehrere Kanäle buchbar ist.

Natürlich ist eine Multichannel-Strategie auch mit einem gewissen Risiko verbunden. Die Implementierung und Präsenz auf allen Kanälen ist mit hohen Kosten verbunden bei teilweiser ungewisser Entwicklung des Nachfrage- und Kaufverhaltens der Kunden. Auf der Seite der Vertriebspartner kann es zu Konflikten zwischen den einzelnen Kanälen kommen. Besonderst durch das nicht einhalten der Raten- und Preisparität auf allen Kanälen, kann eine Multichannel-Strategie zur Verwirrung des Kunden führen. Dieser versteht die Preisunterschiede nicht und bucht meist, natürlich über den für ihn preiswertesten Buchungskanal.

Voraussetzungen für erfolgreiches Multi-Channel-Management

- Alle Partner der verschiedenen Kanäle können auf die gleichen Kundendaten zugreifen.
- Alle Daten liegen in allen Kanälen stets aktuell abrufbar vor.
- Das System sichert in allen Kanälen eine einheitliche Sicht auf den Kunden.
- Für jeden Kanal sind Ziele vorgegeben, um Reibungsverlusten durch Konkurrenz vorzubeugen.
- Der Beitrag jedes Kanals am Gesamtumsatz eines Kunden ist messbar.

(o.V.: Marketing und Vertrieb – Newsletter Mai 2005 Trendthema Vertriebskanäle)

Besonderheiten der Distributionspolitik in der Hotellerie

Wesentliche Zielsetzungen der Distributionspolitik eines Hotelunternehmens bestehen in der Gewährleistung einer zufrieden stellenden Präsenz und Verfügbarkeit des Leistungsangebotes, der Sicherstellung einer kontinuierlichen Leistungsbereitschaft und der problemlosen Integration des Kunden / Gastes in den Leistungserstellungsprozess (Gardini: Marketing-Management in der Hotellerie S. 348).

Eigenschaften der Hotelleistung	Konsequenzen für die Distributionspolitik
Intangibilität / Immaterialität (Standortgebundenheit / Nichlagerbarkeit)	• Bedeutung des Franchising • Möglichkeit der Online-Distribution • Absatzmittler als Co-Producer • Lagerung / Transport nur materieller Werte
Leistungsfähigkeit des Anbieters (Starre Angebotsstruktur)	• Qualität des Absatzmittlers • Häufig kombinierte direkte und indirekte Distribution • Dokumentation der Leistungsbereitschaft • Erfüllung der raumzeitlichen Präsenzlücke als zentrale logische Aufgabe
Integration des externen Faktors (Integration des Gastes)	• Direkte Distribution als vorherrschende Strategie • Bedeutung des Standorts

(Abb. 30: Quelle: Meffert / Bruhn 2003 S. 551)

Hotelleistungen weisen im Gegensatz zur Sachgüterproduktion einige Besonderheiten auf. Während bei Sachgüter die physische Distribution im Rahmen der Distributionspolitik ausführlich behandelt wird, bestehen für Hotelleistungen in diesem Zusammenhang einige Besonderheiten. Diese hängen insbesondere mit der Immaterialität von Hotelleistungen (Hotel-Dienstleistungen) zusammen. Ihrem Wesen nach stellen Dienstleistungen vornehmliche immaterielle Güter dar, die demzufolge weder versendet noch gelagert und nur am Ort ihrer Erstellung konsumiert werden können (Barth/Benden/Theis 1994 S.137). Besonderst die Immaterialität und das sog. „uno-actu-Prinzip“(Produktion, Absatz und Konsum von Hotelleistungen fallen im Dienstleistungsprozess zusammen) machen eine physische Distribution von Hotelleistungen unmöglich. Die eigentliche Leistung in einem Hotelbetrieb kann nur bei direktem Kontakt zwischen Dienstleister (Personal des Hotels) und Konsument (Gast) erbracht werden. Handelbar sind lediglich Rechte und Pflichten in Bezug auf die Hotel-Dienstleistung (vgl. Dettmer: Marketing-Management im Tourismus S. 237). So wird also nicht die Hotelleistung selbst, sondern nur ein Anrecht - welches sich aus dem abgeschlossenen Beherbergungsvertrag ergibt- an den Kunden herangetragen. Eine weitere Besonderheit ist das sog. Residenzprinzip. Der Ort der Leistungserstellung bestimmt sich durch den Standort des Hotels. Der Leistungsaustausch erfolgt also nicht nach dem Versandprinzip wie in der Industrie oder Handel üblich, sondern nach dem Residenzprinzip (Seitz: Hotelmanagement S. 137). Die eigentliche Hotelleistung wird also nicht am Ort des Konsumenten (Gast) sondern am Ort des Produzenten (Hotelbetrieb) erbracht.

Die Auswahl des Vertriebspartners

Der Erfolg oder Misserfolg der elektronischen Vermarktung von Hotelkapazitäten, ist im Wesentlichen abhängig von der Auswahl des richtigen Vertriebspartners. Bevor sich der Hotelier für einen oder mehrer Vertriebspartner entscheidet, müssen zuerst Ziele definiert werden die mit Hilfe des Vertriebspartners realisiert werden sollen. Ein Ziel ist mit Sicherheit die Auslastungsmaximierung und die Steigerung der Durchschnittsrate und des RevPar. Andere Ziele könnten z.B. sein:

- Einführung einer neuen Preisstrategie (z.B. Dynamic Pricing, Revenuemanagement)
- Aufbau und Pflege eines Images
- Ansprache oder Ausbau von (neuen) Kundensegmenten
- Ausweitung des Absatzgebietes
- Erhöhung des Bekanntheitsgrades des Hotels

Die sind nur einige der möglichen Zielsetzungen eines Hotels, jeder Hotelier muss sich Gedanken über die Zukunft und Ziele des eigenen Betriebes machen, und prüfen ob diese mit Hilfe eines Vertriebspartners realisiert werden können. Falls nicht schon bekannt, so muss der Hotelier genau bestimmen wer seine Gäste sind und woher sie kommen. Wie hoch ist der Anteil an ausländischen Gästen? Anteil an Business und Leisuregästen? Altersstruktur der Gäste (technologiefreundlich vs. technologiefeindlich)? Zudem muss definiert werden welche Zielgruppe primär erreicht werden soll. Die Wahl des Vertriebspartners wird zudem von dem zu vertreibenden Produktbündel (einfache Schlafgelegenheit – Luxus / Wellness-Packages) beeinflusst. Weitere produktbezogene Faktoren die die Auswahl des Vertriebspartners beeinflussen sind:

- Erklärungsbedürftigkeit (in welchem Umfang müssen die Leistungen des Hotels beschrieben werden? Bittet der Distributionskanal genug Platz zur Visualisierung oder Emotionalisierung des Hotel-Produkts?)
- Lagerfähigkeit und Transportfähigkeit (Hoteldienstleistungen sind nicht lager- oder transportfähig, daher muss die Leistung auch schnell – am besten in Echtzeit – gebucht werden können.
- Verderblichkeit der Hotelleistung (schnelle Kommunikation zwischen Hotel und Vertriebspartner notwendig)
- Prestigewert des Hotelprodukts

Wurde nun all diese Vorarbeit geleistet, so muss sich der Hotelier folgende Frage stellen: Sprechen meine jetzigen und zukünftigen Vertriebspartner diese Zielgruppen und Märkte überhaupt an?

Außer des eignen Absatzgebiet, muss der Hotelier auch seine Konkurrenz – bzw. dessen Vertriebsstruktur- analysieren. Unter Umständen bedeutet das aber auch, dass sich der Hotelier völlig neu entscheiden muss (Spalteholz: AHGZ-Serie 2003 „Wie findet ein Hotel seine richtigen Vertriebspartner?").

Stichpunkte für die Auswahl des Vertriebspartners

- Der Vertriebspartner muss zum Marketingkonzept und der Distributionsstrategie des Hotels passen.
- Der Vertriebspartner sollte über ein leistungsstarkes CRS verfügen, welches auf möglichst viele Daten und Buchungsmöglichkeiten zugreifen kann.
- Die entstehenden Kosten müssen in einem ausgewogenen Kosten-Nutzen-Verhältnis stehen.
- Bestehen Schnittstellen zur Hotelsoftware?
- Die Reaktionszeit, Service-Qualität und passenden Referenzen sollten geprüft werden (www.h2c.de/ressourcen.htm)
- Die Auswahl des Vertriebpartners, hat meistens auch Auswirkungen auf das Image des Hotelbetriebs, da beim zukünftigen Gast Vorstellungen von z.B. Qualität hervorgerufen werden.
- Rechtliche Faktoren: Schutz vor Vertriebsbindungen,

Gemäß den Ergebnissen der eFitness Umfrage verbringen Beherbergungsbetriebe zwischen 0 und 60 Stunden pro Monat für die Pflege der Zimmerkontingente, wobei der Mittelwert bei 7.5 Stunden (Median 3h) liegt (Schegg/Fux: IT- und Internetnutzung im Beherbergungssektor 2005). Somit ist für die Auswahl des Vertriebspartners auch von Bedeutung, wie viel Zeit für Pflege und Wartung des Vertriebssystems (des Vertriebspartners) aufgebracht werden muss. Je nach Vertriebspartner fallen unterschiedliche Kosten für den Hotelbetrieb an, sie beinhalten z.B. eine Kommission für das Reisebüro, die Transaktionskosten der elektronischen Systeme wie GDS und CRS sowie die Kosten für das Clearing (Bezahlung durch Banküberweisung, Check, Kreditkarte, Postanweisung) (vgl. Amgwerd 2001).

Bei der Auswahl der Vertriebspartner, erfolgt eine Selektierung nach den Anforderungen des jeweiligen Hotelbetriebs.

Die Entscheidung über den Absatzkanal oder für einen Vertriebspartner, ist eng mit den weiteren Elementen des Marketing-Mix verknüpft und stellt eine schwer revidierbare Entscheidung dar (vgl. Hebestreit: Touristik-Marketing 1992 S. 304).

Vertriebspartner Reisemittler (Reisbüros) und Reiseveranstalter (Tour 0perator)

Ab einer gewissen Größe des dafür verfügbaren Bettenangebotes / Kontingentes bemühen sich vornehmlich Hotelketten und große Hotelbetriebe im Sinne einer Verstärkung der Absatzbemühungen um die Marktkraft (Potenz) der Reiseveranstalter und Reisebüros, weil sie dadurch auf möglichst vielen Märkten gegenwärtig sind (vgl. Ferner/Müller/Zolleis: 3. Aufl. 1989) Reiseveranstalter sind Betriebe, die eigene und fremde touristische Leistungen sowie ggf. Sachleistungen zu einem neuen, eigenständigen Produkt (=Pauschalreise) verbindet und dies auf eigenen Namen und eigene Rechnung anbietet (Pompl. Bd. 1 2. Aufl.). Die Begriffe „Reiseveranstalter" und „Tour Operator" sollen synonym verwendet werden. Zu unterscheiden sind die Begriffe insbesondere von demjenigen des „Reisevermittlers". Dieser steht „als Zwischenglied zwischen dem Reisenden und dem Dienstleistungsunternehmen (z.B. Hotel)" (METZ 1983, S. 24) und vermittelt „sowohl ganze Arrangements von Reiseveranstaltern als auch einzelne Dienstleistungen touristischer Anbieter" (Müller/Kramer/Krippendorf: Freizeit und Tourismus 1991 S. 113).

Eine Geschäftsbeziehung mit einem Reisebüro oder Reiseveranstalter, ist für viele Hotels von großem Nutzen. Den getroffenen Vereinbarungen stehen fast in allen Fällen Leistungen gegenüber, die das Hotel in den meisten Fällen nicht selbst aufbringen kann. Allein die breite Streunung in Prospekten und allen möglichen Massenmedien wie Zeitungen, Fernsehen, Rundfunk usw. bleibt die übernommene Aufgabe des Reiseunternehmen, und dieses kassiert wiederum für die erbrachten Organisationsleistungen mit Recht seinen vertraglich vereinbarten Anteil (Schwarz 1995). Das Reisebüro betreibt indirekt Marketing für den Hotelbetrieb, und nimmt auf der anderen Seite dem Gast die Arbeit für die Reservierung ab. Das Reisebüro macht seine Arbeit natürlich nicht umsonst, es bekommt vom Hotel eine Provision in Höhe von ca. 10-30%.

Ein Hotel kann sowohl mit Reisebüros als auch mit Reiseveranstaltern Verträge abschließen. Der Beherbergungsbetrieb verpflichtet sich z.B., eine bestimmte Anzahl an Zimmern (Kontingente) für einen vorher vertraglich vereinbarten Zeitraum freizuhalten. Der Reiseveranstalter kann bis zu einem festgelegten Zeitraum über die Zimmer verfügen, meist wird ein Optionsdatum vereinbart, bis zu welchem Zeitpunkt der Reiseveranstalter die nicht benötigten Kontingente zurückgeben kann.

Der Hotelbetrieb verpflichtet sich die von dem Reisebüro oder Reiseveranstalter ausgestellten Gutscheine (Voucher) anzunehmen und die vereinbarte Provision an das Reisebüro zu bezahlen. Die Durchschrift auf dem Voucher enthält alle Leistungen, die der Gast bereits beim Veranstalter bezahlt hat. Der Gast behält das Originalblatt mit den Rechnungsanlagen des Hotels, das Hotel erhält die Durchschrift, und sendet diese zur Abrechnung an das Reisebüro oder den Veranstalter. (Quelle: Sölter: Skript „Touristikmanagement" 2006.

Zusammenarbeit mit dem Reiseveranstalter

Besonderst Kettenhotels oder große Hotelbetrieb, haben die Möglichkeit Zimmerkontingente an Reiseveranstalter zu verkaufen, entweder wird das Hotel direkt in den Katalog der Reiseveranstalter eingebunden – oder es erhält evtl. vom Veranstalter die Möglichkeit, ein eigenes Pauschalprogramm mit Sparratdruck anzubieten (vgl. SHV 1992 S. 154). Ist ein Hotelier jedoch bereits in der Lage, sein Hotel mit Individualreisenden (Vollzahlern) gut auszulasten, dann ist von einer Zusammenarbeit mit einem Reiseveranstalter aufgrund der evtl. Umsatzverdrängung abzuraten.

Pflichten des Hotelbetriebs:

- Die vertraglich vereinbarte Leistung an Zimmerkontingenten für den Reiseveranstalter bereithalten
- Die eingehenden Reservierungen ordnungsgemäß abzuwickeln
- Die Voucher des Reisebüros anzunehmen
- Die vereinbarte Provision zu bezahlen

Pflichten des Reiseveranstalters:

- Bis zu einem vereinbarten Zeitpunkt über die Zimmer zu verfügen
- Rechtzeitig zu stornieren, wenn die Zimmer nicht in Anspruch genommen werden
- Bei kurzfristigen Stornierungen einen vertraglich vereinbarten Ausgleich zu bezahlen
- Rechtzeitig vor Ankunft der Gäste eine Namensliste zuschicken

Was erwarten Reiseveranstalter von einem Hotel?
Reiseveranstalter sichern dem Hotelier die Auslastung der vereinbarten Bettenkontingente für die vereinbarte Saison. Einerseits benötigen sie die Hotel(konting)zusagen, um ihre Pauschalreiseangebote rechtzeitig und rechtlich zulässig aufstellen können, andererseits aber haben sie ein ausgeprägtes Interesse

- an Sonderkonditionen bei hohen Kontingentabnahmen, da sie zumindest ein mehr oder weniger eigenes hohes Risiko tragen,
- an besonderen Stornierungsbedingungen, da sie selbst erst einige Wochen vorher wissen, in welchem Umfang die zugesagten Kontingente auch gebucht werden.

(Quelle: Freyer: Tourismus 6. Aufl. S.124)

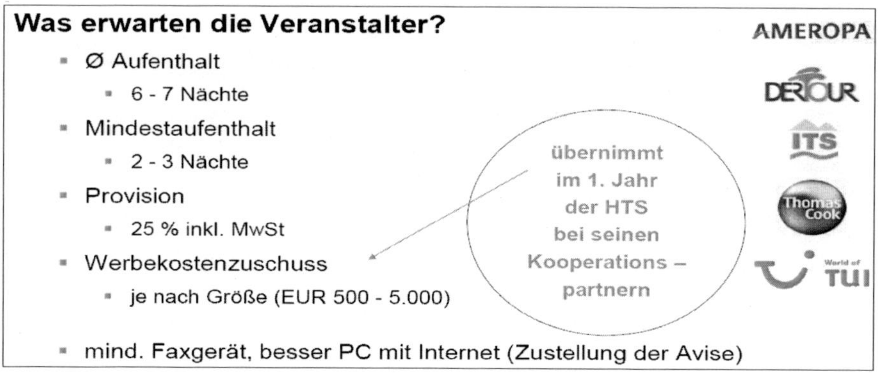

(Abb. 31: „Was erwarten die Veranstalter" Quelle: Hessen – Info für Touristiker Nr. 29 August 2003)

Verträge zwischen Reisveranstalter und Hotel

Zur rechtlichen Absicherung beider Parteien, wird zwischen Hotel und Reiseveranstalter ein sog. Hotelvertrag vereinbart. Vertragsgegenstand sind die Rechtsbeziehungen zwischen Hotel und Reiseveranstalter. Der Hotelier verpflichtet sich vertraglich alle vereinbarten Leistungen mängelfrei zu erbringen und sein Hotel in einen einwandfreien Zustand zu halten. Der Veranstalter verpflichtet sich, das Hotel in sein Reise-Programm aufzunehmen und das Hotel kostenlos in den Reisekatalogen zu präsentieren. Ferner verpflichtet sich der RV die vertraglich vereinbarten Kontingente möglichst vollständig zu nutzen und die Rechnungen des Hotels pünktlich zu bezahlen. Zum Rechnungsausgleich zwischen Reiseveranstalter und Hotel werden entweder das Scheckverfahren oder das Rechnungsverfahren angewandt.

Kontingent oder Alloment-Vertrag (Optionsvertrag)

Dieser Reservierungsvertrag der als auch Alloment- oder Kontingentvertrag bezeichnet wird, regelt die Vorreservierung von Zimmern zur Ausschreibung von Reisen im Katalog des Reiseveranstalters (vgl. Pompl: Touristikmanagement Bd1. S. 178). Diese Art von Verträgen stellen die am häufigste verwendetet Vertragsform zwischen Hotel und Reiseveranstalter dar. Im Alloment-/Kontingentvertrag, werden die Kontingente mit den dazugehörigen Preisen festgelegt und ein Optionsdatum vereinbart, zudem alle Namen dem Hotel gemeldet sein müssen, da anschließend alle gemeldeten Plätze verfallen (vgl. Freyer/Pompl: Reisebüro-Management 1. Aufl. S.382ff.). Das Hotel verpflichtet sich, ein bestimmtes Zimmerkontingent (Alloment) bis zu einem bestimmten Zeitpunkt für den Reiseveranstalter freizuhalten (Hänssler: Management in der Hotellerie und Gastronomie 4. Aufl).

Die Rückfallfrist bezeichnet den Zeitpunkt, zu dem der Reiseveranstalter dem Hotel mitteilen muss, wie viele Betten aus seinem festen Kontingent er zum jeweiligen Anreisetermin fest bucht (Pompl: Touristikmanagement Bd. 1). Die Rückfallfrist kann nach Pompl entweder:

- ein festes Datum sein z.B. 01.04.für die Vorsaison vom 15.04. bis 14.07., 31.05 für die Hauptsaison vom 15.07 bis 22.08. und 01.08. für die Nachsaison vom 23.08. bis 30.09. oder
- eine gleiche bleibende Zeitdauer vor dem jeweiligen wöchentlichen Ankunftstag sein, z.B. jeweils zwei Wochen vorher, also für alle Ankünfte vom 22.04. oder 08.04. etc.

Bei dieser Vertragsform liegt das Auslastungsrisiko fast ausschließlich beim Hotelier, jedoch hat der Hotelier die Möglichkeit mit dem Reiseveranstalter Ausgleichzahlungen zu vereinbaren falls die Stornierung der Zimmer nicht bis zu einem bestimmten Zeitpunkt erfolgt (vgl. Lentz/Fritz: Gastgewerbliche Berufe – Organisation und Marketing 1994).

Merkmale:

- Festlegung des Kontingents und der Preise
- Meldung der gebuchten Gäste gem. Verfallsfrist
- Zahlung gegen Rechnung (Hoffmann: Die Flugpauschalreise in Landgrebe: Internationaler Tourismus 1. Aufl. 2000)

Da bei dieser Vertragsart das finanzielle Risiko ausschließlich beim Hotel liegt, ist der Hotelier dem Reiseveranstalter preispolitisch klar im Vorteil. Der Hotelier kann in der Regel höhere Preise durchsetzen, höhere Vorauszahlungen vordern oder schlechtere Zimmer vergeben.

Commitment-Vertrag / Festvertrag / Garantievertrag

Bei dieser Art des Vertrages, muss der Reiseveranstalter alle vertraglich vereinbarten Hotelbetten bezahlen, egal ob er sie auslasten kann oder nicht. Der Vorteil für den Reiseveranstalter ist, dass er einen größeren Verhandlungsspielraum beim Preis für das Hotelzimmer hat. *Garantievertrag*

- kumulative Garantie
  starke Perioden gleichen die belegungsschwachen Zeiten aus. Der RV verpflichtet im Laufe der Saison eine festgelegte Anzahl an Zimmer abzunehmen.
- tägliche/monatliche Garantie Differenz zw. Mindestbelegung und Garantie muss für die jew. Tage bezahlt werden
- Festanmietung (Beherbergungsvertrag) nur bei Appartements/Ferienwohnungen

Eine Termin-Garantie, kann sich entweder auf die ganze Saison oder auf nur wenige Tage innerhalb der Vertragslaufzeit beschränken. Besonderst gerne werden Garantieverträge in Destinationen mit einem beschränkten Zimmerangebot abgeschlossen, weil hier die Hoteliers beim Kampf der Veranstalter um Kontingente in der besseren Verhandlungsposition sind.

Garantiebelegung mit Verfall

Ein Teil des Zimmerkontingents kann bis 2 Wochen vorher zurückgegeben werden, den Rest muss der Reiseveranstalter abnehmen.

Reduzierung des geforderten Auslastungsgrades (vgl. Pompl/Freyer: RB-Mgt. 1. Auflage).

Free-sale-Vertrag

Dieser Vertrag ist ähnlich wie der Alloment-Vertrag bzw. eine Sonderform dieses Vertrags; jedoch darf der Hotelier auch innerhalb der Vertragsdauer das Kontingent ganz oder teilweise aus besonderen Gründen kündigen (mit Ausnahme der bereits vom Reiseveranstalter gemeldeten Buchungen) Die Veranstalter erhalten vom Hotel meist nur kleine Kontingente ohne das sie ein Kapazitätsrisiko eingehen müssen. Nach dem Motto „sell and report“ wird der Zimmerverkauf dem Hotel gemeldet.

On-request-Vertrag

Dies ist die am wenigsten bindende Vertragsart: Das Hotel akzeptiert die Voucher des Veranstalters, es stellt dem Reiseveranstalter bei Verfügbarkeit Kontingente zur Verfügung. Dieser Vertrag regelt im Grunde genommen nur das der Veranstalter das Hotel in seinem Katalog zum Verkauf anbietet und das Hotel die Buchungen und Hotelgutscheine des Veranstalters akzeptiert (vgl. Pompl: Touristikmanagement Bd. 1 S. 179).

Wie die Erfahrung zeigt, sind gerade unter den kleinen (Spezial-)Reiseveranstaltern häufig potentielle Nachfrager von Hotelleistungen zu finden, sofern der Beherbergungsbetrieb entsprechende Spezialisierungsmöglichkeiten wie Tennis, Reiten oder Golf bietet (Grothues: Bd. 1 12. Aufl. S. 162). Einen anderen möglichen Vorteil für die Zusammenarbeit mit einem Reiseveranstalter bietet der Standort des Hotelbetriebs. Liegt z.B. das Hotel in einem exklusiven Skigebiet oder bietet im Gegensatz zu Konkurrenzbetrieben einmalige Standortvorteile so wird es zu einem begehrten Nachfrageobjekt der Reiseveranstalter. Die Stadthotellerie könnte z.B. für Busreiseveranstalter interessant sein, wenn sie zwischen Abreiseort und Zielort eine Übernachtung einplanen (vgl. Seitz 1. Aufl. 1997). Hier können Verträge recht individuell gestaltet, Tourenpläne mit anderen gastgewerblichen Betrieben abgestimmt und auch gastronomische Kapazitäten erschlossen werden, die ansonsten etwas weiter „vom Schuss“ liegen (Kausch in Heidelberger Handbuch für die Hotellerie).

Im Regelfall werden Hotelverträge meist nur für eine Saison abgeschlossen. Allerdings gibt es auch längerfristig Verträge in denen nur die Vertragspreise zum Anfang der Saison neu festgelegt werden müssen. Die einzelnen Stichpunkte zum Hotelvertrag wie z.B. Kinderermäßigung, Melde- und Verfallfristen, Verpflegungsarten usw. werden hier nicht erläutert hierzu sei auf die Publikation vom W. Pompl „Touristikmanagement Bd. 1“ verwiesen.

Zusammenarbeit mit Reiseveranstaltern in internationalen Tourismus-Destinationen

International betrachtet, wird es für die meisten Hotels - egal ob Hotelkette oder Kleinbetrieb – zunehmend schwer, mit dem Reiseveranstalter gute Konditionen auszuhandeln, denn die Hotels sehen sich jetzt einen enormen Druck ausgesetzt. Einerseits müssen sie den knappen Kalkulationen der großen Veranstalter gerade im Pauschalbereich gerecht werden, wo Profit nur über die Masse zu erwirtschaften ist, andererseits darf dieser Preisdruck nicht auf Kosten und Qualität der Hotels gehen (R. Liedke: Das Urlaubskartell 1.Aufl. 2002). Der verschärfte Verdrängungswettbewerb und die große Machte der Reiskonzerne durch zentralen Einkauf, schwächt zunehmend die Verhandlungsposition der Hotels beim Abschluss von Verträgen. Um eine deutliche Differenzierung der Veranstalterleistungen zu erreichen, werden von Reiseveranstaltern zunehmend Hotelverträge aufgesetzt, die verhindern, dass direkte Konkurrenten ebenfalls Kontingente im gleichen Hotel erhalten (Pichler / Kloubert: Expansion und Integration – Erfolgskonzept eines internationalen Touristik-Konzerns http://www.kloubi.de/Downloads).

Wurde in vergangenen Zeiten ein- bis zweimal pro Jahr mit dem jeweiligen Hotelier verhandelt, so werden heute deutlich häufiger, manchmal sogar während der aktuellen Urlaubssaison Preise, Kontingente und Incentives angepasst.

Zusammenarbeit mit Reisemittlern

Nach Gruner sind besonderst zwei Trends zu verzeichnen welche die Zusammenarbeit von Reisemittlern mit Hotelgesellschaften tangieren und zukünftig gegebenenfalls forcieren (Gruner: Distributionskanal Reisebüro in Hottelling Ausgabe 01/2005):

1. Kunden buchen zunehmend nicht erklärungsbedürftige Angebote online. Dazu gehört auch der Abschluss von Beherbergungsverträgen über das Internet. Erklärungsbedürftige Angebote (z.B. Offerten der Luxushotellerie), Hotelbuchungen aus Deutschland für internationale Haupturlaubsreisen und Travel Manager, die aus Implants aus Unternehmen agieren, werden jedoch weiterhin für Reisebüros wichtige Erwerbsquellen darstellen.
2. Durch die wettbewerbsbedingte Preisspirale sowie Provisionskürzungen wie sie z.B. Lufthansa von 9 Prozent auf 0 Prozent für innerdeutsche und europäische Flüge vorgenommen hat und wie sie auch von Reiseveranstaltern angedacht werden, sind die Erlöse der Reisebüros erheblich bedroht. Auf der anderen Seite sind Investitionen in den Aufbau eigener Stärken unverzichtbar und Kosteneinsparungen zwangsläufig. Hotelgesellschaften zahlen durchschnittlich 10 Prozent Povision für vermittelte Zimmer. Damit werden Hotels als wichtiger Umsatzträger für Reisemittler interessanter.

Bisher wird das Reisebüro als Distributionskanal vor allem von 4 und 5 Sterne Hotels, sowie den großen Betriebe (> 50 Zimmer) benutzt. Mit einem durchschnittlichen Anteil von 12% am Umsatz, nimmt dieser Distributionskanal einen bedeutenden Stellenwert hat. Für die kleineren Betriebe ist dieser Kanal mit einem Anteil von 2% quasi nicht existent (Schegg/Fux: IT- und Internetnutzung im Beherbergungssektor 2005).

Warum Reisebürovertrieb?

- Der Vertrieb über das Reisebüro bietet dem Hotelier einen zusätzlichen Vertriebsweg mit neuen Marktchancen
- Der Vertrieb von touristischen Leistungen ist besonderst beratungsintensiv, da z.B. das Hotel-Produkt vom Kunden nicht im voraus auf eine Produktbeschaffenheit und –güte getestet werden kann – ist teilweise gute Beratung notwendig.
- einfache und kostengünstige Neukundengewinnung
- Vermittlung des Hotelbetriebes an nahe zu jeden Ort
- Vertriebsweg mit hohem Marketingpotenzial und großem Imageeffekt
- ca. 15.000 Reisebüros davon teilweise eigene Reisebüro-Ketten der Reiseveranstalter

Vorteile für den Hotelbetrieb

- Professionalisierung des Reisebürovertriebsweges über Kooperation mit renommierten deutschen Reiseveranstaltern
- einfachere, bessere Ansprache der Zielgruppen
- Veranstalter bieten Markenqualität
- exzellente Marktdurchdringung durch millionenfache Katalog-Auflagen
- deutschlandweite Werbung durch Kataloge
- standardisierte Darstellung
- geringes und überschaubares Investitionsrisiko für den Hotelbetrieb
- Im Vergleich zur Anzeigenschaltung preiswertere Neukundengewinnung
- Nutzung der Reservierungssysteme
- evtl. zusätzliche Gäste besonderst durch die Vermittlung in Vor- und Nachsaison

Vorzüge des indirekten Hotelvertriebs bestehen vor allem in der Nutzung des Vertrauensbonus, des ausgebildeten Fachpersonals und der Stammkundschaft des Reisemittlers (vgl. Althof: Incoming Tourismus 2000 S. 314).

In Deutschland gehen nur 5 % (18% weltweit laut CWT) aller Hotelreservierungen über das Reisebüro, 95% werden direkt im Hotel gebucht. Der Vertrieb über das Reisebüro lohnt sich besonderst für Ketten- und größere Stadthotels. Kleinere Hotels bzw. mittelständisch geprägte gastgewerbliche Betrieben scheinen allerdings nur geringe Chancen zu haben, von einem Reisebüro vermittelt zu werden. Ein Grund hierfür ist u.a. nach Grothues, das es den Expedienten weniger vertraut ist mit Hotelprospekten zu arbeiten als mit den Katalogen von Pauschalreiseveranstaltern und ihrem Reservierungssystem, mit dem er in der Regel online verbunden sein wird (vgl. Grothues: Marketing im Hotel- und Gaststättengewerbe 9. Aufl.).

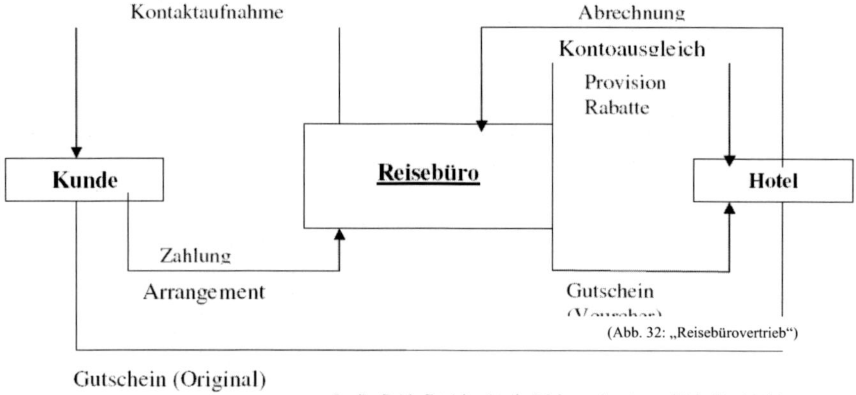

(Abb. 32: „Reisebürovertrieb")

Quelle: Reith: Betriebswirtschaftslehre und gastgewerbliche Betriebslehre

Als Nachteil des Vertriebs über Reisebüros (Reisemittler) wird von Seiten der Hoteliers oft bemängelt, dass Mittler auch während der Hochsaison oder zu Messezeiten Kontingente verlangen, obwohl das Hotel auch ohne ihre Dienste ausgebucht wäre (vgl. Dettmer 1. Aufl. S. 241). Ein nicht zu unterschätzendes Risiko stellt auch das wirtschaftliche Risiko bei unseriösen oder zahlungsunfähigen Reisemittlern dar (vgl. SHV: Hotel-Marketing 1. Aufl. 1983 S. 99). Auch die Schnelligkeit der Zahlung lässt of zu wünschen übrig, teilweise muss der Hotelier lange Wartezeiten in Kauf nehmen bevor er sein Geld erhält. Es ist also ratsam, sich vorher ein genaues Bild über den Ruf/Status und die Liquidität des jeweiligen Absatzmittlers zu verschaffen. Teilweise besteht bei Reisemittler/Reisebüros auch mangelnde Kenntnis über das komplette Leistungsangebot des Hotelunternehmens – daher ist es ratsam eine Person des Vertriebspartners in den Betrieb einzuladen um den Betrieb vorzustellen. Dies ist natürlich auch wieder mit zusätzlichen Kosten verbunden, kann sich aber langfristig äußerst positiv auf den Absatz des Hotels auswirken. Denn wenn es während der Besichtigung gelingt, den Expedienten für die Leistungen des Betriebs zu begeistern – dann ist es auch ziemlich sicher, dass dieser das Hotel bevorzugt an seine Kunden vermitteln wird. Unter Umstände kann sogar die sog. Exklusivitätsvereinbarung gespart werden, da der Expedient das Hotel aus Überzeugung und nicht aus monetären Anreizen empfiehlt.

Merkpunkte für die Zusammenarbeit mit Reisemittlern

- Es muss berücksichtigt werden, ob die Zielgruppe des Reisebüros mit denen des Hauses konform gehen (Pircheer-Friedrich 1. Aufl. S.135).
- Je weiter entfernt der Touristik-/Hotelmarkt, desto mehr ist der Hotelier auf die Zusammenarbeit mit Reisemittlern angewiesen (denn umso höher ist die Zahl der Gäste die über Reisemittler buchen).
- Der Hotelier sollte sich die für ihn passenden Reisemittler (z.B. Sporthotel – spezialisierter Reisemittler auf Sportangebote) aussuchen, Kontakt aufnehmen und ein Vertrauensverhältnis aufbauen.
- Der Hotelier sollte/muss alle Buchungen die über Reisemittler erfolgen, durch „Garantien" absichern (Anzahlung, Kostenübernahme Kreditkarte, Voucher, Not-Show-Regelung)
- Klare Kontingente ausmachen: Kinderpolitik?, Wer zahlt die Kurtaxe?, Preise für Zusatzleistung wie HP oder Aufbettung, Abruffristen, Zahlungsmodalitäten.

Um Abhängigkeiten zu vermeiden, sollte der Hotelier dem Reismittler nicht zu große Kontingente einräumen. In diesem Fall sollte besser mit mehren Reisemittlern zusammengearbeitet werden (Pircheer-Friedrich 1. Aufl. S.135).

Stichpunkte Vertragsabschluss Reisebüro – Hotel

- Zahlungsmodalitäten
- Stornierungsfristen
- Release- / Verfallfristen
- Größe des Zimmerkontingents
- Druckkostenbeteiligung

Preiskalkulation

Bruttopreise
- Kommissionen (ca. 25-30%)
= Nettopreise

Reisemittler sind interessante Vertriebspartner für Hotelketten und Hotelkooperationen (2005)

Hotelkette	Mindestumsatz	Provision	Zahltag	Buchungskanäle
Accor	keinen	8 -10 %	30 Tage nach Reiseantritt	CRS, Call-Center, Web, E-Mail, Fax
Best Western	keinen	10 %	Monatlich	CRS, Web, Call-Center
InterContinental	keinen	10 %	15. des Folge-Monats des Reisebeginns	CRS, Web, Call-Center
Maritim	keinen	10 %	binnen 60 Tage	CRS, Web, Call-Center, direkt
Marriot	keinen	10 %	15 Tage nach Abreise des Gastes	CRS, IDS, Telefon, Fax, Web
Steigenberger	keinen	10 %	nach Eingang der Buchung	CRS, Call-Center, direkt

(Abb. 33 nach Barg: Tourismusmanagement 2006 S. 408)

Speziell für Hotels wird den Reisebüros via START das Reservierungssystem „Amadeus Hotels" zur Verfügung gestellt, mit dessen Hilfe Hotelzimmer in über 61 000 Häusern von rund 241 Hotelketten in internationalen Märkten gebucht werden kann. Zur gezielten Suche bietet das Programm über 60 verschiedene Ausstattungsmerkmale, fünf Zimmertypen und zwölf Preiskategorien. Für Reismittler bietet Amadeus Hotel folgende Vorteile:

> In 92% der Fälle hatte Amadeus bessere Tarife als bei direkter telefonischer Buchung mit dem Hotel

> In 62% der Fälle hatte Amadeus bessere Tarife als der nächste Online-Wettbewerber

> In 38% der Fälle hatte Amadeus bessere Tarife als große Online-Händler

> In 58% der Fälle war Amadeus sogar preisgünstiger als die hoteleigenen Websites

(Abb. 34: Produktbeschreibung Amadeus Hotels: www.hotels-promo.amadeus.com)

Den Hotels stehen u.a. folgende Funktionen zur Verfügung:

- eine Hotelliste für Städte und Länder;
- detaillierte Beschreibungen für jedes Hotel im System;
- aktuelle Verfügbarkeiten und Raten auf einen Blick;
- Hinweise zu Zimmerpreisänderungen;
- Buchungen mit sofortiger Bestätigung;
- Informationsseiten der Anbieter, Online-help-Seiten, die alle Eingaben erläutern;
- Eine wachsende Anzahl von Complete-Access-Partnern (Online-Kommunikation mit Hotels);
- Zimmerpreise in Landeswährung

Die Pflege der gesamten Daten übernimmt die jeweilige Hotelkette bzw. –kooperation. So werden ausschließlich Informationen angezeigt, die vom Anbieter kommen (vgl: NGZ service manager 11/97, S. 33ff und Dettmer 1999 S. 244).

Bei der Zusammenarbeit mit Reisemittlern sollte ein partnerschaftlich-kooperatives Verhältnis aufgebaut werden. Die folgenden „fünf Todsünden" bei der Zusammenarbeit mit Reisemittlern, sollte ein Hotelier nie begehen:

- Hotelzimmer werden überbucht und die Reisebüros von der Änderung nicht benachrichtigt.
- Änderungen der im Katalog beschriebenen Zimmerausstattung werden den Reisebüros nicht gemeldet oder Baustellen vor Ort verschwiegen.
- Zimmer werden bei direkter Nachfrage oder vor Ort zu günstigeren Preisen angeboten als im Katalog.
- Hotels geben ihre Kontingente nicht vollständig an, im System ist das Haus ausgebucht, bei direkter Nachfrage sind aber noch Zimmer frei.
- Provisionen werden nur schleppend oder gar nicht bezahlt, und die Bearbeitung von Reklamationen dauert zu lange. (Vgl. o.V. (2000in: fvw Hotel spezial Nr. 10, 20.04.2000, S. 9)

Vertriebpartner Marketing- und Vertriebskooperationen

Der harte Wettbewerb und Konkurrenzkampf, oft über den Preis geführt, führt in vielen Kleinbetrieben zu schlechten Betriebsergebnissen. Finanzstarke Hotelkonzerne und –ketten erobern den deutschen Hotelmarkt. Kleinunternehmen haben aber im Wettbewerb gegenüber größeren Unternehmen die Möglichkeit, durch Kooperation Stärken aufzubauen ohne substanzielle Verluste an Eigenständigkeit und Autonomie (vgl. Langer 2001). Marketing- und Vertriebskooperationen sind die Antwort auf die Marketingaktivitäten der nationalen und internationalen Hotelkonzerne. Bis in die 60er Jahre war das typische Hotel ein unabhängiges Privathotel, bis erkannt wurde, dass Kooperationen zu wesentlichen Wettbewerbsvorteilen führen können (Amgwerd 2001). Heutige Hotel-Kooperationen sind in ihrer Leistung zu differenzieren in so genannte „produktbildende Systeme“ oder reine „Vermarktungs- und Reservierungssysteme“. Im Hinblick auf den Hotelvertrieb, werden in diesem Kapitel nur Kooperationen betrachtet die den Hotelier in seiner Distributionstätigkeit unterstützen.

Da die notwendigen Verkaufsanstrengungen von einer einzelnen Unternehmung offensichtlich aus Kosten- und Zeitgründen nur in unzureichendem Maße durchgeführt werden können, bietet sich der Zusammenschluss mehrerer unabhängiger Hotelbetriebe auf horizontaler Ebene in Form einer Kooperation an (Barth/Benden/Theis 1994). Hotelkooperationen bieten neben der Nutzung eines gemeinsamen Reservierungssystems auch zentrale Verkaufsbüros, die die Interessenten der angeschlossenen Hotels auf dem Markt vertreten (Gardini 2004). Bei der Bildung von Marketing- oder Vertriebskooperationen reichen die Aktionen von gelegentlichen gemeinsamen Aktionen bis hin zu einer straffen Organisation unter dem Dach einer gemeinsamen Marke. Vorteile ergeben sich u.a:

- in der Werbung: gemeinsame Broschüren, Rabatte bei Anzeigen, zentrale Werbung u.a.;
- in der Öffentlichkeitsarbeit: Pressekonferenzen, Betreuung der Fachpresse u.a.;
- im Verkauf: weltweite Repräsentanz durch Reservierungssysteme, Verkaufsreisen im In- und Ausland, Teilnahme an Messen und Workshops, Informationsveranstaltungen für Touristikfachleute

(Quelle: Dettmer: BWL für das Gastgewerbe)

Marketing- und Verkaufkooperationen übernehmen für den einzelnen Unternehmer Aufgaben die er meist - bedingt durch die geringe Kapitalkraft – alleine nicht erreichen kann. Die professionelle Präsentation von Angeboten, die Corporate Identity in Verbindung mit einer straffen Qualitätspolitik und die Verfügbarkeit von Reservierungssystemen tragen dazu bei, dass der Gast ein Markenbewusstsein entwickeln kann und sich neue Stammgäste leichter akquirieren lassen (IMO: Report Tourismus).

Beispiel:

Der Steigenberger-Reservation-Service (heute SRS-Worldhotels) ist eine internationale Kooperation unabhängiger Hotels, die von Steigenberger initiiert wurden. Die Hauptaufgabe dieser Reservierungsunternehmen ist die Durchführung internationaler Marketing-Aktivitäten, die von einzelnen Hotels in diesem Ausmaß nicht realisiert werden könnten. Die SRS-Hotels treten dabei weltweit wie eine internationale Hotelkette auf (Waack: Hotel-Marketing 1978). Der SRS in weltweit in 250 Destinationen mit mehr als 360 Hotels und 30 Reservierungsbüros vertreten. Als Reservierungssystem wird Trust II genutzt. Diese System in kompatibel mit den großen Reservierungssystemen wie Amadeus, Galileo, Sabre, Pars und Apollo (AHGZ 19.05.90).

Leistungen von Marketing- und Vertriebskooperationen:

- Laden die Daten des Hotelbetriebs in das CRS der Kooperation
- Viele Kooperationen bieten eine nationale meist internationale Werbe- und Vertriebsplattform
- Erweiterte Zielgruppenansprache
- Eigene Reservierungszentrale die vom Kunden per Telefon, Fax oder Internet erreicht werden kann.
- Anbindung an meist eines oder mehrer GDS-Systeme
- Stärker Verkaufaktivitäten
- Gebündelter Marktauftritt
- PR-Arbeit
- Schulungen
- Helfen bei den Distributionsbemühungen des Mitgliedsbetriebes
- *Aktiver Verkauf der Hotelleistung durch die Zentrale – einzeln und kollektiv durch messbare Aktivitäten*
- *Schaffung eines Diskussions- und Aktionsforum mit ausgewählten Medien*
- *Schulterschluss mit den Reisebüros in Deutschland als wichtigem Vermarktungspartner*
- *Hompage- und Flyeraktivitäten*
- *Touristische Ressourcen-Bündelung*
- *Marktforschung (zu Anbieter- und Kundenstruktur)*
- *Abschluss von Rahmenvereinbarungen (Quelle: Verband der Deutschen Hotelkooperationen 2005)*

Der Anschluss an eine Kooperationsgruppe kann für den Hotelier eine sehr sinnvolle und nützliche Art sein, um seine Hotelleistungen zu vertreiben. Vor Beitritt sollten aber folgende Punkte geprüft werden:

- Passt die Kooperation zu der Marketingstrategie meines Hotelbetriebs?
- Verfügt die Kooperation über eine bekannte und angesehene Marke?
- Übernimmt die Kooperation Aufgaben die vom Hotel nicht alleine bzw. gleich gut bewerkstelligt werden können?
- Ist der Beitritt zu Kooperation für den Betrieb finanziell tragbar. (Quelle bis hier: vgl. DEHOGA /SHV : Marketing der Gastfreundschaft 1994)
- Welche Marketingleistungen sind im Basisbetrag inbegriffen – wofür muss zusätzlich gezahlt werden?
- Welche Gebühren fallen an (fixe Kosten, variabel Kosten)?
- Können die Preise und Verfügbarkeit im Reservierungssystem von Hotelier selber angepasst werden?
- Welches Reservierungssystem wird verwendet? Zusammenarbeit mit GDS? Welches GDS – eins oder mehrere?
- Buchungsgeschwindigkeit? Kommt die Reservierung in Echtzeit beim Hotel an, oder erfolgt die Buchung über Umwege

Der Vertrieb über Hotelkooperationen ermöglichst es einzelnen Hotelunternehmen die mangelnde Vertriebskraft gegenüber den Hotelkonzernen zu kompensieren. Eine weitere Vertriebsmöglichkeit für die Hotellerie stellen die sog. Hotel-Repräsentanzen dar, diese kommen zwar für einzelbetrieblich organisierte Ferienhotel eher nicht in Frage, sollen allerdings im Rahmen der Vollständigkeit kurz vorgestellt.

Der Kooperationsansatz stellt besonderst für KMU-Betriebe eine Chance dar, um sowohl Kostensenkungspotentiale wie auch Umsatzsteigerungspotentiale auszuschöpfen und dadurch ihre Stärken / Schwächen-Profile zu verbessern, ohne ihre Identität zu verlieren (vgl. Frey / Cheseaux)

Hotel-Repräsentanzen

Hotel-Repräsentanzen oder Hotelvertretungen sind unabhängige Dienstleistungsunternehmen, die einzelne Hotelunternehmen oder Hotelgruppen in einer Region, einem Land oder einem Kontinent vertreten (vgl. Gardini 2004). Vorwiegend finden sich solche Hotel-Repräsentanzen im Ausland. Im Gegensatz zum Reisbüro / Reismittler der auf Basis einer umsatzabhängigen Provision arbeitet und seinen Geschäftssitz meist im Heimatland des Hotelbetriebs hat, arbeiten Hotel-Repräsentanzen mit festen jährlichen Sätzen abhängig von der vermittelten Beherbergungskapazität.

Die Hotelrepräsentanzen sind ursprünglich wohl amerikanische Einheiten, die eine Gruppe von ihnen angeschlossenen Hotels mit internationaler Standortverteilung gegenüber den potentiellen Gästen über ihren jeweiligen Unternehmenssitz hinaus vertreten (vgl. Walterspiel 1960 und Waack 1978). Reservierungen für das vertretene Hotel erfolgen entweder über Reisemittler oder über Reservierungssysteme. Die Repräsentanzen können entweder als direkter Vermittler zwischen Hotel und Kunden oder als Mittler zwischen Hotel und weiteren Absatzhelfern auftreten. Durch den Einsatz von internationalen Reservierungssystemen, hat sich allerdings die Aufgabe der Hotel-Repräsentanzen gewandelt. War früher die technische Abwicklung von Reservierungen mit die wichtigste Tätigkeit, gehört heute die Präsentation des Hotels, sowie die Betreuung der Mitarbeiter der Reservierungssysteme zu den Hauptaufgaben der Hotel-Repräsentanzen (vgl. Dettmer: BWL für das Gastgewerbe).

Als Gegenleistung für ihre Dienste, erhalten Hotelrepräsentanzen eine fixe Jahresgebühr (Retainer-Fee) in Abhängigkeit von der Bettenzahl bzw. Unternehmensgröße, sowie einen prozentualen Anteil für Buchungen (Overriding-Kommission)

Zumeist finden sich bei der Zusammenarbeit zwischen Hotelbetrieb und Repräsentanzen vertragliche Vereinbarungen über das exklusive Repräsentationsrecht in einem Land oder Kontinent (Barth/Benden/Theis 1994). Die Vertretung unterschiedlicher Kunden der gleichen Branche beinhaltet i.d.R. einen Konkurrenzausschluss, d.h., es werden nur solche Unternehmen vertrieblich repräsentiert die nicht unmittelbar in Konkurrenz stehen (Gardini 2004).

Hotelvertretungen bieten dem Hotel in Hinblick auf den Hotelvertrieb so ziemlich die gleichen Vorteile wie Reisebüros und Reisemittler. Allerdings verfügen Repräsentanzen meist über mehr Informationen über das jeweilige Hotelprodukt und kennen den Hotelmarkt. Vorteile des Vertriebs über Hotel-Repräsentanzen sind:

- Erschließung neuer Märkte
- Größere geographische Reichweite der Marketing- und Verkaufbemühungen.
- Aufbau und Pflege von Abnehmern im vereinbarten Absatzgebiet im weitesten Sinne Verkaufanbahnung z.B. durch Firmenbesuche
- Können Aufgaben der Marktforschung oder Werbung in ihrem Absatzgebiet erfüllen wie z.B. Befragungen, Mailings, Versand von Hotelprospekten, PR (vgl. Bart/Benden/Theis 1994)

Reservierungssysteme in der Hotellerie

Die Bezeichnung Reservierungssystem ist ein Sammelbegriff für elektronische Systeme zum Angebot, zur Buchung und Reservierung von Reisen oder Reiseleistungen und zu ihrer Abwicklung (vgl. Weithöner: Electronic Tourism 2007). Alle Reservierungssysteme basieren auf Datenbanken mit einer sog. Transaktionssteuerung, da bei diesen Systemen der parallele Zugriff von verschiedenen Nutzern typisch ist. Bei den Reservierungssystemen in der Hotellerie können GDS, CRS, ADS, IBE und Internet (Booking Engine) unterschieden werden. Der Vertrieb über GDS und CRS wird ausführlich in den folgenden Kapiteln behandelt. Die Bezeichnung ADS ist die Abkürzung für „Alternative Distribution System“ unter diesen Begriff fallen z.B. Internetbuchungsplattformen sowie Reiseveranstalter und themenorientierte Nischenanbieter, die dem Endverbraucher direkten Zugriff auf Hotelverfügbarkeiten und –preise bieten (vgl. Fachbegriffe: www.hotelupdater.de) ADS können ebenfalls über Pegasus Verfügbarkeiten und Preise beziehen diese aber nicht über GDS in den Markt stellen, sondern an ihnen vorbei direkt zum Endverbraucher (www.spalteholz.com). Auf dem gleichen Prinzip basieren die sog. IDS – Internet Distribution Systeme wie z.B. HRS oder hotel.de, der Hotelvertrieb erfolgt über das Internet, synonym wird für IDS auch der Begriff 3rd Party Websites benutzt. Der Endnutzer (Kunde) bucht über das Internet Distribution System entweder über ein endkundenorientiertes GDS / CRS oder direkt über die Internetverbindung.

Internet Booking Engines / IBE stellen die elektronische Funktionalität zur Verfügung, um internetbasiert und via World Wide Web Reisen und Reiseleistungen automatisiert zu vermarkten (Weithöner: Electronic Tourism 2007). Neuerdings werden Hotelleistungen auch über die sog. Destination-Management-Systeme (DMS) vertrieben. Destinations-Management-Systeme vermarkten besonderst die Hotelleistungen der jeweiligen Destination – diese Systeme sind bezogen auf den Deutschland-Tourismus Weiterentwicklungen der Informations- und Reservierungssysteme (vgl. Weithöner: Electronic Tourismus 2007).

Hotelbetriebliche Reservierungssysteme

Hotelbetriebliche Reservierungssysteme unterstützen nicht nur die Buchungs- und Reservierungsabläufe eines Hotelbetriebes, sondern sie können auch darüber hinaus gehende standardisierbare hotelbetriebliche Prozesse abbilden und unterstützen. Sie werden daher mit dem indieser Hinsicht umfassenderen Begriff als -> Property Management Systeme / PMS bezeichnet (Weithöner: Electronic Tourism 2007)

Hotel Reservierungssysteme als überbetriebliche Reservierungszentralen

Diese Systeme sind die zentralen Vertriebssysteme vieler Hotelketten und den mit ihnen kooperierender Hotels. Als Beispiel kann der Steigenberger Reservation Service (heute SRS-Worldhotels) genannt werden. Die überbetrieblichen Reservierungszentralen können gemäß ihrer jeweiligen Zentralisierung differenziert werden:

- **Zentrales Reservierungssystem einer Hotelkette oder einer Hotelkooperation**
  Die Reservierungszentrale einer Hotelkette oder -kooperation fasst die gesamte Beherbergungskapazität der Mitgliederbetriebe zusammen und bietet sie über ihr zentrales Web-Portal und Call Center oder über die Web Sites der Mitgliederhotels zur Buchung an. Die Reservierungen und die damit verbundenen Abläufe werden zentral gesteuert, oder die Buchungen werden in die hotelbetrieblichen Systeme zur weiteren Abwicklung vermittelt.

- **Informations- und Reservierungssystem / IRS deutscher bzw. deutschsprachiger Tourismusregionen und –orte, inkl. Stadttourismus -> Destination-Management-Systeme /DMS**
- **Hotel Reservierungssysteme der -> Global Distribution Systems** (vgl. Kapitel GDS)
- **Alternative Distribution Systems / ADS**
  International und zentral operierende Hotel Reservierungssysteme, die nicht ketten- oder kooperationsgebunden sind und die nicht die Reservierungszentrale eines GDS darstellen, werden unter dem Oberbegriff Alternative Distribution Systems / ADS zusammengefasst. Diese Systeme vertreiben die Angebote der teilnehmenden Hotelgesellschaften i. d. R. über alle Vertriebskanäle wie z.B. Internet, Call Center, Registrierte Reisebüros via Web Portal, Business Travel Management Systeme
- **Reservierungssysteme der Touristikkonzerne**
  Große Reiseveranstalter bauen zunehmend konzerngebundene Hotelreservierungs-systeme auf.

(Quelle: vgl. Weithöner: Electronic Tourism 2007)

Generell können bei den Reservierungssystemen für die Hotellerie offene / neutrale und geschlossene Systeme unterschieden werden:

- Bei offenen / neutralen Reservierungssystemen ist der Zugang für das Unternehmen relativ problemlos. Solche Systeme werden von großen Fluggesellschaften – meist in Verbindung mit Hotelketten geführt (z.B. Sabre, Apollo, Amadeus, Galileo). Auch spezielle Reservierungsunternehmen bieten derartige Leistungen, wie z.B. SRS (Steigenberger Reservation Service), HRS (Hotel Reservation Service) an. Sie sind für mittlere und größere Unternehmen mit großem Einzugsbereich der potentiellen Gäste interessant.
- Geschlossene Systeme bieten den Nutzern in der Regel nur Zugang zu den Mitgliedsbetrieben des Systems. Das gilt vor allem für die international operierenden Hotelketten als auch etwa für die Hotelkooperation Best Western. (Kausch: „Viele Wege führen zum Gast" –Vertriebs- und Absatzwege im Gastgewerbe in Heidelberger Handbuch für die Hotellerie).

Um eine geringe Nachfrage durch Preisaktivitäten verbessern zu können, muss ein Reservierungssystem der Verkaufssteuerung vielfältige Möglichkeiten zur Gestaltung der Preis- und Rabattbedingungen geben und damit eine differenzierte Preisrechnung ermöglichen (Weithöhner 2001). Der Vorteil von Reservierungssystemen in der Hotellerie ist, dass durch Vorverkauf der Dienstleistung / des Hotelzimmers eine Auslastungsoptimierung erreicht werden kann. In der Regel haben die Hoteliers das lokale, teilweise auch das regionale Geschäft im Griff, für den internationalen Verkauf von Hotelzimmern wird jedoch meist Hilfe benötigt. Diese Hilfestellung bieten die zahlreichen Anbieter von Reservierungssystemen, sie bringen dem Hotelier die hochpreisigen Buchungen aus dem Ausland.

Vertrieb von Hotelleistungen über GDS und CRS

Wollen Hotelier im heutigen Wettbewerb bestehen, so müssen sie neben den herkömmlichen Vertriebswegen neue Vertriebswege und Vertriebspartner nutzen. Die Zusammenarbeit mit Computer Reservation Systems (CRS) bzw. Global Distribution Systems (GDS), die nahtlose Verbindung von Reisbüro bzw. Call Center-Terminal zum CRS des Hotelvertriebspartners werden ebenso wichtig wie der Einsatz von Marketing-Informations-Systemen und die Verwaltung des Zimmerbestands (Gruner / Eisenstein 2003). Besonderst für Geschäftsreisehotels ist der Vertrieb über GDS-Vertriebspartner enorm wichtig. So wird ein Hotel in der Großstadt über diesen Vertriebskanal immer mehr Geschäft erzielen, als ein Hotel an der Nordsee (vgl. Der Hotelier 7+8 2004). Zwar buchen ein Großteil der deutschen Geschäftsreisenden bzw. deren Firmen über die Buchungsplattform HRS, jedoch arbeiten besonderst multinationale Unternehmensgruppen bevorzugt mit GDS zusammen (vgl. Spalteholz: in IZT Nr. 70 2005).

Warum sind elektronische Hotel-Reservierungssysteme wie CRS und GDS und neue Buchungsmedien wie das Internet wichtig für Hotelbetriebe?

- Hotelbetriebe benötigen immer kurzfristiger Zusatzgeschäft
- Hotelbetriebe wollen und müssen unbedingt das bestehende Geschäft erhalten
- Hotelbetriebe sollen mittelfristig eine wettbewerbsorientierte Preispolitik betreiben
- Hotelbetriebe müssen das Spiel der elektronischen Medien mitspielen, wenn sie langfristig auf den lokalen, den überregionalen und dem Weltmarkt präsent sein wollen.
- Hotelbetriebe benötigen langfristig bessere, ausführlichere und intelligente Kundeninformationen, um die Wünsche und Bedürfnisse der Kunden besser zu erkennen und um aus dem Kunden einen Stammgast zu machen.
- Hotelbetriebe wollen gezielt ihre Umsätze und Erträge steuern und die Vertriebspartner und Vertriebskosten kontrollieren.

(Quelle: verändert nach Spalteholz /www.hotel-reservierungssysteme.de)

Bei den Hotelgruppen wird davon ausgegangen, dass mittlerweile ca. acht bis zehn Prozent des Gesamtumsatzes über GDS/CRS generiert werden (vgl. o.V. Preistransparenz im Internet im Focus in Der Hotelier 7+8 2004). Aufgrund ihrer weltweiten Präsenz, werden CRS, die Allianzen mit Systemanbietern externer Märkte eingegangen sind, als Globale Distributionssysteme (GDS) bezeichnet (Sterzenbach/Conrady: 3. Aufl. 2003 S.456). Ein nationales oder auch internationales Reservierungssystem (auch CRS) bietet dem Individualgast, dem Reisebüro und der Firmenreisestelle die Möglichkeit, Hotelbuchungen für eine bestimmte Hotelgruppe oder Hotelkooperation durchzuführen (wie z.B. Hilton, Sheraton, Leading Hotels of the World, Utell International, Best Western International) (SHV 1994). Somit sind GDS und CRS-Systeme ein wichtiger Bestandteil bei der elektronischen Distribution von Hotelleistungen, denn sie werden als Schnittstelle zwischen Anbietern der Hotel- und Tourismusbranche eingesetzt. Bisher ist jedoch nur ein kleiner Teil der Hotelbetriebe in Deutschland – hauptsächlich Hotelkooperationen oder Hotelketten- an ein GDS oder CRS-System angeschlossen. Nach Aussage von Lois Arnitz, lohnt sich ein Eintrag in ein Airline/CRS-Systems für ein Hotel erst ab 50 Betten (vgl. Dettmer:Toursimus2 2000 S.136) Außer in den Betrieben der Markenhotellerie sind solche Informations- und Reservierungssysteme, höchstens in einigen technologisch hoch entwickelten Privathotels vorhanden.

Die CRS Systeme, sind das Ergebnis der Fluggesellschaften, die Anfang der 60er Jahre mit dem ersten System (SABRE) versuchten die Buchung und Reservierung effizienter zu gestalten. Mit SABRE, dem *Semi Automated Business Research Environment,* wurde ein Instrument dafür geschaffen, das alle Buchungen bei der Fluggesellschaft in Echtzeit verfügbar macht und mit dessen Hilfe Verfahren der Ertragsoptimierung (Yield Management) entwickelt und angewendet werden können (Mundt 1. Aufl. 1998). Durch den Einsatz von GDS/CRS können sehr wichtige Informationen wie z.B. über das Früh- oder Spätbucherverhalten der Kunden, die in etwa zu erwartende Stornoquote oder über das Buchungsverhalten bei kurzfristiger Nachfrage (Veranstaltungen, Events) gewonnen werden. Computergestütztes Yield-Management Systeme verknüpfen all diese gewonnen Daten um anschließend den Zeitpunkt für den optimalen Ertrag zu prognostizieren.

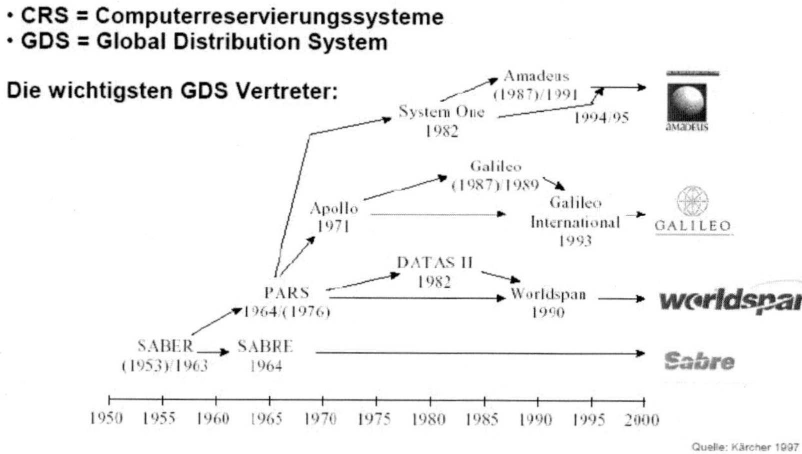

(Abb. 35: „Die wichtigsten GDS Vertreter“ Kärcher 1997)

Eingesetzt werden diese Systeme überwiegend in der Airline-, Touristik- oder Hotelindustrie, wo dann die Produkte der jeweiligen Betriebe in Echtzeitabfrage vertrieben werden können. Vertriebspartner des Hotels z.B. Hotelkooperationen wie Design Hotels oder SRS World Hotels besitzen oder mieten CRS-Datenbanken und kommunizieren die Hotelinformationen auf dem Tourismusmarkt.

Die 80er und 90er Jahre können als große Zeit der „Global Distribution Systems“ (GDS) bezeichnet werden (Bieger 2006). Bei den Globalen Computer Reservierungssystemen handelt es sich um Systeme, die weltweit agieren und bei denen weltweit von jeder angeschlossenen Buchungsstelle (z.B. Reisbüro, Airlinebuchungsstelle) die Abfrage aller in dem System vorhandenen Daten (Hotels, Mietwagen, Reiseveranstalter, Fluggesellschaften) erfolgen, angezeigt oder modifiziert werden kann. Das Leistungsangebot der GDS und CRS besteht aus (vgl. Schulz/Frank/Seitz: EDV in der Touristik):

- ***Angebotsdarstellung:*** Für die verschiedenen Gruppen von Anbietern (Hotels, Fluggesellschaften, Reiseveranstalter, Mietwagenunternehmen usw.) gibt es verschiedene Bildschirmgruppen, deren Inhalte auf deren Komplexität des Angebotes und spezifische Leistungsmerkmale abgestimmt sind (vgl. Schulz/Frank/Seitz: EDV in der Touristik). So muss z.B. ein einfacher Flug nicht ausführlich beschrieben werden, jedoch bei einem Hotel muss die Leistung schon etwas ausführlicher beschrieben werden.

- ***Preisberechnung Ticket- bzw. Vouchererstellung:*** Entsprechend den verschiedenen Gruppen der Anbieter werden die Preise komplex dargestellt d.h. die mehr oder weniger große Anzahl der Preise welche z.B. abhängig von Buchungszeitpunkt, den Zeitpunkt der Inanspruchnahme der Leistung, der Dauer der Reise/Aufenthalt/Transport oder der jeweiligen Hotelkategorie sind. Die Darstellung der Preise kann im CRS täglich verändert bzw. angepasst werden. Auch Flugtickets oder die Voucher für den Hotelaufenthalt werden von diesen Systemen erstellt und können dann bequem ausgedruckt werden.

- ***Reservierung:*** Das Hauptelement der CRS ist jedoch die Reservierung der gewünschten Leistung des Kunden/Touristen. Das System generiert für jeden Kunden einen sog. Pasenger Name Record (PNR) auf dem alle Informationen über den Kunden und eine Reihe von weiteren Informationen (Zahlungsbedingungen, Stornofrist usw.) gespeichert werden können.

- ***Zusatzleistungen:*** Die angebotenen Zusatzleistungen der CRS sind z.B. der Abruf einer Vielzahl von Reiseinformationen wie z.B. Einreisebestimmungen, Visum, notwendig Impfungen, Devisenkurse usw. Als zusätzliche Leistungen für die Verwaltungstätigkeiten der Reismittler, bieten diese Systeme zahlreiche Back Office-Funktionen wie Kundenverwaltung oder Rechnungswesen.

Die Hauptfunktion von CRS und GDS-Systemen sind also die Produkt- und Preisinformation sowie die Reservierungs- und Buchungsmöglichkeit von Flugtickets, Mietwagen und Hotels darzustellen. Zudem entsteht durch den Anschluss an ein CRS ein zusätzlicher Vertriebskanal auf dem das Angebot ohne zusätzliche Werbmaßnahmen 24 Stunden täglich abfragbar und sofort buchbar ist. Vor dem Aufkommen des Internets waren CRS und GDS-Systeme die einzige Möglichkeit für Reisemittler, Firmen und Implants transparente und schnelle Abfragen zu tätigen, um sich über Produkte und Dienstleistungen der touristischen Leistungsträger zu informieren und eine Buchung vorzunehmen.

Die Bedeutung der Hotelreservierungssysteme nimmt stetig zu, da die Telekommunikations- und Computertechnik immer erschwinglicher wird, die durchschnittliche Betriebsgröße der Hotels stetig steigt und die Gäste vermehrt die Buchung über Mittler bevorzugen (Buer:1997 S.289).

Im Hotelbereich beziehen sich CRS`s hauptsächlich auf die Verfügbarkeiten der Hotelzimmer. Daten in einem CRS können das komplette Leistungsangebot eines Anbieters beschreiben und eine umlimitierte Anzahl von Ratenstrukturen aufnehmen. In einem Hotel-CRS können jederzeit die Angebotspreise so geändert werden, das sie nur einem konkreten Interessenten offenbart werden, anderen Kunden aber nicht offen gelegt werden (vgl. G. Schoolmann: „Zahlen Sie was Sie wollen" 03. 03.04 www.abseits.de) Zudem dient das Hotel-CRS als Marketing-Plattform und erlaubt es, eine schnellere Markttransparenz über das Hotel und seine

Konkurrenten zu erhalten, was allerdings zu einem verstärkten Preiswettbewerb geführt hat (vgl. Buer: 1997 S. 291).

Der Anschluss an ein Hotelreservierungssystem ist mit teilweise erheblichen Kosten verbunden, daher lohnt sich die Anbindung erst ab einer bestimmten Betriebsgröße. Die folgende Abbildung stellt exemplarisch die Kosten der Teilnahme an einem Verkaufssystem mit Hotel CRS gegenüber:

	Utell	**Top Hotels**	**Golden Tulip**	**Ring Hotels**	**SRS-Hotels**
CRS-System	Utell	Utell	Utell	TIBS	TRUST
Aufnahmegebühr	2300 DM	6000 DM	15000 DM	11400 DM	9000 DM
Feste Jahresgebühren	16000 DM	75000-131000 DM	keine	10300 DM	keine
Flexible Gebühr pro Zimmer pro Jahr	keine	35 DM	190 DM min. 19000-/ max 47500 DM	203- (max 20300 DM)	200- (min 23000- max max 55000 DM)
Reservierungs-gebühr					
- Reisebürobuchung	7 %	7 %	7,5 %	3 %	4 % - 7 %
- Direkte Buchungen (Reservierungszent.)	10 %	10 %	7,5 %	7 %	4 % - 7 %
- GDS Gebühr	plus 4 USD	plus 4 USD	incl.	incl.	incl.
Mindestvertrags-dauer	3 Jahre	k.A.	k. A.	3 Jahre	2 Jahre

(Abb. 36 Quelle: Steigenberger Consulting GmbH, Frankfurt zit in Buer 1997)

Zwar ist die sind die in der Tabelle angegebenen Zahlen nicht mehr aktuell, aber doch verdeutlicht diese Abbildung die unterschiedlich hohen Kosten die bei Anschluss an ein Hotelreservierungssystem anfallen können. Die hohen Investitionskosten für die Hard- und Software bedingen eine hohe Auslastung der Systeme mit einem entsprechenden Buchungsaufkommen (Seitz 1997 S. 213). Deshalb sind internationale Hotelketten in der Lage eigene CRS-Systeme für ihren eigenen Anwenderkreis zu etablieren (vgl. Seitz 1997 S. 213).

Die Möglichkeiten der GDS, Informationen über die Hotels, wie Lage und Service-Einrichtungen, zu geben, sind allerdings sehr begrenzt. Trotzdem sollte jedoch, jeder Hotelbetrieb mindestens eine GDS-Anbindung besitzen. Über diese GDS-Anbindung können die Daten des Hotelbetriebs in ein CRS geladen werden. Einem Hotel ist es jedoch nicht direkt möglich, sich einem Airline-Reservierungssystem (GDS) wie z.B. Worldspan oder Amadeus anzuschließen. Vorher muss ein CRS welches mit dem gewünschtem GDS kommunizieren kann, zwischengeschaltet werden (vgl. Spalteholz: AHGZ-Serie „Profitsteigerung durch neue Medien Teil 3). Das CRS stellt die Verbindung zwischen Hotel und dem GDS her. Der Weg in ein GDS führt also für den einzelnen Hotelier über ein Hotelreservierungssystem. Doch damit das GDS mit dem CRS kommunizieren kann, muss eine sog. Switch Company (Datenübersetzer) wie z.B. Pegasus (Ultraswitch), Thisco oder Cendant (Wizcom) zwischengeschaltet werden. Der Switch übersetzt die Raten und Verfügbarkeiten und sendet sie an die GDS. Reserviert ein Kunde über GDS dann werden die Reservierungsdaten über die Switch Company an das Hotel-CRS gesendet.

Switching Companies oder Distribution-Service-Provider (DSP) wie Pegasus oder Wizcom stellen die Datenaustauschbarkeit zwischen GDS und CRS her.

Die GDS sind somit auch wichtige Vertriebssysteme für die Groß- und Kettenhotellerie. Teilnehmende Ketten und Hotelbetriebe übermitteln ihre Angebote die über GDS vermarktet werden sollen, an eine Switch Company, die diese Daten in die Darstellungsweise und Formate des jeweiligen GDS transformiert und konvertiert (Weithöner, Uwe; Grundlagen des E-Commerce in der Tourismuswirtschaft; WiWi-Online.de).

Seit 1994 besteht mit dem Pegasus Switch für die Hotellerie die Möglichkeit die Gebühren für das GDS zu umgehen. Pegasus berechnet den Hotels nur in etwa die Hälfte der GDS-Kosten. Der Pegasus Switch verbindet aber nicht nur die großen GDS mit dem Hotelreservierungssystem, sondern auch Buchungsmaschinen, Internetportale und Veranstalter – mit dieser Technik ist die Hotellerie den Airlinesystemen weit voraus (vgl. o.V. Touristik Report „GDS werden verlieren").

Wichtig für den Hotelier ist es nun, mit welchen internationalen Reservierungssystemen das Hotelreservierungssystem bereits verbunden ist (BWL für das Gastgewerbe 2. Aufl S. 212). Wichtig zu wissen ist, das dass jeweilige CRS nur das Reservierungssystem des jeweiligen Vertriebspartners (z.B. Reisebüro, Hotelkooperation) darstellt, denn streng genommen sind CRS lediglich technische Einrichtungen zur Verwaltung vorhandener Plätze der Leistungsträger (z.B. Hotel) und Reiseveranstalter und eben keine eigenen Vertriebssysteme (vgl. Freyer: Tourismus-Marketing 2. Aufl.). Doch mit der zunehmenden technischen Entwicklung, vor allem der Dialogkommunikation, nähern sich die Aufgaben der CRS aber immer mehr der Distributionsaufgabe der traditionellen Reisemittler, so dass man sie theoretisch bereits heute als Sonderform der touristischen Distributionswege betrachten könnte (vgl. Freyer: Tourismus-Marketing 2. Aufl.). Bevor sich ein Hotelbetrieb an ein CRS anschließen lässt, müssen vorher folgende Fragen geklärt werden:

- Welcher Markt sollt erreicht werden? Reicht die Anbindung an ein lokales CRS? – oder sollte besser die Anbindung an regionale oder sogar nationale und internationale CRS und GDS erfolgen?
- Wie viele Systemteilnehmer gibt es? So sind z.B. in Worldspan nur ca. 27500 Reisebüros angeschlossen, in Sabre sind es über 60000 Reisebüros.
- Können sich auch einzelne Hotels an das System anbinden, oder müssen sie Mitglied in einer Hotelkooperation sein?
- Welche Leistungen werden vom System angeboten? Zwar fassen Schulz/Frank/Seitz zusammen, dass das Leistungsangebot der einzelnen computergestützten Reisvertriebssysteme nur leicht voneinander abweicht und zum Großteil gleiche Produkte angeboten werden – doch teilweise können diese kleinen Unterschiede manchmal entscheidend sein.
- Welche Marketingaktivitäten unternimmt der Betreiber des Systems z.B. Druck und Verteilung von Hotelverzeichnissen, Verkaufförderungsaktionen bei Reisebüros, Werbung in der Fachpresse? (SHV: Marketing der Gastfreundschaft 1994)
- Welche Kosten kommen auf den Hotelier zu? Kosten entstehen z.B. für die Netznutzung, einmalige Installationsgebühr, monatliche Pauschale, ggf. Kosten für Hardware bei Miete oder Kauf.
- Wie wird Neutralität gewährleistet? Welche Hotels erscheinen in ihrer Kategorie oder Preisklasse jeweils auf der ersten Bildschirmseite?

Die GDS-Systeme wurden wie zuvor beschrieben, von den Luftverkehrgesellschaften geschaffen, nach Meinung einiger Hotelexperten war die Hotellerie dabei immer nur zweitrangig. Aber dennoch sind GDS und CRS-Systeme ein wichtiger Bestandteil eines computergestützten Yield-Management für die Hotellerie, den über das externe Reisevertriebssystem ist es möglich, die aktuellen, über das Yield-Management errechneten Angebote innerhalb von Sekunden an den Markt weiterzugeben. Damit sind GDS und CRS ein entscheidendes Instrument für den Erfolg von Yield-Management (Schulz/Frank/Seitz: EDV in der Touristik 1. Aufl.).

Erst durch die CRS und GDS-Systeme wurde der Einsatz von Yield Management in den USA möglich, da drei wichtige Aufgaben von diesen Systemen übernommen wurden / werden:

1. Verwaltung der Datenbanken (Datenbasis fürs Yield Management)
2. Informationen über das Verhalten der Konkurrenz in Echtzeit (Prognose über das zukünftige Verhalten der Konkurrenz)
3. Vereinfachung der Kundenkommunikation trotz großer Tarifvielfalt. (Distributionsfunktion)

Zudem erlauben es moderne Systeme, den darin vertretenen Hotelketten, ihr Angebot optimal zu bewirtschaften, flexibel Änderungen und Aktionen im Sinne eines Yield-Management einzugeben und statistische Auswertungen zu erstellen (vgl. Kasper 2. Aufl. S.312).

Nachteile des Vertriebs über GDS-Systeme

Einige Nachteile sollen hier auch kurz angesprochen werden, so erzeugen z.B. GDS bei den Hoteliers einen zusätzlichen Preisdruck. So wurde die Hotellerie abermals zum Anfang des Jahres 2004 durch erhöhte Buchungs- und Listungsgebühren unter Druck gesetzt (vgl. o.V.: Hotellerie in der Preiszange in hottelling 06/2005). Ein weiter Nachteil, besonderst für international operierende Hotelketten ist, das via GDS nur 20 bis 40% der Übernachtungen auf dem Kontinent vertreiben werden. Ebenfalls nachteilig sind die Möglichkeiten der Angebotsdarstellung im GDS, Informationen über die Hotels, wie Lage und Service-Einrichtungen usw. können nur recht kurz dargestellt und beschrieben werden. Bislang und auch heute noch sehen Mitarbeiter im stationären Vertrieb Hotelanfragen und –buchungen über GDS als wenig attraktiv an. Einerseits ist die Vertrautheit der Mitarbeiter im Leisure Travel mit GDS gestützten Beratungen und Buchungen von Hotelanfragen geringer ausgeprägt als die der Mitarbeiter im Business Travel (Dr. Fried & Partner 2005).

Der **zentrale Mehrnutzen**, welche die GDS auch in Zukunft zu schaffen vermögen, besteht aus der **Integration verschiedener Leistungen auf einer und derselben Buchungsplattform** (Laesser Christian. (1998). Destinationsmarketing im Zeitalter des Internet (vergriffen Aufl.). Haupt, Bern).

Die vier großen GDS-Systeme

Im Jahr 2000 teilten sich vier GDS-Systeme 99,7% des an den Buchungen gemessenen Marktanteils. Zu diesen Global Player zählen Sabre, Amadeus, Galileo und Worldspan

GDS	Marktanteil (nach Buchungen)	Zahl der Buchungsstellen
Sabre	33,0 %	66.123
Amadeus	24,9 %	52.559
Galileo	28,2 %	41.200
Worldspan	13,6 %	20.252

(Abb. 37 „Marktanteile der GDS" Garrett Communications (2001); zitiert in Sterzenbach/Conrady: Luftverkehr 2003, S. 457)

Amadeus: Die Geschichte von Amadeus beginnt im Jahr 1971, die Deutsche Lufthansa, Deutsche Bahn, TUI, abr, DER und Hapag Lloyd gründen die „Studiengemeinschaft zur Automatisierung für Reise und Touristik". Das Ziel der Zusammenarbeit war die Realisierung eines elektronischen Reservierungssystems für Deutschland. 1976 wurde diese Studiengesellschaft in die Betriebsgesellschaft „START Datentechnik für Reise und Touristik GmbH" umgewandelt (Schulz/Frank/Seitz 1996). Die Gründung von Amadeus erfolgte 1987 durch Air France, Iberia, Lufthansa und Scandinavian Airlines. 1992 wird Amadeus in das START-System integriert, darauf hin ist das Amadeus-System komplett im Einsatz und führt Produkte für Mietwagen und Hotels ein. Im Laufe der Zeit, entwickelte sich das System immer weiter. Ein wesentlicher Vorteil von Amadeus ist der einfache Zugriff auf Flüge, Hotels und Mietwagen mit nur einer Buchungsmaske. In Deutschland arbeiten ca. 85% der Reisebüros an rund 40 000 PC mit dem modernen, leistungsstarken und hoch entwickelten Amadeus-System (vgl. Weithöner, Uwe; Grundlagen des E-Commerce in der Tourismuswirtschaft; WiWi-Online.de). Im Durchschnitt erfolgen ca. 413 Mio. Buchungen über Amadeus.

Anbieter in Amadeus:

•500 Fluggesellschaften (35 Low cost Carrier)
•42 Mietwagenfirmen
•66 Verkehrsverbünde
•34 Fähranbieter
•300 Eventanbieter

•58.000 Hotels
•190 Reiseveranstalter
•40 Bahnen
•5 Versicherungen
•7 Kreuzfahrtlinien

Der Leistungsumfang für Flugbuchungen, Preisberechnungen, Ticketing, Hotels, Mietwagen und dem internen Leistungssystem, ist bei Amadeus in die folgenden Produkte gegliedert:

- AMADEUS Air
- AMADEUS Travel
- AMADEUS Fares & Ticketing
- AMADEUS Rail
- AMADEUS Guide
- AMADEUS Pro Tempo
- AMADEUS Hotels
- AMADEUS Cars
- AMADEUS Office
- AMADEUS Angebote

SABRE ist ein globales GDS das ursprünglich als erstes Flugreservierungssystem 1960 in den USA von American Airlines eingeführt wurde. Sabre hatte bis Ende der 90er Jahre im deutschen Markt kaum Bedeutung, da nur vorrangig Geschäftsreise-Leistungen über Sabre buchbar waren und insbesondere eine Kooperation mit einem System zur Vermittlung von Urlaubsreisen fehlte (vgl. START-Amadeus-Verbund). Angefangen von Yield Management Systemen in den 1980er Jahren, über die Einführung von grafischen Benutzeroberflächen auf den Bildschirmen der Reisebüroagenten, bis hin zu spezialisierten Lösungen für die Abwicklung und Kontrolle von Geschäftsreisen oder den Vertrieb von komplexen Reiseveranstalter Angeboten. Sabre, so scheint es wenigstens, hat für alle technologischen Herausforderungen im Reisegeschäft eine Lösung bereit (M. Busch:Die Globalen Distributions- Systeme (GDS) im Zeitalter des Internet)

Sabre ist dann eine Kooperation mit dem in den 90er Jahren aufgebauten Merlin-Robin-System eingegangen und ist heute 100-prozentiger Gesellschafter der damaligen dcs Dillon Communication Systems GmbH & Co. KG, die heute als Sabre Deutschland Marketing GmbH firmiert (Weithöner, Uwe; Grundlagen des E-Commerce in der Tourismuswirtschaft; WiWi-Online.de). Mittlerweile hat sich Sabre zu einem der weltweit führenden Anbieter innovativer Informationstechnologie-Lösungen für die Touristik- und Transportbranche entwickelt. Seit 1986 ist Sabre auch auf dem europäischen Markt tätig und versucht, seine Marktposition auszubauen. Weltweit sind knapp 60 000 Reisbüros an Sabre angeschlossen, in Deutschland sind es ca. 20 000 an Sabre-Merlin angeschlossene Reisebüros.

Anbieter in Sabre (www.sabretravelnetword.de):

•470 Fluggesellschaften (24 Low-Cost-Carrier)
•37 Mietwagenfirmen
•9 Kreuzfahrtlinien
•65.000 Hotels
•232 Reiseveranstalter
•36 Bahnen

Der Leistungsumfang von SARBRE gliedert sich wie folgt:

- SABRE - Flug
- SABRE - Hotel
- SABRE - Mietwagen
- SABRE - Reiseveranstalter
- SABRE - Rail
- SABRE - Fährgesellschaften

GALILEO: Das System GALILEO wird vom US-Konzern Cendant geführt. Der Grundstein für dieses Reservierungssystem wurde 1987 gelegt. Das zweite europäische Reservierungssystem (neben AMADEUS) wurde von den Fluggesellschaften British Airways, Swissair, KLM und der Betreibergesellschaft Covia des amerikanischen CRS APOLLO gegründet (vgl. Schulz/Frank/Seitz 1996). Weltweit sind ca. 159 000 Terminals an Galileo angeschlossen. Über Galileo werden jährlich ca. 370 Mio. Buchungen abgewickelt. 1989 gehen Galileo und das kanadische System Gemini eine Partnerschaft ein, wodurch Air Canada die siebte Eignergesellschaft von Galileo wird. Das System wurde im Jahre 2000 in den Informatik-Konzern CEDANT eingegliedert, der wiederum mit anderen Medienunternehmen international verflochten ist (Stein/Michalig AFW Bad Harzburg). An das System sind weltweit ca. 47 000 Reisebüros angeschlossen.

Anbieter in GALILEO:

•435 Fluggesellschaften (24 Low-Cost-Carrier)
•27 Mietwagenfirmen
•57.000 Hotels
•431 Reiseveranstalter

Der Leistungsumfang im GALILEO-System.

- Galileo TourMaster
- Galileo RoomMaste
- Galileo Spectrum
- Galileo Availability
- Galileo Travelpoint

WORLDSPAN, das System entstand erst 1990 durch den Zusammenschluss der beiden amerikanischen Systeme PARS welches von den Airlines Trans World Airlines und North West Airlines betrieben wurde und des Systems DATAS 2 von Deltas Airlines. Weltweit ist WORLDSPAN mit ca. 28000 Reisebüros verbunden, in Deutschland sind lediglich ca. 500 Reisebüros mit 1300 Terminals angeschlossen. Als kleinstes GDS hat sich Worldspan von Anfang an gezielt auf Internet-Technologien ausgerichtet und bietet heute ein beeindruckendes Angebot an technologischen Lösungen für den Vertrieb von Reiseangeboten über das Internet (M. Busch:Die Globalen Distributions Systeme (GDS) im Zeitalter des Internet).

Anbieter in WORLDSPAN:

•421 Fluggesellschaften
•40 Mietwagenfirmen
•51.000 Hotels
•39 Reiseveranstalter

Der Leistungsumfang im WORLDSPAN – System

- WORLDSPAN Ferry Source
- WORLDSPAN RAIL ACCESS
- WORLDSPAN Hotel Select
- WORLDSPAN Car Select
- WORLDSPAN Commercial World

Die Zukunft der GDS-Systeme

Der Markt der GDS-Systeme ist in den letzten Jahren in Bewegung gekommen, die Fluggesellschaften sind nicht länger bereit die hohen GDS-Gebühren zu tragen und setzen immer mehr auf den Direktvertrieb. Mit dem Direktverkauf von Reisemodulen durch die Leistungsträger haben sich die Wachstumsaussichten der GDS verdüstert (Koch 2006). Für die Hotellerie besteht bereits seit 1994 mit dem Pegasus Switch, die Möglichkeit die GDS-Systeme zu umgehen und so nur etwa die Hälfte der GDS-Kosten zu bezahlen. Als Reaktion auf die verminderten Einnahmen, kaufen sich GDS in Internetportale ein oder kaufen sie gleich ganz auf. Beispiele hierfür sind:

AMADEUS ⟶ OPODO, OneTravel.com, Eviaggi.com

SABRE ⟶ travelocity, Site59, Travelchannel

GALILEO ⟶ ORBITZ, GetThere.com

WORLDSPAN ⟶ Worldspan TourSelect, hotwire.com

Die vier großen GDS reagieren unterschiedlich auf die Veränderungen in der touristischen Vertriebslandschaft. Worldspan sieht seine Rolle vorwiegend als Lieferant von Booking-Engines für großen Internet-Reisebüros (Greischel: Vom Computer-Reservierungssystem zur internetbasierten Distribution). Der Anbieter Sabre steigt mit seinem Tochterunternehmen „travelocity“ selbst in Onlinegeschäft ein. Travelocity, heute hinter Expedia und Orbitz die Nummer drei unter den IDS, ist nicht nur eine 100% Tochter von Sabre, sondern ging auch als das erste IDS überhaupt in die Geschichte ein (Busch: Die Globalen Distributions Systeme (GDS) im Zeitalter des Internet).Sabre baut derzeit sein Hotelangebot massiv aus. Von aktuell rund 65000 Häusern im System soll das Porfolio auf 100 000 Hotels in 113 Ländern anwachsen (vgl. FVW 01,09.07). Amadeus und Galileo hingegen, schärfen ihr Profil als Technologieanbieter für Touristikunternehmen.

Zudem agieren fast alle GDS als IT-Unternehmen und bieten Softwarelösungen für die touristischen Leistungsträger an.

Exkurs: Portale für Hotelangebote

Die Buchungsmöglichkeiten für Hotelangebote haben sich in den letzten Jahren kontinuierlich weiterentwickelt. Den Nachfragern von Hotelleistungen stehen vielfältige Wege und Möglichkeiten offen, ein Hotelzimmer zu buchen. Auf der Seite des Kunden, besteht allerdings das Problem, daes die nachgefragten Leistungen (Beherbergungsmöglichkeit, Hotelzimmer) von ihrem Wesen her nur immateriell bestehen. Ein online gestelltes Hotelzimmer kann nicht vorher ausprobiert oder getestet werden. Hoteldienstleistungen werden deshalb über den Umweg einer emotionalen (materiellen) Produktbeschreibung, wie z.B. Standbilder, bildliche Darstellungen von Hotelanlagen, 360 Grad Präsentation etc. beworben (vgl. Rothe in Shertler:1994) Hotel- Dienstleistungen sind beratungsintensiv - sie müssen recht genau beschrieben werden, um konkrete Vorstellungen in den Köpfen der Kunden und damit den Wunsch zu schaffen, das Angebot in Anspruch zu nehmen (Schegg/Steiner/Jufer/Liebrich 2005 S. 8).

Die eigentliche Kaufentscheidung des Kunden, ist also im Wesentlichen abhängig von der Darstellung und Präsentation des Produktes auf den Hotelportalen. Der Kunde muss im Rahmen der Produktbeschreibung, Informationen über die eigentliche Ausgestaltung des Produktes (z.B. Standard des Hotelzimmers, Hotelanlage, Informationen über den Hotelstandort, Anreisemöglichkeiten, Infrastruktur, Preise, Buchungsmöglichkeiten usw.) in kurzer aber prägnanter Darstellungsweise erhalten.

Das Kernprodukts „Hotelzimmer“, muss dem Kunden so präsentiert werden, dass er alle gewünschten Informationen erhält und das außer der Buchung keine Wünsche mehr offen bleiben.

Die folgende Abbildung gibt einen kleinen Überblick über die gängigen Portale für Hotelangeboten.

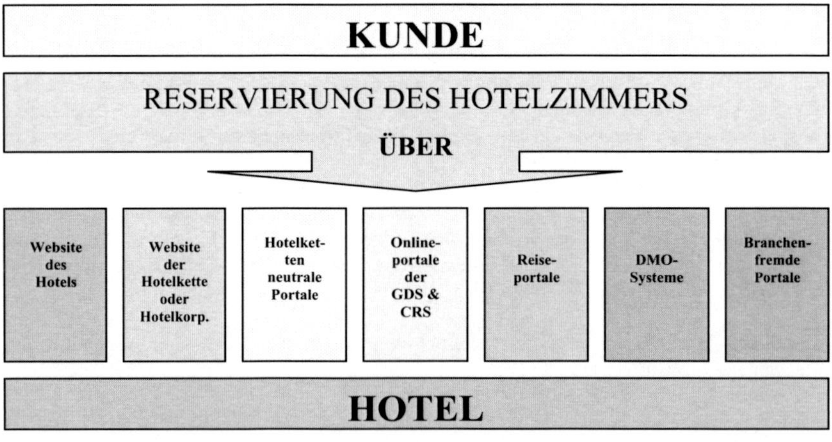

(Abb. 38: „Portale für Hotelangebote“ eigene Darstellung)

Im Jahr 2006 konnte ein geschätzter Umsatz von 5,8 Milliarden Euro erreicht werden. Der Löwenanteil, nämlich 2,1 Milliarden Euro, stammt von externen Portalen, während die internen, hoteleigenen Homepages rund ein Drittel, nämlich 1,3 Milliarden Euro, generierten. Die restlichen 0,4 Milliarden Euro entfielen auf diverse Veranstalter (R.E. Wild in APA Touristik Online Journale). Laut Prognosen von PhoCusWright werden die europäischen Hotelbuchungen im kommenden Jahr einen Umsatz von 8,8 Milliarden Euro erreichen.

In den nächsten Kapiteln wird nun der Vertrieb über das Internet und über Buchungsplattformen behandelt.

Hotelvertrieb über das Internet

Eine weitere wichtige Vertriebsplattform im Rahmen des Hotelvertriebs stellt für Hoteliers das Internet dar. So forderte bereits Brenneis (1996), das es generell eine wesentliche Zielsetzung der Verwendung von elektronischen Systemen in Hotellerie und Gastronomie sein sollte, mit deren Hilfe auch Aktivitäten auf dem Bereich Sales und Marketing durchzuführen (vgl. Brenneis: 1996 S.13).Großbetriebe und Hotelketten setzen zwar auch weiterhin auf die GDS/CRS, doch auch sie haben erkannt, das das Internet einen zusätzlichen Kanal zum Direktvertrieb bietet. Obwohl die telefonische und schriftliche Buchung über Brief oder Fax mehr als 60 Prozent der Buchungen in der deutschen Hotellerie ausmachen, wächst der Anteil der Online-Buchungen kontinuierlich (Hentschel 2004). Denn die Vermarktung über das Internet sowie über die Online-Buchungsportale, bietet den Hotels alle Chancen seine Angebote marktgerecht den unterschiedlichen Kundensegmenten ohne viel Aufwand anzubieten (vgl. C. Huth in First Class 01.08.06 S. 42-43). Die transparente, globale Verfügbarkeitsanzeige der Zimmerkapazitäten erlaubt eine internationale und optimale Vermarktung der Hotelzimmer. Jedoch werden von Seiten des Kunden hohe Anforderungen an die elektronischen Vertriebssysteme in der Hotellerie gestellt. Auf der einen Seite sollen sie für den Endabnehmer einfach zu bedienen sein und gleichzeitig einen für den Kunden bequemen Buchungsvorgang ermöglichen.

Da die Internetpenetration unter privaten Usern in den letzten Jahren rasant anstieg, bietet das Internet für die Hotellerie große Chancen um den Vertrieb über die eigene Website zu forcieren um Reisemittler auszuschalten und somit Kommissionszahlungen zu reduzieren (Egger/Walters 2005). Noch stärker als von Privatreisenden wird das Internet von Geschäftskunden /-reisenden genutzt. Hier sind es vor allem einzelne Leistungen wie Flüge, Hotelreservierungen, Bahnfahrten und Mietwagen die über das Internet gebucht werden. Ebenso wie bei Privatreisen ist die Tendenz auch in diesem Bereich durchaus steigend. Die Mehrzahl der Geschäftsreisenden wird nach eigenen Angaben in Zukunft eher noch häufiger über das Internet buchen (Oppermann 2005).

Durch das Internet ist ein vollkommen neuer Markt für die Hotellerie entstanden. Seitdem die Hotelkonzerne erkannt haben, wie bedeutsam das Internet ist, um ihre Marken bekannt zu machen, versuchen sie auf Teufel komm raus die Hotelgäste an ihre Website zu führen.

Potentielle Gäste können sich im Internet von fast jedem Standort der Welt aus über das Angebot eines Hotels informieren. Mit Technologien der Virtual Reality, können Kunden ganz bequem von zuhause aus, einen „lebensechten" Eindruck von der Atmosphäre des Hotelbetriebs bekommen. Die Vorteile des Buchens via Internet liegen in der ständigen Erreichbarkeit der Angebotseiten, der Transparenz der Angebote, der Vergleichbarkeit der

Anbieter und der damit verbundenen Zeitersparnis für den Kunden (Horstmann/Ottenschläger: Forwin-Bericht-Nr.:FWN-2001-012). Das Internet ermöglicht es nicht nur, weltweit Hotel- und Reiseinformationen multimedial darzustellen und zu übertragen, sondern es können über elektronische bzw. virtuelle Marktplätze und Datenbanken auch standortunabhängig und vergleichend Hotel und Hotelleistungen angeboten und vertrieben werden (Gardini: 1. Aufl. 2004). Der Nachfrager sieht auf der Website des Hotels immer den aktuellen Preis und evtl. Sonderleistungen (wie z.B. kostenloser Parkplatz). Durch die schnelle Informationsübertragung die das Internet bietet, kann das Hotelunternehmen in Abhängigkeit von Buchungseingang und Kundenanfragen, seine Preise verändern und zielgruppenspezifisch differenzieren. Durch das Internet wurde also ganz allgemein gesprochen, der internationale Vertrieb von Produkten und Dienstleistungen vereinfacht. Studien gehen davon aus, dass bis zum Jahr 2010 ca. 30% aller Buchungen über elektronische Medien gebucht werden. Nach der Studie „Marktplatz Hotel" stehen heute bereits 75% aller Hotels online zur Verfügung (Marktplatz Hotel 2006).

Für die Hoteliers wird es also immer wichtiger, den Kunden an die hoteleigene Webseite zu binden. So konnte z.B. die Marriott-Hotelkette ihre Umsätze im WorlWideWeb von 1,5 Mio. Dollar (1996) auf 30Mio. Dollar im Jahr 1998 steigern. Besonderst durch den Wegfall der Provisionen konnten bei Marriott erhebliche Kosten gespart werden (Fvw Fachreport 30.04. 1998 S. 12). Bei Accor und anderen Hotelketten wird durch die sog. Best Price Garantie (vgl. Kapitel zu dynamic pricing) versucht den Kunden an die Website des Hotels zu binden. Neben dem Vorteil des Wegfalls der Kommissionen, bietet das Internet dem Hotelier noch weitere Vorteile. So ist z.B. die Darstellung des Angebotes immer aktuell und kann der Nachfrage stets angepasst werden – es müssen also keine kostspieligen und vergänglichen Kataloge produziert werden. Die heutige Technik erlaubt sogar die Präsentation und Visualisierung des Hotelprodukts mittel Farbbilddarstellungen im 360 Grad-Format ebenso wie mit Filmen einschließlich Textinformationen und Preisen (vgl. Seitz im Pomp/Lieb 2002). Besonderst in Bezug auf das Hotel-Pricing bzw. ePrcing erlaubt das Internet eine flexible Preisgestaltung:

- Preise können für verschiedene Gastsegmente kundenspezifisch angeboten und angepasst werden,
- Daten bezüglich Nachfrage und Kosten können wesentlich schneller abgeglichen werden,
- Preisanpassungen können unverzüglich vorgenommen werden. Der Preis kann je nach Nachfragesituation schnell erhöht oder gesenkt werden.

Die Internettechnologie ist im Punkto Produktdarstellung, den standardisierten Darstellungsmöglichkeiten in CRS-Systemen weit überlegen.

Nach Prof. Weithöner enthält eine Webseite grundsätzlich folgende Komponenten (vgl. Weithöner: Informationsmanagement und -systeme im Tourismus-Marketing in Dettmer: Tourismus-Marketing-Management 1. Aufl. 1999 S. 545):

- ***Informationskomponente:*** Bei einem Hotelbetrieb umfasst diese Komponente alle relevanten Informationen die die zukünftigen Gäste interessieren könnten. Es geht also um die Darstellung des Hotelbetriebs mit all seinen Leistungen, sowie seinen USP`s, SEP`s und sonstigen Besonderheiten. Da der Gast meist primär ein Reiseziel / eine Destination wählt und dann erst das Hotel, empfiehlt sich auch die Darstellung der Umgebung und des Standort des Hotels.
- ***Unterhaltungskomponente:*** Die Unterhaltungskomponente kann bei einer Hotelwebseite z.B. Gewinnspiele, Verlosungen oder ähnliches enthalten.
- ***Kommunikationskomponente:*** Hiermit ist die Möglichkeit gemeint, den Interessenten gezielt zu befragen oder ihm die Möglichkeit zu geben, sich ungebunden mit seinen Wünschen, Meinungen und Fragen zu äußern (vgl. Weithöner S. 546).
- ***Verkaufkomponente:*** Es besteht eine fließende Grenze von der Informations- zur Verkaufskomponente. Ähnlich einem persönlichen Verkaufsgespräch kann der Kunde sich über das Hotelunternehmen seine Produkte und Dienstleistungen informieren und diese ohne System/Medienwechsel kaufen (vgl. Weithöner S. 546).

Zwar haben bereits viele Hoteliers erkannt, das die Einrichtung einer eigenen Hotel-Website wichtig ist – jedoch was nützt der beste Internetauftritt wenn ihn keiner kennt? Der Schlüssel zum Erfolg stellt also nicht allein die Erstellung und Pflege einer Website dar, genau so wichtig ist, dass sie auffindbar gemacht wird (E. Arnegger: 2001). So stellt z.B. die Auswahl der richtigen Web-Adresse ein wichtiges Kriterium dar. Die Adresse sollte vor allem einfach und nicht zu ausgefallen sein. Für ein Hotel würde sich z.B. eine Adresse wie www.hotel-xy.de anbieten. Die Webadresse muss genau so wie eine richtige Adresse vermarktet werden. Der Hotelier sollte zumindest sein Briefpapier, Rechnungspapier, Hotelprospekt, Visitenkarte, und sämtliche Werbeartikel mit dieser Adresse bedrucken. Als nächster Schritt, sollte der Eintrag in die gängigen Suchmaschinen (google, yahoo, altavista) erfolgen. Denn gut 72,2 % der Internetnutzer verwenden Suchmaschinen, Navigationshilfen und Webkataloge laut der 20. WWW-Benutzer-Analyse W3b von Fittkau & Maaß sogar regelmäßig (vgl. M. Mezger: 2005 S. 118). Die Präsenz in Suchmaschinen, wechselseitige Verlinkung mit geeigneten Partnern (z.B. Tourismusverbänden, Kommunen, Veranstaltern) gehören heute – trotz manch unrühmlicher Ausnahme- zum Standard selbst bei einfachst strukturierten Online-Auftritten im Beherbergungsgewerbe (Treugast; Hospitality-Trendgutachten). Nur wenn ein Hotel auch schnell und einfach gefunden werden kann, wird der Suchende zum Buchenden.

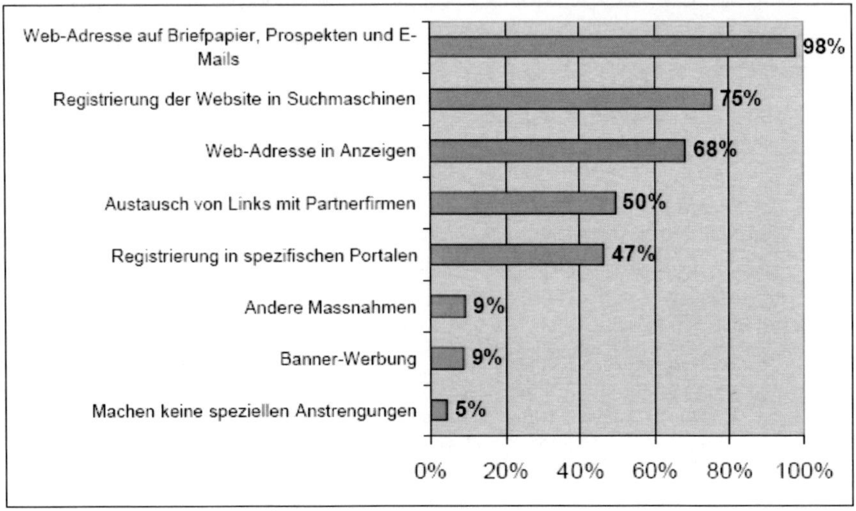

(Abb. 39: „Marketingmaßnahmen für die Hotelwebsite" Schegg/Steiner: Schweizer Hotellerie und Internet)

Als zusätzliche Marketingmaßnahme für die Hotelwebsite bietet sich z.B. die bezahlte oder unbezahlte Bannerschaltung auf anderen Websites an. Allerdings ist die bezahlte Bannerwerbung sehr kostspielig, so dass es sich empfiehlt kostenpflichtige Bannerwerbung z.B. nur kurz nach Einstellung einer neuen Website zu schalten. Eine andere Möglichkeit ist die kostenlose Bannerwerbung bei Partnern des Hotels oder die redaktionelle Verlinkung eigner Inhalte auf fremde Websites. Auch Partnerprogramme, sog Affiliate-Programme gewinnen zunehmend an Bedeutung.

Der Online-Auftritt kann als eigene „stand alone" Internetlösung (Website) konzipiert sein und / oder in Kooperation mit einem GDS-Anbieter oder einer Online-Datenbank bzw. einem Internet-Reservierungssystem (teilweise CRS) (vgl. Gardini: Marketing-Management in der Hotellerie).

Zwar ist die Implementierung einer Website bzw. des Internets als Vertriebskanal mit nur geringen Kosten verbunden, jedoch ist die Bearbeitung der teilweise sehr unstrukturierten „Emailflut" sehr zeit- und somit auch kostaufwendig. Abhilfe kann hier die Implementierung eines internetbasierten Reservierungssystems auf der Hotelwebsite schaffen. Bei einem solchen System kann der Kunde selbst Preise und Verfügbarkeiten prüfen und selbstständig eine Buchung vornehmen. Bisher werden dynamische Buchungsmöglichkeiten vor allem auf den Webseiten der 4-5 Sterne Hotels eingesetzt und zwar in Betrieben mit mehr als 50 Zimmern sowie schwerpunktmäßig in Städten (vgl. Schegg/Fux 2006).

Teilweise stellen Partner des Gastgewerbes Hotelbetrieben kostenlos eine Internet Booking Engine zur Verfügung. So bietet z.B. die Hamburg Tourismus GmbH im Rahmen des neu entwickelten Destination Management Systems Hotels eine Internet Booking Engine zur Einbindung auf der hoteleigenen Website an. Eine Internet Booking Engine verfügt über alle notwendigen Funktionen um eine Online-Hotelbuchung schnell und unkompliziert abzuwickeln:

- Darstellung der aktuell verfügbaren Zimmerkapazität
- Darstellung von Last-Minute oder Frühbucher-Angeboten mit Restriktionen (z.B. kein Storno möglich)
- Buchung mit oder ohne Kreditkarten-Validierung möglich
- Darstellung auf mehreren Sprachen möglich
- Direkte Emailanfrage an das Hotel möglich
- Buchbarkeit von Hotelpauschalen
- usw.

Auch für die Hotelwebseite sollte eine Marketingstrategie entwickelt werden. Beim sog. Online-Marketing werden Online-Medien genutzt, um mit dem Kunden zu kommunizieren bzw. werden auf diesem Weg die Leistungen des Hotels vermarktet und vertrieben. Die Ziele des Online-Marketings sind eigentlich dieselben wie im normalen (Hotel-) Marketing, es geht um Umsatzsteigerung, Erhöhung von Markanteilen und des Bekanntheitsgrades des Hotels, Positionierung des Image oder das (Hotel-) Branding. Geeignete Marketinginstrumente des Online-Marketings in der Hotellerie sind:

- **Permisson-Marketing:** Der Begriff „Permisson" kann aus dem englischem übersetzt werden als „Erlaubnis". Der Kunde gibt bei dieser Art des Marketings explizit sein Interesse an bzw. äußert die Erlaubnis ihm Werbung, meist in Form von Email zu senden.

- **Viral Marketing:** Wenn Besucher einer Website diese mittels einer virtuellen Postkarte oder eines Emails an Freunde oder Bekannte weiterempfehlen können, wird von „Viral Marketing" gesprochen (Schegg/Steiner 2002). Unter Viral Marketing in der Hotellerie können Techniken verstanden werden, die den Kunden online dazu animieren die angebotenen Produkte und Dienstleistungen des Hotels weiterzuempfehlen.

- **Affiliate Marketing:** vgl. hierzu den Exkurs „Das Affiliate Geschäft"

- **Suchmaschinen Marketing:** Basis des Suchmaschinen-Marketings ist der Eintrag in eine der gängigen Suchmaschinen wie z.B. Google, Yahoo, Altavista ... Stark gewichtet wird von vielen Suchmaschinen die Startseite der Website. Es ist also wichtig dass bereits sehr viele Informationen über das Hotel bereits auf der Startseite aufgeführt sind. Durch eine gezielte Verlinkung werden ein höherer Bekanntheitsgrad und eine gute Trefferquote bei den Suchmaschinen erreicht. Das Ziel des Suchmaschinenmarketings in der Hotellerie, ist durch Optimierung der Internetpräsenz eine deutliche Steigerung der Anzahl an qualifizierten Buchern zu erreichen.

- **Online Werbung:** Zur Online-Werbung werden z.B. Banner, Buttons, Microsites oder Pop Up`s verwendet.

Diese recht kurze Aufzählung kann nur Anhaltspunkte geben wie Online-Marketing gestaltet werden könnte. Bevor diese Techniken eingesetzt werden sollte sich der Hotelier noch ausführlich mit diesen Marketinginstrumenten beschäftigen.

Elektronische Kundenanfragen in der Hotellerie (Emails)

Ob Hotelkette oder Pension, die Kundenanfrage via E-Mail gewinnt in der Hotellerie zunehmend an Bedeutung. Die Email ist ein durch Internettechnologie ermöglichtes Kommunikationsmittel, das es z.B. einem Nachfrager ermöglicht eine Hotelbuchung durchzuführen. Die Email ist somit dem direkten Absatz, und nicht wie die Buchung über die Homepage dem indirekten Absatz zuzuordnen. Gegenüber den traditionellen Methoden des Direktmarketings und Kundenservice hat E-Mail verschiedene Vorteile. E-Mail kostet entschieden weniger und ist auch viel schneller (Schegg/Fux 2005). Oftmals fehlt allerdings den Mitarbeitern die Zeit und Ruhe Emails schnell und vor allem ausführlich genug zu beantworten. So kann es durchaus vorkommen dass der Sender der Email mehrere Tage auf Antwort des Hotels warten muss.

In der 28. Kalenderwoche des Jahres 2000 wurden alle über eine Homepage verfügbaren 5 Sterne Hotels per Email um die Zusendung von Prospekten gebeten. Bei dieser Aktion sollte die Frage beantwortet werden, wie viel Bedeutung dem Kommunikationsweg Internet als Service beigemessen wird. Zwei der getesteten Hotels waren allerdings nicht über die angegebene Email-Adresse erreichbar, von allen anderen Hotels kamen die Prospekte (per Post) innerhalb von vier Tagen an (vgl hierzu: Velsen- Zerweck /Pommrich 2003)

:

- 13% der Hotels antworteten am ersten Tag,
- am zweiten Tag antwortete keines der Hotels,
- von über 50% der Hotels kamen die Prospekte erst am dritten Tag an
- von 7 Hotels (= 22%) kam nach eine Woche überhaupt keine Antwort

Weitere Ergebnisse dieser Studie sind:

- 95% der Hotels haben ein standardisiertes Anschreiben verwendet, wobei 60% der Häuser die Vorzüge ihres Hotels in den Vordergrund rückten
- Fast alle Hotels verwandten Standardaussagen. Allerdings „freut sich" keines der Hotels über weitere Nachrichten per Email bzw. forderte dazu auf.
- Nur ein Hotel bezieht sich auf die Anfrage per Email und schickt kein standardisiertes Werbeschreiben
- Lediglich zwei Hotels von 23 angeschriebenen weisen am Ende ihres Schreibens explizit auf ihre Homepage hin
- Nur ein Hotel hat eine Email am Tag der Anfrage als Antwort mit einem Dank und dem Hinweis, dass die Informationen noch heute verschickt werden, gesandt
- 50% der Hotels weisen die Email-Adresse im Anschreiben aus, 47% geben auch ihre Internetadresse an, auf den Prospekten selbst geben fast alle diese an
- Ein Hotel bedankt sich für ein freundliches Telefonat, das nie stattgefunden hat (Velsen-Zerweck /Pommrich 2003)

Die eigentliche Online-Buchung über Email (Antrag) muss fristgerecht bestätigt (als Annahme) werden (vgl. Reusch).

Selbst in der Luxushotellerie scheint es einige Schwierigkeiten bei der Emailkommunikation zu geben, die folgen 7 golden Regeln sollen als Anregung dienen:

Die 7 goldenen Regeln für den elektronischen Kundenservice:

1. Jede E-Mail Anfrage bedeutet eine Verkaufsgelegenheit für den Hotelier, die unbedingt wahrgenommen werden muss.

2. Antworten Sie so schnell wie möglich (spätestens nach 24 h!) und geben Sie dem Kunden das Gefühl, dass seine Anfrage bearbeitet wird.

3. Wenn der Name des potentiellen Kunden aus der E-Mail ersichtlich ist, sprechen Sie ihn höflich und persönlich mit „Sehr geehrte Frau…„ oder „Dear Ms....“ an.

4. Danken Sie für die Anfrage und das Interesse an Ihrem Haus.

5. Gehen Sie präzise auf die im Kundenmail angesprochenen Punkte ein. Lassen Sie keine offenen Fragen.

6. Geben Sie sich am Ende Ihrer E-Mail Antwort klar zu erkennen, d.h. vollerständiger Name des Bearbeiters und komplette Adresse des Hotels (inklusive Hotel Website). Zum Beispiel mittels einer virtuellen Visitenkarte, wie dies verschiedene E-Mail Applikationsprogramme ermöglichen.

7. Die E-Nachricht sollte kurz, zugkräftig und persönlich sein, vermeiden sie lange Beschreibungen und den Gebrauch von „attachments“ (Probleme: lange Ladezeiten, Kunden haben nicht die nötige Software um diese zu öffnen).

(Quelle: Elektronischer Kundenservice - Der Einsatz von Email für den Kundenservice in der Schweizer Hotellerie)

Exkurs: Das Affiliate-Geschäft

Affiliate-Programme sind eine neue Form des Marketings und des Hotelvertrieb über das Internet. Bei solchen Partnerprogrammen werden die Produkte und Dienstleistungen eines gastgewerblichen Betriebs auf anderen Websites platziert. Auch viele Reiseportale und Reiseveranstalter bieten mittlerweile Affiliate-Lösungen an. Große Hotelkonzerne wie z.B. Accor vertreibt seine Hoteldienstleistungen über Affiliate Partner. Das Prinzip ist recht simpel, von den Websites des Partners, wird der Kunde über eine URL (Link) auf die Hotelwebsite verbunden. Der Affiliate Partner erhält eine Prämie pro Click und eine sog. Transaktionsfee bei erfolgreicher Buchung durch den Kunden.

> ***„Bringe andere Websites dazu, Werbung für Deine Produkte und Dienstleistungen zumachen und zahle nur für jedes tatsächliche Resultat.“*** (Tamblé/Winkler 2001, S 8)

Ein Affiliate-System für Reiseanbieter ist der Anbieter www.planetholiday.ch. Das Geschäftsmodell basiert auf einer einmaligen Setup-Fee und einer monatlichen Gebühr für Betrieb und Upgrades.

Online-Buchungssysteme als Multiplikator

Zu den Online-Buchungssysteme, IDS (Internet Distribution Systems) und großen Reiseportale zählen Expedia, Travelocity, Opodo, Lastminute.com, oder Ebookers, die wie die GDS über die gesamte Angebotspalette verfügen und weltweit agieren (G. Waser in htrPlus Ausgabe 4/2006). Auch die reinen Hotelportale wie z.B. hrs.com, hotel.de, allhotels.com oder ehotel.de die sich ausschließlich auf die Vermittlung von Hotelkapazitäten spezialisiert haben, zählen zu den sog. IDS (Internet Distribution Systems).Im Gegensatz zu den GDS-Systemen, die Hotelbuchungen lediglich als Mitbringsel zu den Flugbuchungen einstuften und so lediglich 10% ihres gesamten Umsatzes mit Hotelbuchungen erwirtschaften, haben die IDS schon früh das Potential im Hotelverkauf erkannt (vgl. M. Busch: „Die Globalen Distributions- Systeme (GDS) im Zeitalter des Internet" www.ehlite.com).

> ***Online-Distributoren sind das Kokain der Hotelindustrie***
>
> Schott Anderson

Diese externen Vertriebs- und Reservierungspartner die ursprünglich vom Hotel bloß die schwer zu füllenden Restkontingente zu einem besonderst günstigen Preis erhielten, sind heute zu bedeutenden Multiplikatoren für die Hotelbranche geworden. So erzielte z.B. der Hotelkonzern Accor im Jahr 2004 allein mit Online-Buchungen ein Umsatz von 431 Mio. Euro.

Die Buchung über Online-Hotelreservierungssysteme wird bei den Kunden immer beliebter. Denn wer über das World Wide Web bucht, übernachtet in manchen Hotels um die Hälfte billiger, als es der offizielle Kurs – die so genannte Rack Rate verlangt (o.V.: Online-Portale im Vorteil in Geosaison 3 2005).

Bei Online-Buchungssystemen, kann der Kunde ganz bequem von zu Hause aus, all seine Wünsche (Destination, Name des Hotels, Anreise- und Abreisedatum, Art des Hotelzimmers, Preislimit usw.) in eine spezielle Hotel-Suchmaske eingeben. Innerhalb von nur wenigen Sekunden werden ihm die gewünschten Informationen angezeigt. Meist werden die verschiedenen Hotels nach Höhe des Preises in aufsteigender, manchmal auch in absteigender Form angezeigt. Bei vielen dieser Plattformen kann über eine erweiterte Suchmaske nach speziellen Eigenschaften wie z.B. nach der Lage (am See, Altstadt, Stadtzentrum, Golfplatz), der Hotelart (Landhotel, Businesshotel, Suitehotel, Tagungshotel) der Hotel- und Zimmerausstattung (Hotel-Bar, Klimaanlage, Aufzug, Animation, getrennte Betten) oder nach dem örtlichen Sport- und Freizeitangebot (Bootsverleih, Skilanglauf, Sauna, Minigolf, Wanderwege) gesucht werden. Anschließend folgt eine Liste mit verbindlichen und oft besonderst günstigen Preisen und bei Buchung per Klick und Kreditkarte umgehend die Bestätigungs-Email (Axel Nixdorf: Die Betten-Makler in Brand Eins 09/03). Diese Systeme können teilweise eine ganze Fülle von Informationen liefern, dies erspart zum einem dem Kunden einen Telefonanruf im Hotel – und der Reservierungsabteilung des Hotels ein langes Telefonat. Die Zusammenarbeit mit Online-Buchungsportalen als indirekte Absatzmittler, bringt dem Hotelier vor allem zwei Vorteile:

- **Reduzierung der Vertriebskosten**
- **Erschließung neuer Kundengruppen**

Die Reduktion der Vertriebskosten ergibt sich für den Hotelier besonderst durch die sog. Disintermediation – hierunter ist die Ausschaltung von traditionellen Absatzmittlern – auch Intermediäre genannt – zu verstehen. Die Theorie der Disintermediation geht davon aus, dass durch die neue Informations- und Kommunikationstechnologie Zwischenstufen eliminiert werden und dadurch der Added Valu optimiert werden kann (Bieger/Laesser 2003).

Durch hohe Flexibilität, Zeitersparnis und Vergleichsmöglichkeiten unter vielen Angeboten sind Online Reservierungssysteme sehr attraktiv und beliebt (o.V. Buchungssysteme als Multiplikator in Rolling Pin Nov. 2006 S. 90ff). Besonderst für Schnäppchenjäger die zeitlich flexibel – und auch bereit sind Restriktionen in Kauf zu nehmen- ist die Suche nach billigen Hotelbetten im Internet ideal. Doch wer heute versucht via Internet ein Zimmer zu buchen, der hat längst auch online die Qual der Wahl. Auf dem Markt der Online-Hotelreservierungssysteme tummeln sich zahlreiche Anbieter wie z.B. hotel.de, hrs, ehotel.de, bookings oder worldres, um hier zur einige dieser Systeme zu nennen. Sie locken den Kunden mit einem umfassenden Angeboten, günstigen Preisen und mit sog. Best Price Garantien. Doch nicht immer ist auf den Webseiten der Hotelreservierungssysteme auch wirklich der günstigste Preis zu finden. Die Wirtschaftsprüfungsgesellschaft KPMG hat die Preise von 400 Hotels in 13 Ländern verglichen – und ist zu dem Ergebnis gekommen, dass Online-Agenturen nur in etwa 35 Prozent der Fälle tatsächlich den günstigsten Preis bieten konnten (H. Rainer: Internetbuchungen zu Schnäppchenpreisen in Deutsches Ärzteblatt 103 Ausg. 14 vom 07.04.06). In den anderen Fällen war tatsächlich die Buchung über Reisebüros, der Website des Hotels oder die Direktbuchung via Telefon preiswerter oder zumindest gleich günstig.

Für die Hoteliers wird es daher immer wichtiger, dass auch ihr Hotel flächendeckend auf allen Kanälen buchbar ist. Doch der Verkauf über unterschiedliche Distributionssysteme hat sich für Hotelunternehmen zunehmend zu einem großen Problem entwickelt. Der Kunde ist flexibler geworden und hat bereits seit einiger Zeit die Jagt auf die günstigen Preise aufgenommen. Leider ist es hierbei jedoch keine Seltenheit, dass der Kunde für ein und dass selbe Produkt auf verschiedenen Vertriebskanälen unterschiedliche Preise findet. Dies verwirrt und verärgert den Kunden. Doch diese teilweise drastischen Preisunterschiede verärgern zunehmend auch die Hotelbetreiber, weil sie um ihre Tarifhoheit fürchten – zumal das Web als Vertriebskanal immer wichtiger wird (vgl. o.V. Streit um billige Betten Focus 42/2004).

Doch wie kommen eigentlich die Angebote des Hoteliers auf die Buchungsplattform? Eigentlich ist die Prozedur hierfür recht simpel, der Hotelier lässt sein Betrieb in das Verzeichnis des jeweiligen Hotelreservierungssystems aufnehmen und bezahlt eine Provision pro Buchung die bei ca. 10% für die erfolgreiche Vermittlung eines Gastes beginnt. Prinzipiell unterscheidet man zwei Arten von Buchungssystem: Systeme bei welchen man die Kontingente und deren Preis rund um die Uhr verändern kann und der Kunde bequem bei Abreise direkt im Hotel bezahlt, und Systeme bei denen der Kunde mit einem im Voraus bezahltem Voucher anreist wie z.B. bei Expedia oder hotel.com (o.V.: Buchungssysteme als Multiplikator in Rolling Pin Nov. 2006 S.91ff).

Eines der zentralen Probleme der Hotels ist heute, die ungeheure Vielzahl verschiedener elektronischer Vertriebslösungen und Internetportale rund um den Globus (o.V. Hotelvertrieb unter der Lupe in First Class 8/2004). Der Hotelier steht vor der Entscheidung, in welchem System sich die Präsenz seines Betriebes lohnt. Nach einer Studie von Markplatz Hotel, verteilt sich die Gewichtung der wichtigsten Hotel-Reservierungsplattformen – welche in den letzten 12 Monaten die meisten Buchungen brachte wie folgt:

HRS.de	**64,5%**	
hotel.de	**9,6%**	
Amadeus	**1,4%**	**(GDS)**
Expedia.de	**1,2%**	
ehotel.de	**0,2%**	
Sonstige	**23,1%**	

(Quelle: CHD Expert Group: Marktplatz Hotel 2006)

Der Anbieter HRS ist den Wettbewerbern auf dem Markt der Hotelreservierungssysteme um Längen voraus (vgl. AHGZ 12.07.06). Diese Meinung bestätigten auch die Testergebnisse von URLAUB PERFEKT, dort begabt man sich auf Schnäppchenjagd und testete acht der führenden Hotelportale. Den ersten Platz belegte HRS.de mit deutlichem Vorsprung zu hotel.de (http://www.urlaubperfekt.net/_files/content/UP_PM_Hotelportale_0604090706_132545.pdf). Auch die Zeitschrift Computer Bild veranstaltete einen Test mit dem Namen „Hotelportale im Internet", Europas Marktführer (HRS) erhielt dabei als einziges der acht führenden Internetportale die Note „sehr gut" (vgl. enews.geschaeftsreisekontakt.de). Bei allen bisherigen Untersuchungen punktete HRS mit dem größten Hotelangebot zu den günstigsten Preisen. Nach dem Business Traveller Award und dem Testsieg „Hotelportale im Internet" der Computer Bild, Ausgabe 03/06, konnte der europäische Marktführer jetzt auch den Spitzenplatz beim Test „Hotelbörsen im Internet" des Magazins Clever reisen! für sich verbuchen (Pressemitteilung von HRS 26.04.06).

Platz 2 beim URALUBPERFEKT Test belegte der Onlineanbieter hotel.de. Das Hotelportal überzeugte durch große Auswahl und gute Preise. Auf Seiten der Hotellerie bietet hotel.de einen großen Vorteil – denn hotel.de integriert als einziges Online-Buchungssystem jeweils direkt oder über so genannte Switches (wie z.B. Pegasus) unter einer einheitlichen Benutzeroberfläche die weltweit führenden hoteleigenen CRS sowie sein eigenes webbasiertes Reservierungssystem myRES (Wertpapierprospekt zum Börsengang der hotel.de AG). Die Zimmerkontingente können also automatisch aktualisiert werden, dies erspart dem Hotelier die zeitraubende manuelle Pflege der Distributionskanäle. Für Hotels ohne CRS-Anbindung bietet hotel.de mit seinem Produkt myRES, ein eigenes Reservierungssystem und damit die Möglichkeit bequem Kapazitäten, Raten und Verfügbarkeiten online zu stellen. Die notwendigen Instrumente für Yield Management liefern folgende (Hotel-) Buchungssysteme:

- HRS mit der Messerate
- Bookings
- Nethotels
- Hotel.de
- Inthotels
- Schwieriger aufgrund fehlender Yield-Instrumente sind
- tiscover.com
- venere.com
- expedia/hotels.com (Weissensteiner: Erfolgreiches Web-Marketing in der Hotellerie 2006)

Bevor ein Hotelier sein Hotel „blind“ nach dem Motto mehr Masse als Klasse, an möglichst viele der Internetbuchungsportale anschließen lässt, sollte er vorher bedenken das Pflege und Wartung dieser Systeme mit einem erheblichen Zeitaufwand verbunden sind. Viele der Internetportale müssen manuell gepflegt werden, d.h. das nicht nur Hotelinformation und Bilder, sondern auch die Raten und Verfügbarkeiten (je nach Preispolitik) teilweise täglich angepasst werden müssen. Bei der zeitintensiven manuellen Pflege, sind Fehler bei der Raten- und Preisdarstellung oft nicht zu vermeiden. Laut einer Studie der Fachzeitschrift Top Hotel (Juni und Juli 1998) wurden besonderst drei Anforderungen für ein effizientes Online-Buchungssystem festgelegt:

1. **Für die angeschlossenen Hotels muss die Möglichkeit bestehen, regelmäßig ihre Verfügbarkeitsdaten im Internet zu aktualisieren.**
2. **Zimmerkontingente sollten für bestimmte Zeiträume hinterlegt werden können.**
3. **Es muss die Möglichkeit bestehen, dem Gast sofort nach dem Absenden der Buchungsanfrage eine garantierte Reservierungsbestätigung zuzustellen.**

(Dettmer: Tourismus2 Hotellerie und Gastronomie S.136)

Folgende Überlegungen sollte der Hotelier anstellen:

- Wie wird das Hotel auf der Buchungsplattform präsentiert?
- Wie werden Informationen z.B. über Ausstattungsmerkmale, Lage, USP`s usw. dargestellt?
- Gibt es einen Link für direkte Kontaktinformation zum Hotel?
- Über welche Suchfunktionen (Kategorie, Lage, Seesicht, Wellness, F&B-Leistungen) verfügt die Plattform.
- Wie werden die Preise vom Vertriebspartner dargestellt (ohne MwSt., ohne Frühstück, mit Taxen…)
- Wie kommt die Buchungsbestätigung zum Hotel (über CRS, Email oder Fax?)
- Welche Vorteile, Nutzen oder etwa einen Zusatznutzen bringt die Buchungsplattform für Hotelier und vor allem für den Gast?
- Welche Zielgruppe (Leisure / Business) spricht die jeweilige Plattform / das Hotelportal an?
- Welche Reichweite hat der Vertriebspartner (regional, national, international)? Sind mehrere Sprachen verfügbar?
- Welche Kosten kommen auf das Hotel zu (Exklusivvereinbarungen, Listungsgebüren, Kommissionen, Provisionen, Pauschalbetrag)
- Sind Provisionen erfolgsabhängig? Wie werden Stornos und No Show`s geregelt? Wie erfolgt die Kommissionsabrechnung?
- Welches Preismodell verwendet der Vertriebspartner (Merchant-Modell, Agency-Modell, Auction-Modell…)

- Werden die Buchungen in Echtzeit an das Hotel weitergeleitet?
- Welche Zeiten fallen für Pflege, Aktualisierung und Wartung an?
- Ist die Sicherheit der Daten gewährleistet (übermitteln der Kreditkartennummer)?
- Rückvergütungen, Kick backs?
- Erfolgt eine Provisionsabrechung bei Buchung einer Firmen-Netto-Rate?

Am besten sollte der Hotelier die jeweilige Plattform / das Hotelportal auf alle für den Kunden wichtige Funktionen testen.

Exkurs: Online-Vertriebskanäle nach Art der Preisbildung

Unterscheidet man die verschiedenen Distributionskanäle nach der Art der Preisbildung, so können besonderst 3 Modelle, die im Hotelvertrieb häufig Anwendung finden unterschieden werden. Am verbreitesten ist das „Agency Model", bei dem das Hotel den Preis vorgibt und an den Mittler eine Provision zahlt (o.V: „Mit einer Sprache sprechen" in Gastgewerbe Jan 06 S.25). Das Agency-Modell basiert also auf dem klassischen Reisebüromodell, der Vertriebspartner agiert als Intermediär zwischen Hotel und (potentiellen) Kunden und verlangt für seine Tätigkeit eine Provision, die sich meist prozentual von den Gesamtkosten der getätigten Buchung ableitet.

Beispiel (Agency Modell)

- Zimmerpreis Kunde 169,00€
- Umsatz Hotel: 169,00€
- Technische Kosten (GDS, Switch):(4,5-6$) 6,30€
- Kommission Vertriebspartner: (10% Brutto vom Logisumsatz) 16,90€
- Netto Hotel (86%) 145,80€

Vertriebskosten: 23,20€

Der Vorteil bei diesem Modell liegt darin, das es technisch einfach ist, Ratenparität zu gewährleisten. Das Hotel behält seine Preishoheit und entscheidet welcher Preis hinterher im Vertrieb ist, und bezahlt eine vereinbarte Provision an die Vertriebspartner.

Das Merchant-Modell ist ein ursprünglich von Expedia so genanntes Geschäftsprinzip, das mittlerweile von dem Onlineanbieter bei rund 80 Prozent seiner Angebote angewandt wird (C. Fischer: „Hotelvertrieb – Take it or leave it" Touristik Report 21.10.04). Bei Anwendung dieses Modells, agieren Onlinevertriebspartner quasi als Großhändler / Veranstalter, die Hotelkontingente günstig einkaufen und diese unter Aufschlag einer Provision an die Buchungskunden weiterveräußern. Dem Online-Vertriebspartner werden Kontingente zu Nettopreisen verkauft, auf die der Vertriebspartner selbst seine Margen aufschlägt. Der Kunde zahlt den Hotelpreis direkt an den Vertriebspartner des Hotels, der Vertriebspartner wiederum zahlt einen entsprechenden Anteil ans Hotel.

Doch welchen Hotel-Tarif der Vertriebspartner letztendlich seinen Kunden anbietet, das bleibt einzig und allein ihm überlassen. Das Merchant-Modell hat zu viel Verärgerung bei den Hoteliers geführt, so hat z.B. die Intercontinentenal Group ihre Verträge mit expedia.com gekündigt. Das Geschäftsmodell hat durch die günstigen Einkaufpreise die Average Daly Rate stark nach unten reduziert und zum Discount der Hotelkapazitäten geführt. Bei diesem Preismodell, gibt der Hotelier seine Preispolitik quasi aus der Hand, eine echte Raten- oder Preisparität, ist so nicht mehr gewährleistet. Die Handelsspanne bzw. der Preisaufschlag (zwischen Einkaufsrate und Verkaufsrate) der sog. Merchant websites (inventory buying)liegt bei ca. bei 25 bis 38 Prozent.

Beispiel (Merchant-Modell):

- Zimmerpreis Kunde 169,00€
- Umsatz Hotel: 169,00€
- Technische Kosten (GDS, Switch): 6,30€
- Kommission Vertriebspartner: (Aufschlag, Marge) 33,80€
- Netto Hotel (86%) 128,90€

Vertriebskosten: 40,10€

Merchant Websites: Expedia, hotels.com, Travelocity, Orbitz, TravelWeb, Lodging.com

Die dritte Variante ist das sog. Auction Modell welches von Auktionsplattformen wie z.B. Ebay verwendet wird. Der Hotelier stellt sein Angebot (das Hotelzimmer) bei der Auktionsplattform ein und legt z.B. einen Mindestpreis für das Hotelzimmer fest. Der Preis steht also im Voraus nicht fest, sondern bildet sich erst durch die Nachfrage der Kunden bei der Auktion. Nach Beendigung der Auktion erhält der Käufer einen meist zeitlich befristeten Hotelgutschein (z.B. 1 Jahr). Teilweise sind die Gutscheine auch in ihrer Gültigkeit beschränkt, so ist z.B. keine Anreise in Messezeiten oder bei speziellen Events möglich.

Für den Hotelvertrieb über Ebay stehen spezielle Tools wie z.B."SOLBAY" zur Verfügung. Die SOLBAY-Software ist direkt an ebay angebunden und für den Vertrieb von Tourismusleistungen optimiert (o.V.: „SOLBAY der erfolgreiche Vertriebskanal für Ebay" www.fair-accommodation.com) Die Software bietet neben der eigentlichen Auktionsabwicklung einige zusätzliche Dienstleistungen wie z.B. Aftersale, Kontrolle des Zahlungseingangs, Mahnwesen oder den automatischen Gutscheinversand.

Beispiel (Auction-Modell mit SOLBAY):

- Zimmerpreis Kunde 169,00€
- Umsatz Hotel: 169,00€
- Auktionsgebühren (Ebay 1,60-4,80€): 4,80€
- Verkaufsprovision (10%): (Aufschlag, Marge) 16,90€
- Netto Hotel (86%) 147,30€

Vertriebskosten: 21,70€

Bei Vertrieb ohne Solbay fallen bei Ebay eine Verkaufprovision, bei einem Verkaufswert von 50,01-500,00€ von 2,50€ zzgl. 4% des Verkaufspreises über 50,01€ an. International agieren nach dem Action-Modell „Pricline“ und „Hotwire“.

Anmerkung: Das Auktionsmodell ist teilweise mit erheblichen finanziellen Risiken für den Hotelier behaftet. Die zunehmende Vermarktung von Hotelzimmern über den Auktionskanal Ebay, der zu zum Teil desaströsen Preisen führt, macht eine vernünftige und glaubwürdige Preispolitik fast unmöglich.

Gute Ergebnisse mit dem Vertriebskanal Ebay, haben die Hotels von QGD Hotelmanagement. Die Hotels von QGD Hotelmanagement nutzen das Auktionshaus Ebay seit über drei Jahren für den Vertrieb ihrer Hotelkapazitäten. Nach Aussage der Distribution-Manager von QGD liegen die Preise die der Kunde zahlt, meist nahe am Listenpreis und gelegentlich auch darüber. Zudem buchen einige der im Hotel beherbergten Gäste gleich den nächsten Aufenthalt in einem anderen Hotel der Kette. Somit haben sich die Befürchtungen anderer Hotelgesellschaften, das durch Online-Auktion die Preise verfallen, nicht bestätigt (vgl. hierzu AHGZ 30.01.06).

Anmerkung: Bei der Darstellung der Online-Vertriebskanäle nach der Preisbildung, wurden die Kommissionen bzw. das Disagio für Kreditkartenunternehmen nicht berücksichtigt. Würde allerdings ein Gast die Hotelrechnung mit Kreditkarte begleichen, so würde dies den Nettoumsatz des Hotels um nochmals 2-5 Prozent schmälern.

Das Opaque-Modell (Priceline, Hotwire)

Ein in Amerika recht erfolgreiches – aber in Europa noch unbekanntes Modell - ist das sog. Opapue Modell. Hier findet ein klarer Tausch zwischen dem Hotel und dem Konsumenten statt. Für den Preisvorteil, den der Kunde bekommt, muss er etwas aufgeben. Beispielsweise kann er in eine Internetmaske, Kategorie und Lagewünschen eingeben, bekommt aber das Hotel aber erst genannt, wenn er gebucht hat (vgl. Schultze 2005). Der Vertriebspartner des Hotels, bekommt allerdings keine Provision, sondern die Differenz zwischen dem was der Kunde gefordert hat, und dem was das Hotel bekommt, wenn es realistisch ist (vgl. Schultze 2005).

Es findet ein verdeckter Verkauf von Preisen, die zwar aus dem Hotel CRS/GDS gezogen werden, aber nicht öffentlich sind statt (vgl. www.spalteholz.com). Hier werden Nettopreise mit einem Mark-up versehen. Ein "gebuchtes/gekauftes" Hotelzimmer wird erst nach Bezahlung und Akzeptanz der Buchungskonditionen, unter Nennung des Hotelnamens bestätigt (www.spalteholz.com).

Ein Beispiel soll dieses etwas komplex klingende Vertriebsmodell erläutern.

Eine Kunde sucht auf der Internetseite des Vertriebspartners des Hotels ein Hotel was z.B. folgende Leistungsmerkmale aufweisen sollte: Stadt Köln, 5 Sterne, Doppelzimmer, Seesicht. Der Kunde möchte für dieses Zimmer 120,00€ ausgeben.

Der Anbieter sucht nun im CRS/GDS oder auf anderen Wegen ein geeignetes Hotel für den Kunden. Das gefundene Hotel kosten allerdings nur 90,00€. Der Kunde erhält nun Nachricht das ein seinen Vorstellungen entsprechendes Hotel gefunden wurde zum Preis von 120,00€. Der Kunde zahlt die 120,00€ an den Anbieter (Vertriebspartner des Hotels) und erhält anschließend eine Buchungsbestätigung in der Hotelnahme, Standort des Hotels usw. aufgeführt sind. Der Vertriebspartner zahlt an das Hotel 90,00€.

	Zimmerpreis Kunde	120,00€
-	Umsatz Vertriebspartner	30,00€
	Netto Hotel	90,00€

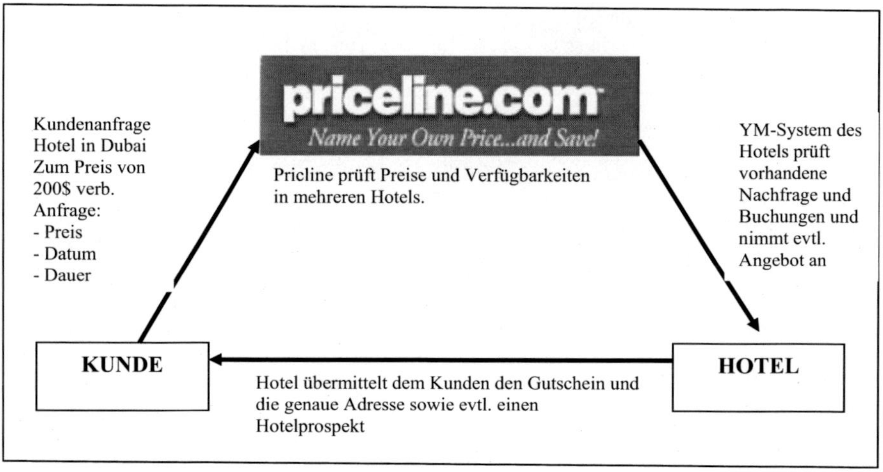

(Abb. 40: „Priceline“ eigene Darstellung)

Das seit 1999 in den USA aktive Unternehmen Priceline nutz eine Ausprägung des Reverse Pricing und vertreibt über den sog. „Name-Your-Own-Price“-Mechanismus hauptsächlich Flüge sowie Mitwagen-, Hotel- und Reiseangebote (Spann/Klein,/Makhlouf/Bernhard 2005).

Technische Entwicklungen im Hotelvertrieb

Ein viel versprechendes System wird vom Berliner Hotel- und Tourismusspezialist Cultuzz Digital Media angeboten. Das System heißt „CultSwitch“ mit diesem System kann der Hotelier die Tagesraten und Zimmerverfügbarkeiten seines Hauses in allen elektronischen Distributionskanälen bequem von seiner Hotelsoftware aus aktualisieren. (Cultuzz Digital Media: Nie wieder Datenpflege im Internet in Open PR 22.09.06). Somit können Distributoren wie HRS, hotel.de, bookings.com, ebay und das hoteleigene Reservierungssystem perfekt gesteuert werden. Grundsätzlich werden 0,8 Prozent vom vermittelten Zimmerumsatz berechnet. Die Buchungen über ebay und 'CultBooking' sind sogar kostenfrei für den Hotelier (Cultuzz Digital Media 22.09.06). Ob sich das System bei den Hotelbetrieben etablieren kann, dass werden die nächsten Monate zeigen. Die Firma Cultuzz Digital Media bietet den Hoteliers zusätzlich mit dem System „CultBooking“ ein Onlinebuchungssystem zum Nulltarif. Mit diesem System ist die Onlinebuchung über die eigene Hotel-Website zum Nulltarif möglich. Es müssen also keine Provision an Absatzmittler wie z.B. Reisemittler bezahlt werden.

Die Amadeus Hospitality GmbH bietet mit ihrem Produkt „Rate Allocator“ ein Tool zur zentralen Pflege und Aktualisierung der verschiedenen „Online“-Distributionskanäle an. Der Rate Allocator stellt eine Art Schaltpult für die Online-Angebote eines Hotels dar, mit ihm können in sämtlichen externen Distributionskanälen die Preise und Verfügbarkeiten zentral eingegeben und verändert werden. Auch über die exakte Eingabe von Brutto- und Nettoverkaufsraten braucht sich der Hotelier keine Sorgen machen, denn das Produkt verfügt über einen Aufschlagsrechner der den Zimmerpreis automatisch ermittelt.

Die vorgestellten Anwendungen erleichtern den Hotelalltag erheblich, zudem ist gewährleistet dass auf allen Kanälen derselbe Preis für die entsprechende Übernachtungsleistung ausgewiesen wird.

Auch der Anbieter hotel.de bietet seit 2004 seinen Partnerhotels ein neues, optimiertes Werkzeug zur Online-Vermarktung ihrer Zimmerkontingente zu tagesaktuellen Sonderpreisen an (vgl. www.hotel.de). Das System heißt „myRES“ und soll den Hoteliers helfen in Zukunft ihre Kontingente und Raten noch schneller an die Nachfrage anzupassen zu können. Das System ist multiratenfähig und zudem können die Ratenbeschreibungen täglich aktualisiert werden.

Der DEHOGA Niedersachsen bietet seinen Mitgliedern mit dem System DIRS 21 die Möglichkeit ihre Hotelkapazitäten schnell und praktikabel über das Internet zu vermarkten, Preise zu ändern und Angebote zu platzieren. Interessierte Gäste können direkt auf das Kontingent zugreifen, kurz oder langfristig buchen und erhalten umgehend eine Reservierungsbestätigung (Presseexemplar des Vertriebshandbuch für die niedersächsische Hotellerie).

Im Rahmen der Preisgestaltung sowie im Yield Management ist die genaue Marktbeobachtung sowie das eigene Potential des Hotelbetriebs von entscheidender Bedeutung. Ein wichtiges Analyseinstrument für die Hotellerie bietet das Internetportal „Fairmas“ (www.fairmas.com) an. Mit diesem Tool kann der Hotelier unter anderem Rate-Belegung-RevPar der Hotellerie jeder gewünschten Stadt tagesaktuell errechnen, den eigenen Marktanteil anzeigen und so den Hotelmarkt für sich transparent machen. Das Benchmarktool der Firma Fairmas zeigt dem Hotelier z.B. an, ob er in seiner Stadt über einen fairen Marktanteil verfügt. Auf der Internetseite von Fairmas kann eine Demoversion angesehen werden, so kann jeder Hotelier selbst prüfen ob sich das Tool für ihn rentiert.

Buchungssysteme und Tools für kleine Hotels, Gasthöfe und Pensionen

Die kleinen, meist familiär geführten Hotels - die neben ihrem eigentlichen Restaurationsgeschäft - auch noch einige Zimmer zu vermieten haben, sind in der Regel von internationalen Reservierungssystemen wie GDS und CRS und von den Online-Buchungsplattformen ausgeschlossen. Das Kosten/Nutzenverhältnis würde den Anschluss an solche Reservations- und Buchungstools kaum rechtfertigen, obwohl unbestritten ist, dass sich dank internationalen Netzwerken die Kapazitätsauslastung in der Hotellerie verbessern lässt (Broschüre Gastrodat www.gastrodat.ch). Ein weiteres Problem – viele Buchungsplattformen wie z.B. hrs oder hotel.de arbeiten mit Kontingenten. Das bedeutet dass nicht die aktuelle Zimmerkapazität eines Hotels gebucht werden kann, sondern nur die vom Hotelier eingestellten Kontingente. Die Kontingente müssten vom Hotelier also täglich aktualisiert werden um wirklich der vorhandenen Hotelkapazität zu entsprechen.

Probleme mit Internetbuchungsplattformen

Wurde das Internet noch vor einigen Jahren als der Buchungskanal gepriesen, der quasi kostenlos die Gästebetten füllt, so hat sich heute das Bild grundlegend verändert (Toedt: Bedrohung Internet in Der Hotelier 06/2005). Zwar wurde mit dem Internet ein zusätzlicher Buchungskanal geschaffen, doch wird damit auch automatisch ein neuer Markt erschlossen? Oder ist es nicht eher eine Verlagerung der Buchung, ohne zusätzliches Volumen zu generieren? (F. Pütz: Preistransparenz und Provisionssicherung in Modernes Geschäftsreisemanagement 2005 S. 148)?

Besonderst die hohen Vertriebkosten zwischen 10 bis teilweise sogar 30% belasten zunehmend die Betriebsergebnisse der Hotelbetriebe. Zwar steigern die zusätzlichen online Buchungen die Belegung des Hotels, dies geschieht jedoch meist zu Lasten des Preises und führt zu niedrigeren Deckungsbeiträgen. Die zusätzlich anfallenden Provisionen verringern den Umsatz noch zusätzlich. Als ein Beispiel soll hier der Anbieter HRS genannt werden. Für ein besseres Ranking der Hotels an erster Stelle, wird eine Gebühr von 25,00€ pro Monat verlangt. Hierdurch entsteht ein zunehmender Wettbewerb um die vorderen Positionen in den Online-Verzeichnissen, die Touristik- und Hotelunternehmen bezahlen teilweise sehr hohe Preise, um in den elektronischen Verzeichnissen an vorderer Stelle platziert zu werden. Zusätzlich wird von HRS eine Jahresgebühr von 250,00 € erhoben. Der Hotelier verpflichtet sich HRS die bestmögliche Rate zu geben, und wer dies nicht tut, so der härteste Vorwurf der Hoteliers, wird aus dem System herausgenommen oder landet auf den hintersten Plätzen (vgl. hotelling April 2004).

Die Geschäftsmodelle der Online-Vertriebspartner decken sich schon lange nicht mehr mit den Zielen der Hotellerie. Beispiel: Hotelketten wollen ihr gesamtes Portfolio mit allen Vakanzen und Preisen darstellen, Vermittler unter Umständen nur eine eingeschränkte Auswahl der Häuser – nämlich die, die ihnen das meiste Geld bringen. Ein Interessenskonflikt (o.V. Take it or leave it – in Touristik Report 21.10.2004). Besonderst durch das sog. Merchant Modell, - bei dem Internet Vertriebspartner zu Nettopreisen Zimmer/Kontingente beim Hotelier einkaufen, um diese dann mit eigenen Gewinnmargen zu vertreiben – haben Hoteliers ihre Tarifhoheit /Preispolitik quasi aus der Hand gegeben – die Vertriebspartner können die Verkaufspreise selbst steuern. So kann es durchaus vorkommen dass auf den Internetseiten des Vertriebspartners, zu Messezeiten die Hotelzimmer zu absoluten Wucherpreisen verkauft werden, in Zeiten schwacher Nachfrage werden die Zimmer dann knapp über dem Einkaufspreise verramscht. Das Merchant Modell beruht also, auf einem Nettopreis plus Marge – die Hoteliers werfen denn Online-Vertriebspartner nun vor, mit Preisab- und aufschlägen unkontrolliert zu variieren und damit die Kontrolle über den Preis zu übernehmen (vgl. Touristik Report 21.10.2004).

Das Programm „Exklusiv Preise“ von HRS („Immer 10% günstiger als auf anderen internetbasierten Reiseseiten“) fördert bzw. setzt das allgemeine Preisdumping in der Hotellerie fort und kann sogar soweit führen, dass die gebuchte Rate unter der Consortia Rate welchen Reismittlern und -veranstaltern gewährt wird, liegt. Zudem kann durch das Programm „Exklusiv Preise“, Ratenparität auf allen Vertriebskanälen nicht mehr gewährleistet werden. Dies bekamen auch die Lindner Hotels & Ressorts zu spüren. Erst schloss ehotel.de die Hotelgruppe aus dem System aus, dann kündigte opodo.com den Empfehlungsstatus – und jetzt geben auch die großen Reisebüro-Consortia klare Warnschüsse nach Düsseldorf ab (hottelling Juni 2005). Auch der Touristikriese TQ3 ermahnte Lindner, künftig nicht alle anderen bestehenden Raten zu unterbieten – ansonsten seien Konsequenzen nicht ausgeschlossen. Zwar kann mit Sicherheit kurzfristig durch das Programm „Exklusiv Preise“ die Auslastung und die Buchungsanfragen des teilnehmenden Hotels erhöht werden, aber es bleibt zu bezweifeln ob so auch tatsächlich ein höher Ertrag einhergeht.

Der Vertrieb über das Internet bedeutet für viele Hoteliers nur noch eines „Preis Dumping“. In dem Artikel „Fataler Wildwuchs (Touristik Report 11.03.04) wurde ein Phänomen, das allabendlich ab 17:00 Uhr auf dem Hotelportal HRS einsetzt beschrieben. Je nach Buchungslage reduziert ein Hotel seine Zimmerpreise um fünf Euro, erst zieht ein Wettbewerber nach, dann der nächste- eine Preisspirale, die nach unten führt und dabei von der ganzen Welt beobachtet werden kann (Touristik Report 11.03.04). Der Vorteil oder das Problem für die Hotellerie ist, das jeder Hotelier die Preispolitik seines Konkurrenten über die Buchungsportale einsehen kann. Senkt nun ein Konkurrenzbetrieb die Rate, so ergreifen auch viele andere Betriebe diese Maßnahme, in der Hoffnung den Konkurrenten ausstechen zu können. Mit diesem Preis-Dumping kannibalisieren sich die Hoteliers das eigene Geschäft. Verärgerung gibt es auch auf Seiten des Kunden, der nach Buchung noch mit zusätzlichen Taxen oder der Mehrwertssteuer belastet wird. Diverse Hotelportale geben nämlich bloß an, dass in ihren Angeboten Steuern und Gebühren nicht enthalten sind; über die Höhe dieser Abgaben schweigen sie sich aber aus (Schwager 2005).

Das Ziel soll es zwar auch weiterhin sein, mit Internetportalen die Belegung zu erhöhen – aber das viel wichtigere Ziel muss es in Zukunft sein, auch die Durchschnittsrate und den RevPar zu erhöhen.

Internet und Travelmanager

Bisher haben Hotels mit großen Firmen Verträge über Kontingente und ermäßigte Raten abgeschlossen. Die Höhe der Vertragspreise sind vom prognostizieren Absatzvolumen und den bisherigen oder zu erwartenden Room Nights abhängig. In manchen Hotels bekommen Firmen z.B. nur dann in den Genuss von günstigen Raten, wenn sie mindestens einhundert zusätzliche Room Nights pro Jahr bringen. Zusätzlich werden teilweise Kontingente mit einer im Vorhinein festgelegten Verfallsfrist (release) vergeben (Egger/Walters S.37). Zur Verärgerung der Travelmanager kann es jedoch vorkommen, dass bedingt durch die neue Preispolitik der Hoteliers, (vor allem durch das sog. Dynamic Pricing) die von ihnen eingekauften Volumenraten durch tagesverfügbare Raten unterboten werden. Proteste verärgerter

Geschäftsreisebüros, die über systematisch unterbotene Nettoraten ihrer Firmenkunden klagten, und Beschwerden von Veranstaltern über Preisaktionen anderer Anbieter zeigten, dass den Hotelketten die Preishoheit über ihr Produkt zunehmend entglitten ist (vgl. o.V. „Ein Preis für alle Fälle" Touristik Report 18.12.03). Als Beispiel kann hier die Interconti-Hotelgruppe genannt werden, diese hatte bis vor kurzem mit allen möglichen Vermittlern unterschiedliche Konditionen ausgehandelt und bot zeitweise bis zu 99 unterschiedliche Preise für ihre Zimmer an (vgl. o.V.: Online-Portale im Vorteil in Geosaison 3 2005). So muss sich die Hotellerie den Vorwurf gefallen lassen, dass sie mit ihrer Ratenvielfalt und der unkontrollierten Darstellung von unterschiedlichen Preisen auf den mannigfaltigen Buchungskanälen die bisherigen Volumenverträge der Firmenkunden mehr als in Frage stellt. Gefordert wird eine einheitliche Buchbarkeit aller Raten in allen Vertriebskanälen und eine Abstimmung mit den Corperates vor der Einführung neuer Preiskategorien und Preissysteme (vgl. travel manager 2006-09). Denn das bisherige Handeln der Hotellerie stelle den Sinn von Firmenraten und Volumenverträgen mehr als in Frage, von einer Preistransparenz in der Hotellerie könne somit nach Aussagen der Travelmanager nicht mehr gesprochen werden.

Für die Travelmanager bedeut dies nun ein zweigleisiges Dilemma. Erstens werden durch die günstigen Raten die verhandelten Corperate-Raten unterboten – allein dies ist schon ärgerlich. Zweitens buchen viele Angehörige der Firma online den aktuellen Tagespreis, dies hat jedoch zur Folge dass der Volumenvertrag von dem Unternehmen nicht erfüllt wird, da nicht genügend Buchungen zustande kommen. Das Unternehmen kann den vereinbarten Volumenvertrag nicht erfüllen und muss im schlimmsten Fall mit Sanktionen rechnen. Zwar ist es ist der heutigen Zeit eine Seltenheit das Hoteliers für die zuvor eingeräumten Firmenpreise – bei unterschreiten garantierter Aufenthalte – einen Malus verlangen, allerdings kann dies durchaus vorkommen.

Der Trend geht zu dynamisch Preisen bzw. einem flexiblen Preissystem das der Nachfrage ständig angepasst wird. Dieser Trend führt weg von Kontingenten und fixen Firmenraten hin zu einer für den Hotelier flexiblen Preisgestaltung – die hauptsächlich dem Hotelier Vorteile bringt. Um den Travelmanagern jedoch etwas entgegen zu kommen, sollte durch Anbindung aller Online- und Offline-Reservierungssysteme an die gleiche Ratenquelle der Hotelreservierungssysteme gewährleistet werden, dass auf allen Buchungskanälen einheitliche und vor allem gleiche Preise dargestellt werden. Die verschiedenen Raten müssen sich deutlich durch Buchungsbedingen und Restriktionen unterscheiden. Es muss eben einfach gewährleistet werden dass der Grund für die unterschiedlichen Raten vom Nachfrager verstanden werden kann.

Die Klagen der Travelmanager blieben bei den Hotelketten nicht ungehört. Die Hotelgruppe Steigenberger legt z.B. nicht nur Wert darauf das über ihre Homepage die besten Preise angeboten werden, sondern garantiert seinen Firmenkunden vertraglich, dass ihnen automatisch immer der günstigste Preis angezeigt wird, auch wenn er durch Sonderaktionen unterhalb der vereinbarten Nettoraten liegt (vgl. o.V. „Ein Preis für alle Fälle" Touristik Report 18.12.03). Um den unseriösen Preiskampf der Distributoren zu stoppen, wurde von Seiten der Hoteliers Vertragsstandards für die Vertriebspartner entwickelt. Mit diesen Standards sollen verwirrende und unklare Marketingpraktiken verhindert, Preis- und Reservierungstransparenz garantiert und die Markenpolitik der Hotels gesichert werden (vgl. C. Fischer.: „Hotelvertrieb –Take it or leave it" Touristik Report 21.10.04).

Der Hotelkonzern Accor will das System der so genannten besten Rate nun auch den Firmen und ihren Geschäftsreisenden anbieten (vgl. Pedersen in TopHotel 4/2007). Das Konzept „Corperate Dynamic Offer", hat zum Ziel von den vielen kleinen Verträgen wegzukommen, die beide

Seiten administrativ nur blocken und heute nicht mehr zeitgemäß sind (vgl. Pedersen in TopHotel 4/2007). Hierzu werden:

- Volumenverträge werden nur noch für die viel frequentierten Hauptstandorte der Unternehmen ausgehandelt
- Pauschale Rabattsätze die abhängig vom Volumen sind.

Einen anderen Weg geht Best Western, Maritim, Lindner und Steigenberger, sollte die Tagesrate einmal günstiger sein als die vereinbarten Firmenraten, wird den Unternehmen automatisch die günstigere Tagesrate angeboten.

Wie diese Beispiele zeigen hat die Hotellerie auf die Klagen der Travelmanger reagiert, welche dieser Konzepte allerdings in der Praxis akzeptiert oder zumindest respektiert werden, das wird die Zukunft zeigen. Es bleibt weiterhin spannend.

Das Konzept des Yield Management und Dynamic Pricing bringt zwar dem Hotelier Vorteile allerdings ist es im Corperate Bereich eher ungeeignet. In der heutigen Zeit müssen auch die großen Firmen bei ihren Reisekosten sparen. So wurden z.B. in vielen Reiseordnungen der Unternehmen die Hotels der oberen Kategorie durch Mittelklassehotels ersetzt. Travelmanger stehen immer mehr vor der Entscheidung ob sie für ein bestimmtes Datum den aktuell günstigeren Internetpreis nutzen, oder ob sie zur ausgehandelten Rate buchen, um nicht die Zahl der vereinbarten Übernachtungen zu unterschreiten.

Kommissionen für indirekte Absatzmittler

Bei der Zusammenarbeit mit indirekten Absatzmittlern, verpflichtet sich der Hotelier die vereinbarten Kommissionen zu zahlen. Die Kommissionen oder Provisionen liegen ca. zwischen 5-30% des erreichten Umsatzes (Beherbergungsumsatzes) des Hotelbetriebs. Zwar werden die Kommissionen und Provisionen, teilweise von den Hoteliers als zu hoch empfunden, jedoch muss man sich auch einmal vor Augen führen, dass auch Kommunikation viel Geld kostet. Der Vergütung durch umsatzabhängige Provisionen stehen Einsparungen an Werbe- und Fixkosten gegenüber (Althoff: Incoming Tourismus 2000 S.314).Auf der anderen Seite bringen indirekte Absatzmittler das Hotel mit neuen Zielgruppen in Berührung die sonst auch nur mit hohen Kosten zu erreichen wären.

CRS, Internet und Online-Dienste – wesentliche Instrumente für das Yield-Management

Elektronische Informations- und Kommunikationssysteme wie die CRS, das Internet oder die Online-Dienste ermöglichen eine dynamische, zeitbezogene Preis- / Mengensteuerung, die zu einer gewinnoptimalen Nutzung der vorhandenen Kapazitäten führt. Durch eine bestmögliche Auslastung der kurzfristig nicht veränderbaren Hotelkapazitäten (und denn damit verbunden Fixkosten) im Zuge einer situationsspezifischen Preis-Mengen-Optimierung sollen die Erlöse gesteigert werden (vgl. Sperling: Touristische Computer-Reservierungssysteme Fernstudienbrief Tourismusmanagement 1. Aufl. 1999) Durch Reservierungssysteme besteht auf Seiten des Kunden, die Möglichkeit der Vorausbuchung der Hotelleistung, hierdurch leisten Reservierungssysteme einen Beitrag um die Flexibilität des Hoteliers zu erhöhen und den Einsatz von Yield Management Instrumenten besser zu steuern. Der Einsatz eines GDS als Yield Management System, erweist sch im Gegensatz zu den CRS oder Online-Diensten als schwierig, denn alles was der Hotelier tun kann, ist den Zugang zum System ein oder auszuschalten (vgl. A. Cohen: Hotelvertrieb – ein Quell der Unzufriedenheit)

Die wichtigste Voraussetzung für Yield Management, ist eine möglichst große Datenbasis mit aktuellen Informationen über das Nachfrageverhalten der Kunden. Und hier können CRS, Internet und Online-Dienste eingesetzt werden. Denn diese Systeme ermöglichen es einerseits, kontinuierlich aktuelle Informationen über die Nachfrageentwicklung als Grundlage für Yield Management-Maßnahmen zu liefern und andererseits die aus den Maßnahmen resultierenden Angebote ohne Zeitverluste auf dem Markt zu platzieren (Sperling 1999). Somit können zwei Instrumente identifiziert werden, die notwendig sind um eine hohe Qualität und Verknüpfung sichern:

- eine GDS / CRS – Anbindung
- ein Analyse und Rapportsystem

Die CRS und perspektivisch auch Online-Dienste können Analyse- und Rapportssysteme als integrierte Bestandteile beinhalten (vgl. Sperling 1999).

Distributionspolitik und Preisstruktur

Eine logische Preisstruktur, solle so aufgebaut sein, dass:

- Vertriebspartner systematisch und gezielt eingesetzt werden können.
- Vertriebskosten im Voraus geplant werden können und diese dann in den Preis-Mix einkalkuliert werden können.
- Preise flexibel im Markt nach Angebot und Nachfrage angeboten und abgesetzt werden können.

(vgl. Spalteholz: Vortrag „E-Business im Tourismus“)

Die Preisabstufungen im Rahmen der Distributionspolitik

Im Rahmen des Yield Management wird in Hotelunternehmen mit einer ansehnlichen Anzahl von verschiedenen Hotel-Raten hantiert. Denn eine ertragsoptimales Pricing / Yield Management in der Hotellerie setzt grundsätzlich eine kundenspezifische Differenzierung der Zimmerraten voraus. Bei der Festlegung der Preisstruktur, d.h. den Abständen zwischen den angebotenen Preisklassen, ist einerseits die Nachfragestruktur und andererseits die Wettbewerbssituation zu beachten, wobei zu berücksichtigen ist, dass die Preisstruktur so zu gestalten ist, das die einzelnen Nachfrager nicht zwischen den Segmenten wechseln und Kannibalisierungseffekte auftreten (Corsten/Gössinger 2005) Allerdings sind vielen Hoteliers die genauen Eigenschaften der jeweiligen Ratenbezeichnung nicht 100% bekannt und oftmals herrscht ein großer „Raten"-Wirrwahr. Daher werden hier die wichtigsten Raten kurz erläutert.

Für die verschiedene Marktsegmente und Vertriebspartner des Hotelunternehmens müssen verschiedene Raten geschaffen werden:

RACK RATE

Von der oft auch als Listen- oder Schrankpreis bezeichneten Rack Rate, geht in der Hotellerie alles aus. Die Rack Rate versteht sich immer inkl. Mehrwertssteuer. In vielen Betrieben dient die eigentliche Rack Rate nur noch als psychologische Verkaufhilfe – und wird wenn überhaupt- höchstens noch zu Messezeiten verwendet. Jedoch rechnen sich in der Hotellerie alle rabattierten Raten auf diesen Preis zurück. Die Rack Rate sollte daher als Ausgangspreis entsprechend hoch angesetzt werden. Über den internationalen Vertrieb gibt es mehrere Möglichkeiten die Rack Rate zu erreichen (vgl. Gruner: Fachbegriffe Revenuemanagement). Die Rack Rate zählt zu den sog. **published Rates**, darunter werden alle Raten verstanden die im Hotelmarkt frei verfügbar sind, und von allen Kundengruppen des Hotels gebucht werden können. Teilweise wird in der Hotellerie die normale Rack Rate und die sog. Anchor-Rate = Minimum Rack Rate unterschieden. Eigentlich macht es keinen Sinn eine im Vergleich zur eigentlichen Rack Rate rabattierte Rate als Minimum Rack Rate zu bezeichnen.

PUBLISHED (Veröffentlichte) CORPORATE (Firmen-) RATE (COR)

Dieser reduzierte Übernachtungspreis für Angehörige von Firmen aller Art, ist für Firmenangehörige auch ohne spezielles Abkommen buchbar. Jedoch besteht keine Bindung bzw. Verpflichtung gegenüber dem Buchenden d.h. die Rate kann also nur bei Verfügbarkeit gebucht werden.

- Default = Filterfunktion in GDS Diese Rate ist ein "Muss" in Verbindung mit Vertriebspartnern (vgl. Gruner: Fachbegriffe Revenuemanagement)
- Sie liegt in der Regel ca. 5% unter der Minimum-Rack-Rate
- Voll kommissionsfähig! Mindestens 10% damit Reisemittler die via GDS buchen auch ihre Mittlerprovision verdienen können.

Corperate Rates werden meist nur in der Stadthotellerie oder in Betrieben im Einzugsgebiet von großen Firmen wie z.B. Siemens, IBM, oder Bosch eingerichtet.

Beispiel: Reduktion des Preises für Firmen

Ab100 Room Nights z.B. 15 – 20 Prozent des Individualpreises

Ab 250 Room Nights z.B. 20 – 25 Prozent des Individualpreises

Ab 500 Room Nights z.B. 25 – 30 Prozent des Individualpreises

Nach Meinung vieler Salesmanager haben Corperate-Raten in der Kettenhotellerie keine rosige Zukunft. Wird z.B. bei der Hotelkette Accor mit einer Firma wie z.B. Siemens eine Corperate Rate vereinbart so gilt diese Rate auch in allen anderen Betrieben der Kette. Die vereinbarte Rate muss nun an alle Betriebe der Kette kommuniziert werden, damit diese die Rate in ihr Property Management System (z.B. Hogatex, Fidelio) laden können. Ein gigantischer Aufwand, der umso fraglicher wird, zumal der Kunde von den 100 vielleicht nur zehn Hotels der Kette wirklich nutzt. 90 Häuser gehen mit 2 oder 3 oder gänzlich ohne Buchungen dieses Kundens leer aus, weil die Kunden in die Zentren wollen und die restlichen Häuser nicht nutzen (HMM Hospitality Manager Magazin® 03-04/2001). Die Ermittlung der monatlichen Umsätze und tatsächlich gebuchten Room Nights ist ebenfalls mit erheblichem Aufwand verbunden. Nicht umsonst in auf der Internet-Seite der Hotelvertriebsexpertin Bianca Spalteholz, in der Rubrik „Fachbegriffe" folgende Aussage zu Corperate Rates zu finden:

Bei der Corporate Rate handelt es sich um eine Vergangenheitsrate, welche bei einigen Hotelgesellschaften noch ca. 5 - 10 % unter der Rack Rate liegt. Bei den meisten Gesellschaften ist sie bereits der Rack Rate gleichgeschaltet. (www.spalteholz.com)

NEGOTIATED RATE (NEG-RATE)

NEG-Rate ist die Abkürzung/der Ratencode für eine nicht veröffentliche Vertragsrate die zwischen einem Hotelanbieter und einem Reisebüro oder Firmenkunden vereinbart wurde und vertraulich in ein GDS geladen wird. Damit diese Rate über ein GDS wie z.B. Amadeus buchbar ist, muss sie vorher mit einem drei Letter-Code bezeichnet werden sowie einen eigenen Namen haben.

PREFERRED CORPERATE RATE PARITY (Parität = Gleichheit) CONSORTIA RATE

Diese Rate wird auch als „Guaranteed Corperate Rate" bezeichnet. Diese Großkundenrate liegt ca. 5% unter der Corperate Rate und wird zwischen Hotelunternehmung und Firma bei einem Buchungsaufkommen ab 300 Room Nights vereinbart. Diese Rate gibt es sowohl als Commisionable und Non-Commisionable-Rate (vgl. 09-10/2001HMM Hospitality Management Magazin)Dieser sehr günstige Zimmerpreis wird Consortien, Reisebüros und Reiseveranstaltern bei hohem Buchungsvolumen eingeräumt. Sie liegt ca. 5% unter der der Corperate Rate

- Diese Rate wird streng gehandelt, sie ist nicht öffentlich (ca. 15 % Rabatt). Sie wird Konsortien und Reisebüroketten zur Verfügung gestellt und von dort weiter an Unternehmen distributiert.
- Sie wird vertraulich im GDS geladen.
- Voll Kommissionsfähig (vgl. Gruner: Fachbegriffe Revenuemanagement)

Prefferred Corperate Rate = Consortia Rate?

Die Idee hinter der Consortia Rate ist, das internationale Firmen über das Consortium quasi ein internationales Ratenabkommen für weltweite Destinationen erhalten (vgl. 09-10/2001HMM Hospitality Management Magazin S. 11) Über diese Großkunden-Programme der Consortien können die Firmen zur *Preffered Corperate Rate* buchen, ohne selbst diese Rate mit dem jeweiligem Hotel vereinbart zu haben. Die Firmen mussten also über keine Prefferred Corperate Rate-Verträge mit Hotelier verhandeln geschweige denn mit ihnen abschließen.

NET RATES - Nettopreise

Net Rates sind Nettoraten, die keine Reisebüroprovisionen enthalten. Die Corporate Rate muss kommissionsfähig (mit 10Prozent) und nicht-kommissionsfähig (als Net-Corporate-Rate) verfügbar sein. Letzteres deshalb, da zum Beispiel Firmen bei eigenem Implant die Corporate Rate als eine um 10 Prozent reduzierte Net-Corporate Rate erhalten (09-10/2001 HMM Hospitality Management Magazin) Die F.I.T. –Rate ist z.B. die Nettorate für Reiseveranstalter.

LOCAL COMPANY RATE

Ab einer bestimmten Übernachtungszahl pro Jahr, wird besonderst den örtlichen Firmen und Großkunden dieser Firmen-Übernachtungspreis angeboten. Als Regel gelten ca. 300 Room Nights, erst ab dieser Anzahl ist es sinnvoll das eine Hotelgesellschaft diese Rate vertraglich mit einer Firma vereinbart.

- Direktbucherpreise für lokale Unternehmen mit garantierten Volumina (ca. 25 % Rabatt). Die Corperate Rate liegt in der Regel 5% unter der Published Corperate Rate.
- Sobald ein Unternehmen ein RB Implant engagiert, werden Nettopreise zu Butto- oder Semibruttopreisen. (vgl. Gruner: Fachbegriffe Revenuemanagement)

Der Begriff LOCAL bezieht sich allerdings auf das Hotel und nicht auf die Firmen. Vereinbart wird ein Abnahmevolumen und ein dafür ausgehandelter Volumenpreis, den die Firma in dem jeweiligen Einzelhotel erhält (HMM Hospitality Manager Magazin® 03-04/2001)

„LOOS IT“ RATE

Verdrängungsrate, Mindestrate, die bei Gruppen gefordert werden muss, um denselben Umsatz wie den des prognostizierten individuellen Geschäfts zu erreichen. Zur Berechnung muss neben dem Logisumsatz auch der potentielle F&B-, Tagungsraummieten-, etc. Umsatz der Gruppe berücksichtigt werden. (Fachbegriffe auf www.spalteholz.com)

IT-RATE (Inclusive-Tours-Rate)

Die IT-Rate liegt meist zwischen 20-25% unter der Rack-Rate und ist eine Nettorate für Reiseveranstalter und dort für Individual-Reiseangebote wie z.B. DER-Städtereisen (09-10/2001 HMM Hospitality Management Magazin).

FIT RATE (Fully Inclusive Tours Rate) (Netto) Veranstalter Rate

(Frequent Individual Traveler / Full Inclusive Tours)

- Großhändler (Wholesaler) Rate
- Sie versteht sich netto
- Veranstalter verpackt die Rate in sein Reiseangebot und gestaltet seine Gewinnmargen selbst
- Sie sollte 20 - 25 % unter der Rack Rate liegen (vgl. Gruner: Fachbegriffe Revenuemanagement)
- Der Reiseveranstalter darf diese Rate nicht im Direktvertrieb als Einzelleistung vertreiben.

Die FIT-Rate ist die Netto-Rate (nicht nochmals kommissionsfähig) für Reiseveranstalter und dort ausschließlich nur für komplette Reiseangebote- und arrangements (09-10/2001 HMM Hospitality Management Magazin). Als eine Bedingung der Hotelier an die Reiseveranstalter gilt: ***Keine***

Einzelausweisung der Rate, d.h. also das die Rate in ein Arrangement des Reiseveranstalters - welches aus mindestens zwei oder mehreren Leistungen (Flug, Transfer, Hotel) bestehen muss - eingearbeitet wird, dieses Arrangement wird dann zu einem Gesamtpreis verkauft, bei dem der Einzelpreis für die Logis nicht ersichtlich sein darf. Die Reiseveranstalter nutzen diese Rate um z.B. Pauschalreisen zu erstellen.

Anmerkung: Bei dieser Rate ist für den Hotelier die Preisparität nicht immer gewährleistet, denn teilweise verkaufen Reiseveranstalter diese super-günstig eingekaufte Vertragsrate auf dem Direktweg an ihre Kunden weiter, das führt dazu das der Hotelier bei dieser Rate die Kontrolle über seine am Markt stehenden Raten verliert.

SPECIAL RATES

Diese Raten sind Sonderpreise für spezielle Kundengruppen wie z.B. Raten für Militärangehörige, Mitarbeitern von Airlines oder z.B. Seniorenraten wie z.B. die 55plus Rate bei Accor.

AIRLINE RATE

- Spezielle Rate für Angestellte von Airlines
- Teilweise wird aber auch so die Rate von sog. lay over groups bezeichnet

WEEKEND RATES (Wochenendraten)

Wochendraten können je nach Auslastung und Nachfrage zwischen 0-40% unter der Rack Rate liegen

- Sie werden je nach Saison angelegt
- Sie werden je nach Bedarf vermarktet
- Default Funktion d.h. im System eine Rate anlegen (pro forma)

(vgl. Gruner: Fachbegriffe Revenuemanagement)

PROMOTIAL RATES (Sonderpreise)

Diese Sonderpreise können zwischen 30 - 40 % unter der Rack Rate liegen und sollten immer an Konditionen / Restriktionen gebunden sein.

- Nur für klar definierte Perioden, z.B. Sommer, Winter, Wochenende
- Achtung: RB Ketten und Konsortien wollen von saisonalen Rabatten unterrichtet werden. (Vertrag beachten!) (vgl. Gruner: Fachbegriffe Revenuemanagement)

RUN OF THE HOUSE RATE

Diese Rate wird oft als bester Tagespreis gehandelt

- Ist ein Preis, der keinen Spielraum bei Zimmerkategorien mehr lässt
- Sie können jedes Zimmer für diesen Preis anbieten
- Sehr unterschiedliche Auslegungen von Seiten der Konsortien und Ketten z.B. bestes verfügbares Zimmer, jedes Zimmer zum garantierten Preis etc.

Die Run of the House Rate ist eine Mischrate, die sich aus der Anzahl der Zimmer pro Kategorie und dem jeweiligen Preis zusammensetzt und durch die Gesamtzimmeranzahl geteilt wird (vgl. Fachbegriff bei www.spalteholz.com)

MANDATORY RATE

Zimmerrate, die von einem Hotel für ein bestimmtes Datum bzw. für bestimmte Tage festgelegt wurde (z.B. Messezeit). Diese Rate muss eingebucht werden, um für diesen Zeitraum eine Reservierung vornehmen zu können. Für Gruppenreervierungen können allerdings Ausnahmen gelten (Fachbegriffe auf www.spalteholz.com)

BESTE RATE / BAR RATE

Als beste Rate wird in der Hotellerie der aktuell günstigste Tagespreis bezeichnet. Die BAR-Rate kann über alle Vertriebskanäle, von allen Gastsegmenten ohne Restriktionen gebucht werden. Das Konzept der BAR (best Available Rate) das bereits 2003 von American Express Travel eingeführt wurde, gewinnt zunehmend auch in der deutschen Hotellerie an Bedeutung. Die BAR-Rate gestaltet sich pro Zimmertyp nach Angebot und Nachfrage - somit ist sie keine konstante Rate und kann z.B. täglich in der Preishöhe variieren. Die BAR-Rate wird in Zukunft die starren Rack- und Corperate –Raten verdrängen. Unternehmen wie Amadeus offerieren Hotelunternehmen sog. Best-Available-Rate-Programme, bei denen die Hotels garantieren auf der Vertriebsplattform des Unternehmens ihre günstigsten Raten verfügbar zu machen. Bei Amadeus nehmen bereits 75 Hotelmarken am Best-Available-Rate-Programm teil (vgl. Amadeus Newsletter Juli 07).

Die Hotelberaterin Caryl Helsel nennt vier Hauptfaktoren um mit einer BAR-Preisstrategie erfolgreich zu sein:

- 1. Hotels müssen so schnell wie möglich eine einheitliche Preisstrategie entwerfen. So kann auch eine lineare Preiserhöhung flächendeckend durchgesetzt werden.

- 2. Wer Großkunden an ein IT-Preissystem anschließen kann, sollte diese schnell an die neuen Best Available Rates binden.

- 3. Systemanbieter müssen sicher stellen, dass die Hotelkunden das Dynamic Pricing gemäß ihren Verträgen rasch durchziehen können.

- 4. Reisemittler müssen ihre Herangehensweise an das Pricing verändern. Wenn ein BAR-Modell nicht in Frage kommt, muss ein System gewählt werden, dass mit dem der große Onlineportale vergleichbar ist. Welchen Weg auch immer gewählt wird, er muss von der Hotellerie mitgegangen werden. (Quelle: GastroFacts.ch Medienmitteilung 2005)

Das Preismanagement sollte vollständig automatisiert sein, ansonsten kann es durchaus vorkommen das der Hotelier, bei diesem Raten-Dschungel andere Raten und Verfügbarkeiten in sein Property-Management-System einpflegt. Nur eine durchgängige Vernetzung von Property-Management-System, GDS, CRS und IDS gewährleistet eine geringe Fehlerquote.

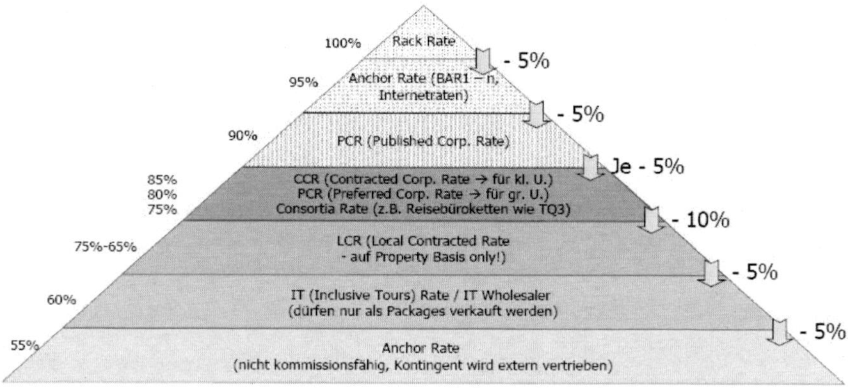

(Abb. 41 Quelle: Toedt: Vorlesung „CRM im Tourismus – Kommunikation und Pricing)

Ratendarstellung und –erklärung

Bei der Ratendarstellung muss der Hotelier darauf achten, im wahrsten Sinne des Wortes, den Kunden mit seinen Raten nicht zu erschlagen. Denn werden dem Kunden zu viele Raten angeboten, so wirkt dies eher kontraproduktiv. Es sollten nicht mehr als vier oder acht – je nach Anzahl der Zimmertypen pro Hotel – so genannte published Rates vorgehalten werden (vgl.: „Fataler Wildwuchs“ Touristik Report). Denn Raten Management bedeutet nicht, möglichst viele Raten anzulegen sondern steht für ein klar strukturiertes Preisgefüge sowie Transparenz für die Hotelgäste (vgl. Swinkels: Yield Management und Raten Management).

Die Hotelraten in der deutschen Hotellerie sind zudem sehr schwankend. Wie der Ratencheck „Der Preiswächter“ monatlich offen legt, scheinen manche Häuser mit ihren online buchbaren Raten geradezu zu jonglieren (vgl. hottelling 05/2005). Dem Kunden fällt es schwer die verschiedenen Raten zu verstehen und er will sich auch nicht sehr zeitaufwendig in die verschiedenen Buchungs- und Zahlungsbedingungen einlesen. Daher sollte jeder Hotelier einfache Preiskategorien in richtiger Relation zueinander erstellen.

Besonderst bei öffentlichen/publizierten Raten, ist es wichtig Preisunterschiede durch eine klare Darstellung der unterschiedlichen Kategorien zu erläutern. Bestimmte Restriktionen / Buchungsbedingungen wie z.B. Vorauszahlung, kein Storno möglich, gültige Kreditkartennummer oder ein eventueller minimum stay (Mindestaufenthalt) müssen klar und deutlich in Verbindung mit der jeweiligen Rate dargestellt werden. Ein derzeit oft in den einschlägigen Fachpublikationen in Zusammenhang mit der Hotellerie zu finden Begriff, ist die sog. Rate parity – Ratenparität. Dieser typische Begriff aus der Hotellerie, soll dem Kunden gewährleisten, dass in allen Vertriebskanälen des Hotels dieselbe Rate und dieselben

Ratenkonditionen für einen bestimmten Zimmertyp angeboten werden. Das Internet bietet dem Kunden heute eine hohe Preistransparenz und somit auch gute Vergleichsmöglichkeiten. Die Ratenparität soll das Kundenvertrauen stärken und diesen zur Buchung über die Direktvertriebskanäle des Hotels anregen.

Bei der Ratendarstellung, sollte auch wieder beachtet werden, dass der Preis für eine Leistung nie isoliert wahrgenommen wird. Der Preis steht für den Kunden immer im Zusammenhang mit der Güte und Qualität des Hotelprodukts. Besonderst in Online-Portalen ist es üblich, das alle öffentlich angebotenen Raten kommuniziert werden, daher wirkt z.B. ein um 70% Prozent günstiger Preis als die veröffentlichte Rack Rate nicht glaubwürdig. Solch erhebliche Preisreduktionen im Vergleich zur Rack Rate wirken unglaubwürdig und der Kunde wird mit großer Wahrscheinlichkeit die Qualität des Produkts in Frage stellen.

Mit klaren Ratenstrukturen und mehr Preisdisziplin muss die Hotellerie die selbstverschuldete Abwärtsentwicklung bei den Zimmerpreisen stoppen.

Der persönliche Verkauf von Hotelleistungen

Die beste Preispolitik, die am besten geeignete Distributionsstrategie oder das bestabgestimmte Yield Management – sind praktisch inaktiv - wenn das Hotelpersonal die Dienstleistungen und Produkte des Hotelbetriebs nicht kundenorientiert verkaufen kann. Bei persönlichen Verkauf stehen sich Hotelmitarbeiter und Kunde „face-to-face“ gegenüber –bei dieser Art des Verkaufs bietet sich die beste Chance die Wünsche und Bedürfnisse des Kunden zu ermitteln. Besonderst in kleinen und Kleinst-Betrieben, sind Verkaufsmitarbeiter als wichtige / wichtigste Absatzorgane tätig. Sie nehmen Anfragen und Reservierungen entgegen, führen telefonische oder private Verkaufsgespräche und wickeln die Buchungsanfragen und Zimmerreservierungen ab. Unter „Internal Selling“ ist der Verkauf oder die Verkaufsvorbereitung durch das Hotelpersonal im direkten Gespräch mit dem Kunden im Hotel zu verstehen (Iwersen-Sioltsidis 1997). Dies kann ein sehr effizienter Weg sein, Hotelzimmer zu vermieten.

Der Verkäufer hat eine starke Kontrolle über das Verkaufsgeschehen und kann unmittelbar auf den Kunden eingehen. Aber immer noch sehen sich viele Reservierungs- und Rezeptionsmitarbeiter als reine Verwalter oder Bestellempfänger anstatt als „echter“ Verkäufer. Jeder Hotelier sollte daher seine Mitarbeiter im Verkauf schulen, Trainings wie Telefonverkauf, Rhetorik, Bedürfnisanalyse, Nutzenargumentation, Einwandbehandlung und das richtige Verkaufsgespräch sollten geschult werden. Durch Testanrufe und fiktive Reservierungen muss das Hotelpersonal getestet werden. Informiert man den Gast bei der telefonischen Reservierung nur über den Preis oder wird er auch über die Besonderheiten der Hotelzimmer, SEP`s, USP´s und zusätzliche Angebot des Hotelbetriebs informiert? Beherrschen die Mitarbeiter den Telefonverkauf (Freundlichkeit, korrekte Meldung am Telefon, deutliche Aussprache, wird eine Reservierungsnummer mitgeteilt? etc.) Die Mitarbeiter des Front Office müssen zu richtigen Verkäufern werden, es muss ihnen Spaß machen den höchstmöglichen Preis für ein Hotelzimmer zu erzielen.

Hier bietet sich z.B. die sog. „Selling-up“ Technik an. Die „Selling-up“-Technik am Telefon will den Gästen das beste Zimmerangebot zuerst anbieten (Schaetzing: Schulungsunterlage „Wie viel Umsatz verlieren Sie am Telefon….). Die für den Hotelverkauf zuständigen Mitarbeiter sollten immer versuchen, die teuren und qualitativ besseren Zimmerkategorien zuerst zu verkaufen. Werden die Raten von den potentiellen Gästen nicht akzeptiert, werden ihm eben die preiswerteren Zimmer angeboten. Immer noch passiert es, das ein Gast im Hotelzimmer anruft und nach der Rate für z.B. ein Einzelzimmer nachfragt, der zuständige Mitarbeiter nennt dem Anrufer den Preis für ein Einzelzimmer und der Anrufer akzeptiert oder akzeptiert eben nicht den Preis. Der Anrufer wurde nicht über die verschiedenen Kategorien der Einzelzimmer informiert wie z.B. Einzelzimmer-Superior (mit Seesicht, Klimaanlage, komfortabel ausgestattet usw.).

Bevor wir einem Kunden ein Hotelzimmer verkaufen können, müssen wir seine Bedürfnisse in Erfahrung bringen. Es macht z.B. wenig Sinn einem Geschäftsreisenden der nur eine günstige Schlafgelegenheit sucht, über die komfortable Einrichtung des Zimmers oder über das vorhandenen Jacuzzi im Badezimmer zu informieren. Wichtig ist z.B. zu erfahren, ob es sich um einen Geschäftsreisenden oder einen Freizeitreisenden (Urlauber) handelt. Diese beiden Gästesegmente haben verschiedene teilweise konträre Bedürfnisse. In unserer Branche verkaufen wir den Gästen nicht nur eine Schlafgelegenheit sondern wir verkaufen „Vorteile", einen „Nutzen" bzw. eine Problemlösung. Unser Produkt (Hotelzimmer – gastgewerbliche Leistung) hat viele Facetten – für ein Hochzeitpaar stellt das Hotelzimmer zur Hochzeitsnacht die „romantische Liebeshöhle" dar, für den Geschäftsreisenden ist es ein komfortabler Arbeitsplatz mit Schlafgelegenheit, für Urlauber ist es ein Ort der Ruhe und Erholung. Ein Hotelbetrieb bietet mehr als nur die reine Beherbergung und Bewirtung der Gäste, durch einfache Neben- und Zusatzleistungen lässt sich das Hotelzimmer genau zu dem machen was der Kunde wünscht.

Ein erfolgreicher Hotelverkauf mit zufriedenen Gästen, ist nur möglich, wenn:

- Der Reservierungsmitarbeiter die Produkte und Dienstleistungen des Hotels genau beschreiben und erklären kann (welche Zimmer haben z.B. nur ein Dusche, sind ruhig gelegen, haben Seesicht, sind behindertengerecht – Parkplätze?, Sauna? Roomservice?, Porterage?, Kosten für Zusatzleistung W-Lan oder Pay TV? usw.
- Die Ausstattung der Zimmer dem Gast genau beschrieben werden kann: Wie breit sind die Matratzen?, W-Lan?, gibt es einen Fön im Badezimmer?, sind Bademäntel generell in den Zimmern vorhanden, gibt es eine ausreichend breite Arbeitsfläche? usw.
- Qualitätsmanagement bei der Reservierungsannahme und beim Telefonverkauf betrieben wird.
- Standardisierung – es müssen Telefon- und Reservierungsannahmeleitfäden entwickelt und eingesetzt werden.

Nach Seitz (Hotelmanagement 1997 1. Auflage) sollte das Verkaufspersonal über folgende Qualifikationen verfügen:

- Produktkenntnisse und Fachkenntnisse
- Kenntnisse über den preislichen Verhandlungsspielraum
- Beherrschen von Verkaufstechniken
- Persönliches Auftreten und Sozialkompetenz
- (Empathie)

Als Instrumente bzw. Maßnamen des Direktvertriebs können besonderst fünf Punkte genannt werden:

1. *Pflege der Stammgäste – Aufbau einer Stammgästekartei*

2. *Persönlicher Kontakt zwischen Gast und Direktor (Manager, Unternehmer, Eigentümer.*
3. *Durch Marketingaktionen denn Bekanntheitsgrad und das Absatzgebiet es Hotelunternehmens vergrößern.*
4. *Möglichst viele Daten und Adressen der Kunden sammeln*
5. *Echte Verkäufer (im Verkauf geschulte Mitarbeiter)*

Besonderst die Pflege der Stammgäste ist für ein Hotelunternehmen von besonderer Bedeutung.

Yield-Management

Endstehung des Yield Management

Von einigen Autoren wird betont, dass die Entwicklungsgeschichte des Yield Management bereits zu Beginn der 60er Jahre, in Form von einfachen Sitzplatzüberbuchungen beginnt (vgl. Sterzenbach/Conradi: Luftverkehr 2003). Jedoch in der Mehrzahl der einschlägigen Publikationen zum Yield Management, wird die Geburtsstunde des Yield Management auf die 1978 durch Präsident Carter ermöglichte Deregulierung des US-amerikanischen Luftverkehrsmarkt zurückgeführt (vgl. Daudel/ Vialle 1996 – Remmers 2001). Nach der Deregulierung des US-amerikanischen Luftverkehrs entwickelte die Fluggesellschaft American Airlines in den späten 70er-Jahren einen neuartigen Ansatz zur Preis- und Kapazitätssteuerung mit dem Ziel, die Kapazitätsauslastung und den Gesamtertrag zu steigern. Die Deregulierung des Luftverkehrsmarktes hatte dazu geführt das erhebliche Überkapazitäten auf den Hauptstrecken der Airlines entstanden waren. Damit war nicht nur ein genereller Preisverfall pro PKT (verkaufte Passagierkilometer) verbunden, sondern auch eine Zunahme der Tarifvielfalt (Remmers 1994). Es kam zu einer Neuentwicklung im Bereich der Flugtarife. Dadurch waren die etablierten Luftverkehrsgesellschaften - durch die in den Markt eintretende Billigkonkurrenz – gezwungen, neue Methoden des Kapazitätsmanagement zu etablieren Kuhn/Defregger: Revenue Management in der Sachgüterproduktion, in: Wirtschaftswissenschaftliches Studium, 33. Jg. 5/2004).

Die Grundidee des Konzepts bestand darin, die Sitzkapazitäten eines Flugzeugs in einzelne Kontingente aufzuteilen und an verschiedene Kundensegmente zu verkaufen. Zu diesem Zweck wurden einerseits stark ermäßigte Discounttickets angeboten, auf der anderen Seite wurde für später buchende Geschäftsreisende gleichzeitig eine bestimmte Anzahl Sitze freigehalten, damit dennoch ein Gewinn erwirtschaftet werden konnte.

Die Grundlagen des Yield Managements in der Touristik und Hotellerie wurden 1971/72 mit den Arbeiten von Rothstein und Littlewood über Hotel- und Airlineüberbuchungsmanagement gelegt. Doch im Gegensatz zum Airlinebereich, fand Yield-Management erst später Einzug in die Hotelbranche. Ein Grund hierfür, könnten die weniger globalen Strukturen des Hotelmarkts der 70er Jahre sein. Außerdem gibt und gab es in der Hotellerie schon immer Betriebe mit einem hohen Stammgästeanteil, gerade diese Gäste wollte man anfänglich nicht durch ständige Preisbewegungen verunsichern. Aufgrund zahlreicher positiver Erfahrungsberichte aus der Luftverkehrsbranche, findet das Konzept seit Ende der 80 er Jahre findet das Konzept zunehmend Anwendung in anderen Dienstleistungsbranchen wie z.B. bei Autovermietungen oder der Hotel- und Tourismusbranche (vgl. Wendt: Yield Management – Preistheorie zur Koordination der Informationswirtschaft). Jedoch ist ein Hotel nicht einfach ein Flugzeug ohne Flügel, wesentlich komplexere Problemstellungen erfordern Informationen über unterschiedliche Einflussgrößen für Entscheidungsprozesse (vgl. Kong 2003). In Europa wurde die breite Bevölkerung in den letzten Jahren hauptsächlich durch Billigflieger wie EasyJet auf Yield-Management aufmerksam (Heiz: „Yield Management bei Bergbahnen“ Diplomarbeit 2006). Effektives Yield Management in der Hotellerie wurde allerdings erst möglich, seit man die Preise dank modernster Reservierungssysteme so ändern kann, dass sie nur konkreten Interessenten offenbart werden (vgl. Rolling Pin Nov. 06). Vorreiter für die Hotellerie war der US-amerikanische Markt, allen voran Marriott International, die ein auf die Gruppe zugeschnittenes Yield Managements-System des Anbieter Talus einsetzten (vgl. Der Hotelier7-8/01).

Probleme und Besonderheiten der Hotelbetriebe:

- Begrenzte Kapazität
- Verderbliches Produkt – Nicht vermietetes Zimmer ist ein verlorenes Zimmer und verlorener Gewinn
- Verschiedene Raten stehen dem Markt zur Verfügung
- Nachfrage teilweise schwierig zu prognostizieren – verschiedene Zielgruppen für das Hotelprodukt
- Starke Konkurenten und Mitbewerber
- Notwendigkeit möglichst hohe Rate für verfügbare Zimmer zu erzielen
- Hotelbetriebe weisen einen hohen Fixkostenanteil auf und deren variable Kosten sind kurzfristig nicht entscheidungsrelevant.
- Durch eine variable Preisgestaltung, kann eine Stimulierung der Nachfrage erreicht werden
- Das Produkt „Hotel“ wird dem potentiellen Gast bereits lange Zeit vor der Nutzung angeboten
-

Definition Yield:

> Mit **Yield** wird in der Hotellerie der Ertrag bezeichnet, den jedes einzelne Zimmer pro Übernachtung erzielt. Er stellt das Verhältnis zwischen dem tatsächlich erzielten Zimmerpreis und dem auf der Kalkulation basierenden sog. Schrankpreis (Rack Rate) dar.
>
> (Hentschel: Hotelmanagement 1. Aufl.)

Yield = RevPar – Ziel ist die Maximierung des Ertrags bei bestehender Nachfrage und fester, im Regelfall kurzfristig nicht veränderbarer, Hotel-, Zimmerkapazität.

Yield = Ertragsoptimierung bei optimaler (nicht maximaler) Belegungsquote

Yield = Preis-, Raten- und Buchungsoptimierung

Yield = Ertragsmanagement durch Preisdifferenzierung

Yield = Dynamische Preis- und Kapazitätssteuerung

Bestimmung des Yield (Umsatz) Logis

Monat: **(A) Betriebstage:**

(B)	(G) Monat	(H) Monat	(I) = (H) : (G)	(J)= H x 100 :F
Marktteil-nehmer	**Anzahl der vkft Zimmer**	**Logis - Erlös (netto)**	**Average Room Rate**	**Logis-U-Yield**
Eigener Betrieb				
Mitbewerber A				
Mitbewerber B				
Mitbewerber C				
Mitbewerber D				
			Ø	Ø
Gesamt:	(L)			

(Abb. 42 Quelle: E. E. Schaetzing: Vorlesung „Operations- Management 2" SS 06)

Der Yield ist eine Funktion aus den Zielvariablen Auslastung, Öffnungszeit und Preis (vgl. Schultze 1993) und errechnet sich im Logis-Bereich nach folgenden Gleichungen:

Logis - Umsatz – Yield

$$(1)\quad \text{Yield \%} = \frac{\text{tatsächlicher Logisumsatz (netto)} \times 100}{\text{höchstmöglicher Logisumsatz}}$$

$$(2)\quad \text{Yield \%} = \frac{\text{verkaufte Zimmer}}{\text{verfügbare Zimmer}} \times \frac{\text{durchschnittliche Hotelzimmerrate}}{\text{höchstmögliche Hotelzimmerrate}}$$

$$(3)\quad \text{Yield \%} = \text{Zimmerbelegung (in \%)} \times \text{\% Anteil der durchschnittlichen Hotelzimmerrate an der höchstmöglichen Hotelzimmerrate}$$

(Abb. 43 Quelle: E. E. Schaetzing: Vorlesung „Operations- Management 2" SS 06)

Der Yield, zusammengesetzt aus Zimmerbelegung und durchschnittlichem Zimmerpreis, ist allerdings nur dann als Messinstrument wirklich sinnvoll, wenn er gewichtet wird und die Deckungsbeiträge, die Spanne zwischen Einnahmen und variablen Kosten, mit in Betracht gezogen werden (vgl. Toedt Sep. 2005).

Beim Yield Management wird der Ertrag jedoch zunächst nicht auf das gesamte Unternehmen bezogen, sondern in der Hotellerie auf den Ertrag, den jedes einzelne Zimmer pro Übernachtung bringt (Gugg: Yield Management in der Hotellerie in Moderne Hoteltechnik 1/92). Somit könnte das Yield Management eines Hotelbetriebes, auch als zielgerechte Steuerung des Ertrags pro verfügbarem Hotelzimmer verstanden werden.

Exkurs: Das Grundsätzliche Problem bei der Belegung von Hotelzimmer

Dieses Problem kann wie folgt beschrieben werden: In einem Hotel gibt es eine feste Anzahl von Einzel- und Zweibettzimmer (die Berücksichtigung von Drei- und Vierbettzimmern erfolg analog und soll hier aus Vereinfachungsgründen nicht dargestellt werden). Gäste, die ein Doppelzimmer buchen, können eben nur in einem Zimmer mit zwei Betten bzw. in einem Zimmer mit Schlafgelegenheit für 2 Personen untergebracht werden. Im Gegensatz hierzu können Gäste die ein Einzelzimmer nachfragen, in einem Doppelzimmer oder sogar einer Suite untergebracht werden, so das in einer bestimmten Nacht Einzel- und Doppelzimmernachfragen konkurrieren können (vgl. Kimmes/Klein Revenuemanagement im Branchenvergleich in ZfB Special Issue 1/2005). In der Hotellerie besteht also lediglich die Möglichkeit zur Aufwertung – Upgrade in eine höhere Zimmerkategorie bei gleich bleibendem Preis.

Grundlagen des Yield-Managements in der Hotellerie

Die primäre Aufgabe der Unternehmensführung in der Hotellerie bzw. eines Hotelmanagers, ist es einen Gewinn zu erwirtschaften und somit den Betrieb rentabel zu führen. Doch wie kann ein Gewinn in der Hotellerie erreicht bzw. erwirtschaftet werden? Entscheidend für den monetären Erfolg eines Betriebes sind der Umsatz und die Kosten (Reisen: Die Absatzpolitik von Gastronomiebetrieben 1986). Im Grunde genommen gibt es also hierfür, zwei „ganz einfache" Lösungen: Entweder die Kosten werden gesenkt – oder wir erwirtschaften mehr Umsatz.

Denn Gewinn kann man nun auf zweierlei Weise erhöhen:

1. Indem man bei gleichem Umsatz kosten einspart und somit eine höhere Differenz zwischen Umsatz und Kosten = Gewinn erzielt;
2. oder indem man durch neue Kundengruppen oder ein neues Angebot oder Zusatzangebot den Umsatz erhöht und auf diese Weise über den Mehrumsatz auch zu mehr Gewinn kommt (Hamer: Gastronomie-Marketing 1. Aufl. 1990). Durch gezieltes Steuern der Nachfrage durch Preise und Buchungsbedingungen und Ausnutzung der maximalen Preisbereitschaft der Kunden = Yield-Mangement.

Nahezu alle Kosten fallen bei der Vermarktung von Übernachtungen unabhängig davon an, ob die vorhandenen Zimmerkapazität an zahlende Gäste verkauft wird oder nicht (o.V. Chance Preis: Gewinntreiber Nr. 1 in Der Hotelier 5/2005 S. 42). Dadurch sind Hotels, besonderst durch hohe anlagebedingte Kosten – die sog. Fixkosten gekennzeichnet. Eine Senkung der Kosten ist jedoch nur bis zu einem gewissen Grad möglich, ohne dass die Qualität der Beherbergungsleistung darunter leidet. Zudem hat ein Forschungsprojekt „Erfolgsfaktoren in der Hotellerie“ gezeigt, dass das Hotelgeschäft in der Tendenz eher ertrags- und erst sekundär kostengetrieben ist. Denn eingangs nicht erzielte Erträge schlagen nahezu linear auf den Cross Operating Profit durch (IDT-HSG: Blickpunkte Mai 2002). *Hotels können mittlerweile offensichtlich reagibler auf Veränderungen im Geschäftsverlauf reagieren als ursprünglich angenommen: Nur so lässt sich erklären, dass die Höhe der Kosten zum Teil wenn nicht sogar weitgehend durch die Höhe der Erträge dominiert wird* (IDT-HSG: Blickpunkte Mai 2002).

„Soll ich dieses Zimmer sofort zu einem günstigeren Preis vermieten, um es nicht leer stehen zu lassen, oder soll ich das Risiko eingehen, auf einen Gast zu warten, der vielleicht den vollen Preis zu zahlen bereit ist? (Daudal/Vialle 1992 S.2)

Jeder Front Office-Mitarbeiter musste sich bestimmt schon einmal diese Frage stellen – Eine Antwort auf diese Frage scheint auch nicht leicht zu finden, da zu dem Zeitpunkt der Entscheidung Unsicherheit beim FO-Mitarbeiter über die zukünftige Nachfrageentwicklung besteht. Wird heute noch ein Vollzahler kommen? Soll ich das Zimmer zum günstigen Preis verkaufen? Auf diese und ähnliche Fragen kann mit Hilfe von Yield-Management eine Antwort gefunden werden. Genau an dieser Stelle setzt das Yield-Management an. Ziel des Ertragsmanagement ist es nämlich, eine optimale Preis-/Mengenrelation und eine möglichst hohe Auslastung zu erreichen, ohne dass jemand abgewiesen werden muss (Mundt: AKAD-Lehrbrief „Besonderheiten des touristischen Marketing“. Yield Management-Systeme unterstützen somit die Entscheidung, zu welchem Preis ein Hotelzimmer am heutigen Tag für ein Reservierungsdatum in der Zukunft angeboten werden soll (Schultze 1993) und ob eine Reservierungsanfrage angenommen oder abgelehnt werden soll.

Der Ansatzpunkt für Yield-Management ist der Zusammenhang, dass die Hotelleistung zu bestimmten Preisen und Mengen am Markt abgesetzt werden muss, um die Marketingziele und letztlich die Unternehmensziele zu erreichen (Henschel: Hotelmanagement 1. Aufl.). Yield-Management stellt somit eine Mischform der zeitlichen und kundenspezifischen Preisdifferenzierung dar. Der Preisdifferenzierung liegt die Preis-Mengenfunktion zugrunde, die aussagt, dass die abgesetzte Menge eines Gutes steigt, wenn der Preis sinkt (Mundt: Allg. Tourismuslehre Einheit 8 „Besonderheiten des touristischen Marketing“ AKAD-Studienbrief) Auch im Yield Management werden die Preise gesenkt um gezielt die Nachfrage für einen bestimmten Tag zu steuern. Allerdings soll beim Yield-Management nicht die Nachfrage, sondern der Ertrag eines Hotelunternehmens optimiert werden.

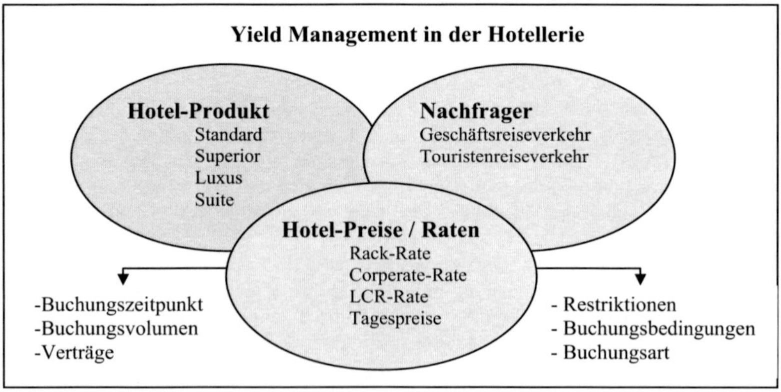

(Abb. 44: „Yield Management in der Hotellerie“ eigene Darstellung)

Heutzutage spielt Yield-Management besonderst in Geschäftsreise-, Stadt- und Messehotels eine Rolle, denn in diesen Beherbergungsbetrieben übersteigt oft die Nachfrage das Angebot. Unter Yield-Management in der Hotellerie, wird deshalb die gezielte Steuerung der Nachfrage nach Hotelleistungen verstanden, mit der Hotelunternehmen eine optimale und ***nicht maximale*** Auslastung der Kapazität anstreben (Gardini 2004). Für den einen oder anderen Hotelier wird dieser Satz etwas befremdlich klingen, so war man doch bisher in der Hotellerie stets bemüht eine möglichst hohe Occupancy (Belegung) zu erreichen und bloß keinen Hotelgast abzuweisen. Ein einfaches Beispiel soll dies verdeutlichen:

Ein Hotel, welches schon zu siebzig Prozent belegt ist (Hotel hat 100 Zimmer), erhält eine Anfrage von einer Firma. Diese Firma würde die restlichen 30% bzw. 30 Doppel-Zimmer (zur Einzelbelegung) mit ihren Kunden zur Corporate Rate von 80€ für einen Tag belegen. Das Hotel könnte also einen Umsatz von 30 x 80 = 2400€ erzielen. Die normale Rack Rate für ein Doppelzimmer beträgt 140€. Da der Hotelier in seinem Forecast errechnet hat, das die Nachfrage nach Doppelzimmer an diesem Tag wahrscheinlich 20 Zimmer beträgt, lehnt er die Nachfrage der Firma ab. Denn rechnerisch: Würde der Hotelier diese 20 Doppelzimmer verkaufen, so ergäbe sich ein Umsatz von 20DZ x 140€ = 2800€. Die Corperate Gäste können also auch teilweise die Nachfrage anderer Hotelgäste verdrängen. Natürlich kann diese Rechnung noch weitergeführt werden – zwar kann ein Beherbergungsumsatz von 2800€ erreicht werden – doch wie sieht es mit dem F&B-Umsatz und der Nachfrage nach Zusatzleistungen aus???

Wie wir aus dem obigen Beispiel erkennen können, geht Umsatzpotential und damit mit auch Gewinn verloren, wenn eine hohe Belegungsquote durch zu niedrige Preise erkauft wird. Mit Sicherheit ist mit niedrigen Preisen eine Auslastungsoptimierung zu erreichen, aber ob damit auch immer eine Steigerung des Ertrags einhergeht, darf bezweifelt werden.

Das Yield-Management strebt also entgegen der allgemeinen Ansicht in der Hotellerie eine optimale nicht maximale Kapazitätsauslastung der Hotelzimmer zu einem bestimmten Preis an (Buer 1997). Umsatzmaximierung im Sinne eines Yield Managements bedeutet einen Gewinn von Marktanteilen und eine langfristig gesicherte Profitabilität (Hafner 1. Aufl. S. 343). Angestrebt wird die richtige Menge und Ausstattung von Hotelzimmern der richtigen Anzahl und Qualität von Nachfragern zum optimalen Verweil- und Buchungsmoment zum entsprechenden Preis anzubieten (Dettmer: Managementformen im Tourismus) - daraus folgt ein ständiges Ausbalancieren von Zimmerauslastung und Zimmerpreis, indem die Nachfrage kontinuierlich analysiert und mittels Preis- und Zimmerkategorieschemata eine effektive Preis-Mengen-Optimierung mit dem Ziel der Ertragsmaximierung erfolgt. Dabei geht es nicht nur um die kurzfristige Auslastung durch „Last Minute Preise“ und auf gar keinen Fall um Auslastung um jeden Preis. Es wird bereits im Vorfeld (teilweise lange im Voraus) geplant, in welcher Aufteilung die unterschiedlichen Preis- und Zimmerkategorien angeboten bzw. vermarktet werden sollen.

Das Yield-Management stellt dem auf den gegebenen Kapazitäten beruhenden Fixkostenblock einen möglichst großen Ertragsblock gegenüber. Die vorhandenen zeitlich beschränkten Kapazitäten (Hotelzimmer /- Leistung verfällt bei Nicht-Inanspruchnahme) sollen immer den höchstmöglichen Zimmerertrag generieren. Daraus folgt ein ständiges steuern der Nachfrage über den Hotelzimmerpreis. Durch verschiedene Zimmerkategorien und Preisstaffelungen soll eine Ertragsmaximierung durch Abschöpfung der zahlungsbereiten und –fähigen Kunden erreicht werden (vgl. Wiesner 1. Aufl. 2006). Besonderst die Steuerung der Nachfrage in schwachen Zeiten, wie dies z.B. in der Vor- und Nachsaison in der Hotellerie der Fall ist, sowie das Vermeiden von Übernachfrage in der Hochsaison, kann als eines der Ziele des Yield Management definiert werden. Es geht also um die Steuerung der Nachfrage, den Yield Management kann die Nachfrage nicht erhöhen, es kann die Nachfrage beeinflussen oder durch spezielle oder differenzierte Angebote konditionieren (B. Goerlich: „Wie man Zimmer profitabler verkauft" in der Hotelier 01/2006). Darum haben im Yield Management nicht die noch vorhandenen Beherbergungskapazitäten Priorität, sondern das noch zu erwartende Nachfragepotential und die dafür benötigten Hotelzimmer (vgl. Hausmann 1999). Für die Hoteliers besteht der primäre Zweck des Yield Managements darin, die Umsatz Performanz und somit die Gewinne des Betriebs zu steigern. Und dies kann im Yield Management durch die Kombination/Erhöhung der **Belegung** und der **Rate,** zu einem für den Hotelier positiven RevPar erfolgen. Die vorhandenen bzw. verfügbaren Hotelkapazitäten sind so zu steuern, dass sie maximale Erträge erzielen. Im Optimalfall ist der Gast zufrieden mit dem bezahlten Preis und der Gegenleistung: Und der Anbieter hat seine Waren und Dienstleistungen zum adäquaten Preis verkauft (vgl. B. Goerlich: Ordnung im Ratenchaos in AHGÄZ Ausgabe 50/2005).

Ziel des Yield Management ist,

Für eine vorgegebene Kapazität, unter Berücksichtigung

- **der Nachfragestruktur,**
- **von Preis-Nachfrage-Funktionen und,**
- **sonstigen externen Rahmenbedingungen**

einen maximalen Ertrag zu erreichen

(nach Kirstges: Management von Tourismusunternehmen 1994 S. 176)

Yield-Management ist im Grunde nichts Neues. Im Rahmen des geänderten Marktes, und zwar vom Verkäufer- zum Käufermarkt, erlangt eine flexible Preispolitik jedoch ganz erheblich an Bedeutung (Gugg in Heidelberger Handbuch für die Hotellerie). Auch früher gab es schon Preisdifferenzierungen in der Hotellerie, eine der bekanntesten war die Differenzierung nach Haupt- und Nebensaison. Aber auch Differenzierungen wie Wochenendpreis, Sommerpreis, Osterangebot usw. waren und sind teilweise in der deutschen Hotellerie stark verbreitet. Im Gegenzug zu diesen Differenzierungen wird beim Yield Management die Steuerung aber geplant und sehr kurzfristig gemacht, anhand von zuverlässigen Prognosen und eben nicht „nach Gefühl" (vgl. Schaffer 2006). Auch das „Trading down" (von der teuersten Suite bis hin zum einfachen Standartzimmer) oder „Trading up" (der Versuch, am Ankunftstag dem Gast anstelle der normalen Standardzimmer die nächst höhere Zimmerkategorie zu verkaufen – „selling Up") gehören zur weiteren Palette des Yield Managements (Schaetzing: Systematisches Yield Management zur Erhaltung und Steigerung des Marktanteils in der Hotellerie).

Der Leitgedanke der Yield-Philosophie lautet:

- Kein Bett darf billiger verkauft werden, als dies aufgrund der Nachfrage notwendig ist
- Kein Bett darf leer bleiben, das durch eine – kostenrechnerisch vertretbare – Preismaßnahme belegt werden kann.
- Die Aufgabe des Yield-Management ist es, den durchschnittlichen Erlös pro Zimmer möglichst an den kalkulierten Zimmerpreis heranzuführen

(Quelle: Dettmer: BWL für das Gastgewerbe)

In der Preisgestaltung des Yield-Managements fließen Daten über das Buchungsverhalten der Vergangenheit (History), aktuelles Tagesgeschehen (Buchungssituation, walk in`s evtl. no show`s) sowie ein ständiger Ausblick in die Zukunft (Forecast) ein (Gruner/Maxeiner, Fachbegriffe Revenue Day). Für jeden Tag/Zeitpunkt, muss also die optimale Angebotsmenge bestimmt werden sowie die zugehörigen Preise, welche die Zahlungsbereitschaft je Kundensegment berücksichtigen. Wie sich also erkennen lässt, kann Yield-Management nicht nur als reine bzw. spezielle Form der Preisdifferenzierung verstanden werden - es stellt vielmehr eine Kombination aus Preisdifferenzierung und einem Prognose- und Reservierungssystem zur Preis- Mengen-Steuerung dar. Yield-Management befasst sich nicht nur mit den Preisen, sondern auch mit der Beziehung zwischen den Marktsegmenten und der Nachfrage die in diesem Segment herrscht. Eine Voraussetzung, damit Yield Management sein Potential voll ausschöpfen kann, ist, die Gäste in einzelne, in sich möglichst homogene Nachfragergruppen abgrenzen zu können (vgl. Hilz: Yield Management für Reiseveranstalter).

Nach Gruner/Maxeiner, kann Yield-Management folgendermaßen unterschieden werden:

- **Computergestütztes Yield-Management**
- **GDS / CRS – und Internetgestütztes Yield-Management**
- **Outgesourctes Yield-Management**

Die Chancen des Yield-Managements sind:

- Reduzierung von ungenutzten Kapazitäten und Leerkosten
- Gruppentarife können abhängig von der Nachfrage ermittelt werden
- Zusätzliche Erträge und Gewinne
- Verbesserte informatorische Grundlagen (historische Daten) verbessern Endscheidungen (z.B. Leistungserstellung, Preisgestaltung)
- Umfangreiches differenziertes Angebot

Das Leitprinzip des Yield-Management in der Hotellerie lautet:

Verkaufe das richtige Hotel-Produkt / Hotelzimmer, an den richtigen Gast / Kunden, zur richtigen Zeit und zum richtigen Preis um somit den bestmöglichen Profit zu generieren.

Im Rahmen des Yield Management müssen Hoteliers versuchen, mit einer gezielten Preis- und Produktpolitik den verschiedenen Zielgruppen ein gutes und faires Angebot zu geben.

Für welche Hotelbetriebe lohnt sich Yield-Management?

Bisher ist es vor allem der Ketten- und Großhotellerie gelungen, durch Kategorieverkauf und Yield Management Belegung und Rate zu erhöhen. Zudem konnten sie aber auch Preiserhöhungen am Markt durchsetzen. Aber nicht nur Hotelketten und Großbetriebe können von Yield Management profitieren, auch in der Individualhotellerie lässt sich der Gedanke des Yield Management umsetzten. Besonderst die manuelle Anwendung des Yield Management bzw. das sog. Ampelsystem ist für kleine und mittelständische Hotelbetriebe besonderst geeignet. Ein computergestütztes Yield Management ist jedoch für kleine Hotels und Pensionen unter zehn Zimmer, nicht zu empfehlen. Zum einen werden in diesen Betrieben die funktionalen Anforderungen nicht erfüllt und andererseits würden die Kosten für ein solches System den Nutzen bei weitem überschreiten (vgl. Bagemihl 1994). Auf der anderen Seite setzt Yield-Management voraus, dass im Hotel ausreichendes Know-how vorhanden ist, um aus der Vergangenheit in die Zukunft zu schauen. In Kleinstbetrieben fehlen einfach die nötige Ausbildung und das Wissen um die teilweise hoch entwickelte Yield-Management-Technologie zu bedienen. Ebenfalls wird vorausgesetzt dass der Hoteldirektor hierfür die erforderliche Zeit hat (E. Gugg 1992). Selbst die manuelle Methode des Yield-Managements kommt für kleinere Hotels eher nicht in Frage. Denn bei diesen Methoden werden zwar Prognosetechniken wie z.B. Trendberechnungen oder exponentiales Glätten selten angewandt, dafür dienen aber die Buchungshistory und die zukünftige Nachfrage als Aktionsparameter.

So ging z.B. Gugg 1992 noch davon aus das sich Yield-Management erst bei Hotelbetrieben von einer Mindestgröße von 80 – 100 Zimmern rentiert. In der heutigen Zeit mit der verbesserten Hotel-EDV kann sich Yield-Management schon für Betriebe ab einer Größe von 30-40 Zimmern rentieren. Kleinere Hotels könnten mit anderen Hotels kooperieren – so könnte von der Marketingzentrale aus die Nachfrageverteilung mit Hilfe von Yield-Management optimiert werden. Auf diesem Weg könnten auch die hohen Kosten für Yield-Management-Systeme (z.B. Optims) mit ca. 200 000€ Software und Lizenzgebühren plus 10% jährliche Pflegekosten (vgl. Gardini 2004) kompensiert werden. Konkrete Erfahrungswerte über die Umsatzsteigerung durch Yield Management liegen noch nicht vor, allerdings lässt sich eindeutig sagen, dass die Mehreinnahmen die Kosten für das Yield Management deutlich übertreffen (vgl. Rollling Pin Nov 06). Der Anbieter Ideas garantiert seinen Hotelkunden sogar vertraglich Umsatzsteigerungen von mindestens vier Prozent durch Individualgäste (vgl. Der Hotelier 7-8/01). Somit hat der Hotelier eine gewisse Sicherheit auf der Investitionsseite.

Bedingt durch die wöchentlichen Fluktuationen in der Ferienhotellerie, ist Yield Management dort nur bedingt anwendbar.

Einsatz von Yield Management in der Hotellerie

Gering	Mittel	Stark	Intensiv

Individualhotellerie
Kleine mittelständische Privatbetriebe, die teilweise nur als Saisonbetriebe geführt werden.

Hotelkooperationen
Hotelkooperationen wie Best Western, Akzent – haben teilweise eine eigene Reservierungszentrale und sind mit einem GDS und CRS verbunden.

Ketten- und Markenhotellerie
Internationale Hotelkonzerne wie z.B. Accor oder Cendant betreiben Multichannelvertrieb und ein GDS,CRS und Internetgestütes Yield-Management. Hotelketten wie z.B. Accor haben ein eigenes Reservierungssystem (TARS). Markforschung, Pricingmodelle und Einsatz von dynamischen Preismodellen „Dyanamic Pricing"

Einfache Preisdifferenzierung. Teilweise nur Preise differenziert nach Vor- und Nachsaison.	Preisdifferenzierung Verschiedene Tarife wie Normal-, Vorauszahlungs- und Stand by Tarif. Technik des Überbuchens, Ampfel-System. Mindestaufenthalte	Nutzung des manuellen Yield Management Moduls der Hotelsoftware. Verschiedene Raten und dynamische Preismodelle. Begrenzte Anzahl von ermäßigten Tarifen.	Voll automatisiertes Yield Management. Yieldmgt-Software.Markforschungs-institute analysieren den Wettbewerb mit Blick auf die Preisgestaltung. Pricing Tools und Revenue-

(Abb.: „Einsatz von Yield Management in der Hotellerie" eigene Darstellung)

Generell gilt das Yield Management für Dienstleistungsbetriebe nur dann sinnvoll ist, wenn folgende Voraussetzungen erfüllt sind:

- Es handelt sich um ein Produkt (das Hotelzimmer) dessen Wert bei Nichtabnahme verfällt. *Beherbergungsleistungen können nicht auf Vorrat produziert und gelagert werden.*
- Es handelt sich um einen Betrieb der durch einen hohen Anteil von Fixkosten (Kosten für Hotelpersonal, Pacht) gekennzeichnet ist. *Beherbergungsleistungen weisen teilweise einen erheblichen Standardisierungsgrad sowie eine hohe Kapitalintensität auf. Dadurch sind Beherbergungsleistungen durch eine relativ starre Kapazität gekennzeichnet.*
- Der Betrieb verfügt über feste Kapazitäten (z.B. 120 Hotelzimmer), d.h. die Kapazitäten sind nicht beliebig zu erweitern. (*Durch hohe Kosten und einen erheblichen Zeitaufwand sind kurzfristige Kapazitätsanpassungen fast unmöglich. Aber auch in Bezug auf immaterielle Potentiale, sind Kapazitätserweiterungen nur bedingt möglich. Insbesondere die Mitarbeiterkapazität lässt sich nur bedingt steuern* (Frehse 2003)).
- Der Betrieb bietet sein Produkt (das Hotelzimmer) bereits vor der Nutzung zur Buchung an (Hotel ist z.B. über CRS buchbar)

(Quelle: vgl. Europäische Kommission, Yield Management S. 6 + eigene Ergänzungen)

All diese Voraussetzungen werden von Hotelbetrieben erfüllt. Als weitere Voraussetzungen / Besonderheiten nennt Henschel (Hotelmanagement 1. Aufl.) + *eigene Ergänzungen*:

- Die Nachfrage nach Hotelleistungen in definierbare Segmente mit unterschiedliche Preiselastizität ihrer Nachfrage unterteilt werden kann. *Für dringliche oder zu einem bestimmten Zeitpunkt benötigte Hoteldienstleistungen, besteht in der Regel eine höhere Zahlungsbereitschaft bei den Kunden (Geschäftsreisende vs. Freizeitreisende)*
- eine ungewisse, schwankende Nachfrage der verschiedenen Gästegruppen besteht,
- das Buchungsverhalten der verschiedenen Gästegruppen nicht gleich ist,
- das Hotels auf Grund unterschiedlicher Größe, Auslastungen oder Lage der Zimmer usw. eine Produktdifferenzierung vornehmen können, mit denen Preisunterschiede gerechtfertigt erscheinen.

In der Literatur wird gelegentlich die Möglichkeit der Vorausbuchung der Dienstleistung als Einsatzvoraussetzungen für Yield-Management genannt, obwohl es sich bei einem Reservierungssystem eher um ein Instrument als um eine Prämisse des Yield-Managements handelt (vgl. Höck Sicht 1.Aufl.). Wichtig für die Hoteliers ist die richtige Software. Denn wird Yield Management als eine Kombination von mathematischen Algorithmen, Techniken und Strategien verstanden, die für die Erzielung eines maximalen Gewinns eingesetzt werden, so zeigt sich recht schnell das Yield Management nur mit Hilfe eines Software-Programms für den Hotelier zu bewerkstelligen ist. Yield Management Systeme / Software wie Opims Yield, TLP.net oder ORMS-Opera sind Systeme die teilweise genau auf den Bedarf und den Markt des Hotels abgestimmt werden können. Ein ausführlicher Vergleich dieser Systeme lohnt, je nach Struktur und Größe des Betriebes, bieten sie dem Hotelier unterschiedliche Vorteile.

Voraussetzungen für ein erfolgreiches Yield-Management-System

Damit mit Yield Management auch ein effektiver Nutzen für den Hotelbetrieb erreicht werden kann, müssen einige Grundvoraussetzungen erfüllt sein. Zum Beispiel sollte ein Hotel, das gezielt Ertragssteuerung betreiben will, seine normale und absolute Preisuntergrenze kennen, um generell immer oberhalb der Gewinnschwelle zu arbeiten (B. Spalteholz in „Zukunftsverträgliche Arbeits- und Unternehmensgestaltung in der Tourismuswirtschaft"). Ebenfalls sollten verschiedene Zimmerkategorien und Saisonzeiten vorhanden sein. Weitere Voraussetzungen sind:

- möglichst effektive Preis-Struktur
- Beschränkung der akzeptierten Reservationen auf der Basis des Profitpotentials
- Mengenrabatte an Gruppen
- Übereinstimmung von Marktsegmenten mit Raumtypen und Preispräferenzen
- Reservationspersonal zu Verkaufspersonal machen
- Gründe für Discounts schaffen (Frühbuchung, -zahlung, Aufenthaltsdauer)
- Konsistenz gegenüber CRS und anderen Intermediären

Quelle:: Institut für Tourismus und Verkehrswirtschaft an der Universität St. Gallen, Workshop Pricing

- Akzeptanz des Yield-Management durch den Kunden
- Angebots- und Preisdifferenzierung durch Fencing:
  - ***Arrival-Restriction***
  - ***Booking-Ristriction***
  - ***Stay-Restriction***
- Exakte mengenmäßige Dimensionierung der Nachfrage
- Distributions-Mix

Zudem ist die Kommunikation zwischen den Abteilungen, das Hand-in-Hand-Gehen von Sales und Revenue Management-Aktivitäten entscheidend über den Erfolg eines Hotels (Cost & Logis 18/2005). Zum erfolgreichen Yield-Management ist wie bereits oben erwähnt, die richtige Software notwendig. Die Software muss die Hoteldaten in aussagekräftige Informationen umwandeln können, so muss z.B. der Hotelier zu jedem Zeitpunkt klare Antworten auf alle Fragen die das Hotelmanagement betreffen erhalten:

- das Kaufverhalten der Gäste (Wann und zu welchem Zeitpunkt wurde die Reservierung getätigt?)
- die Tendenz des Buchungsverlaufs
- die Hotelleistungen

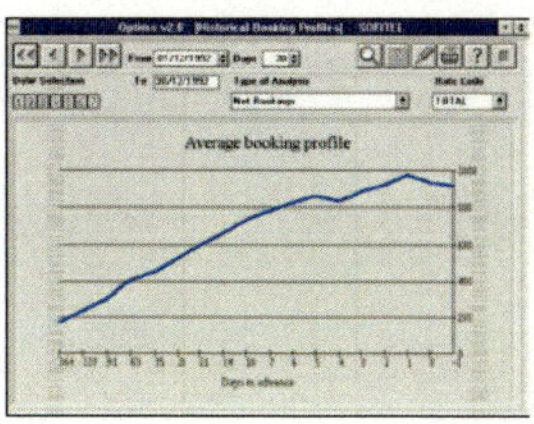

Buchungsverhalten

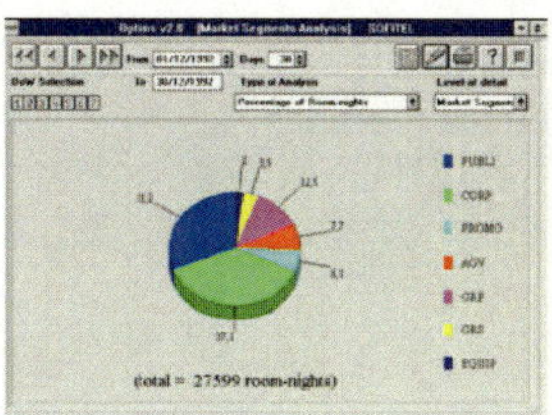

Segmente

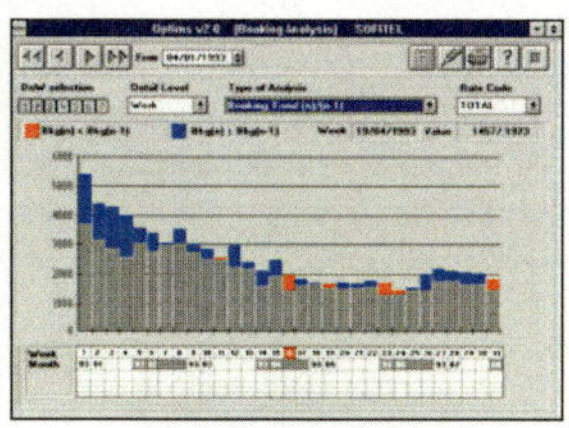

Buchungstendenz

(Abb. Quelle: Präsentation Optims.Yield Das Yield Management-System für Hotels S.6)

Merke: Für erfolgreiches Yield Management ist eine ausgeklügelte Yield Management-Software notwendig.

Ermittlung der Preisuntergrenze eines Hotelbetriebs

Die Preisuntergrenze eines Hotels errechnet sich aus den fixen und variablen Kosten des Betriebs und sollte daher auch jedes Jahr neu berechnet werden. Die Festsetzung der Preise wird in der Regel von den variablen Kosten bestimmt. Die fixen Kosten wie z.B. Miete oder Festpacht bleiben teilweise über Jahre konstant – die variablen Kosten ändern sich häufiger. Berechnet der Hotelier seine variablen Kosten für jeden Monat neu, so kann er auch monatlich seine Preisuntergrenze neu bestimmen. Die Frage der Preisuntergrenze kann mit Sicherheit von der Vollkostenrechnung nicht sauber beantwortet werden, denn dazu braucht man unbedingt die variablen bzw. die proportionalen Kosten, denn die bestimmen zumindest die ***theoretische*** Preisuntergrenze (vgl. K. Englisch 2. Aufl. 1994 S. 58). Nur wenn die Preisuntergrenze dem Hotelier und all seinen Mitarbeitern bekannt ist, kann es vermieden werden das Beherbergungsleistungen unter Wert verkauft werden. Die Preisuntergrenze eines Hotels kann somit definiert werden als der niedrigste Preis, der gerade noch geeignet ist die Gesamtkosten für Produktion und Service zu decken. Die Preisuntergrenze errechnet sich wie folgt:

Preisuntergrenze = direkte Gästekosten + fixe Kosten pro Offenhaltetag und Bett

PU = DGK + fKo/OHT/Bett

Quelle: E.Liegl, Optimierung der Preise ÖHV 2006

Die Differenz zwischen der Preisuntergrenze, die in erster Linie durch faktorenkombinationspolitische Komponenten bestimmt wird, und der marktabhängigen Preisobergrenze ist der Spielraum preispolitischer Entscheidungen (Gugg: 2. Aufl. 1990). Je höher der Verkaufspreis eines Hotelzimmers über der Preisuntergrenze liegt, desto höher ist der erwirtschaftete Ertrag.

Umsetzung von Yield Management im Hotelbetrieb

Yield Management kann auf unterschiedliche anspruchsvolle Arten umgesetzt werden:

1. Manuelles Yield Management:

Beim manuellen Yield Management ist meist der Reservierungsleiter, Front-Office Manager oder in großen Hotelketten der Revenue-Manager für die optimale Preis-Planung verantwortlich und behält den entsprechenden Überblick. Die Kapazitäten werden nach Gefühl und Erfahrung des Verantwortlichen bepreist und verplant. Nützlich hierfür sind die Belegungsstatistik des Hotels, die No show – Statistik sowie viele der anderen hotelüblichen Kennzahlen. Die für das Yield Management verantwortliche Person muss außerdem über Messen, Festivals und aktuelle Veranstaltungen – bei denen eine gesteigerte Nachfrage zu erwarten ist bescheid wissen.

2. Mengenmäßige Preissteigerung:

Die Nachfragemengen für die einzelnen Tages-/Stundenkapazitäten werden automatisiert erfasst. Die Preise steigen automatisch mit dem erreichten Auslastungsgrad.

3. Kontingentiertes Yield Management

Der Verlauf der Nachfrage wird nach Zeit und Gästesegment erfasst und über einen längeren Zeitraum ausgewertet. Es werden Nachfrageprofile erstellt, Saisonschwankungen, Stornoquote usw. berücksichtig. Die Kapazitäten werden nach Kontingenten vergeben, die variable Preise und Größen haben.

(Abb.: „Entwicklungsstufen des Yield Management" nach Pocket Power Controlling – Kalkulation und Preisfindung + eigene hoteltypische Ergänzungen)

Gerade die 3. Stufe bzw. das kontingentierte Yield Management ist teilweise von so hoher Komplexität das es nur mit spez. (Hotel-) EDV-Programmen beherrscht werden kann. Spez. Hotelsoftware wie „Fidelio" oder „Protel" können hier helfen, beide Systeme haben ein manuelles Yield-Modul welches einfach nur aktiviert werden muss.

Einführung / Implementierung von Yield-Management im Hotelbetrieb

(Nach SHV/DeHoGa: Marketing der Gastfreundschaft und Dettmer: BWL des Gastgewerbes)

Die Einführung von Yield-Management im Hotelbetrieb kann sich demnach in vier Schritten vollziehen:

1. ***Beurteilung der Gesamtnachfrage:*** Zuerst muss die Gästestruktur, das Kaufverhalten der Gäste, die Belegung und der Verlauf der Vorjahre analysiert werden. Aus dem Geschäftsverlauf der Vorjahre, sowie aus vorhersehbaren Ereignissen (Feste, Messen, Veranstaltungen) lässt sich eine voraussichtliche Belegung ermitteln. Aus den vorhandenen Angaben, können Gesetzmäßigkeiten für die zukünftige Belegung ermittelt werden.
2. ***Prognose:*** Die Auswertung dieser Daten ist auch Grundlage der Budgetierung aus prognostizierter Gästenachfrage und Kosten. Nun ist es an der Zeit, zu planen wie viele Gäste wahrscheinlich im Hotel übernachten werden. Bereits im Voraus können Zeitenräume festgelegt werden, in denen eine unterschiedliche Belegung zu erwarten ist. Diese Zeiträume können kategorisiert werden und für die Mitarbeiter in einem Kalender durch Farbpunkte kenntlich gemacht werden. Als Beispiel hierfür soll das sog. Ampelsystem genannt werden:

 Belegungsperioden mit extrem starker Nachfrage: Die Nachrage übersteigt deutlich das Angebot (Kongresse, Messen, Festival). Die Auslastung beträgt tendenziell 100%. Zu diesem Zeitpunkt wird nur die Rack Rate verkauft. Die Anfrage von Firmen zur Corporate Rate können zurückgewiesen werden.	 Belegungsperioden mit starker Nachfrage aber unsicheren Buchungen z.B. 18:00 Uhr Buchungen. Tendenziell wird die Rack Rate oder die Rack Rate 2 verkauft. Reisen die 18:00 Uhr Buchungen nicht an so kann das Zimmer zur Rack Rate 2 verkauft werden um die Nachfrage zu stimulieren.
 Belegungsperiode mit relativ starker Nachfrage. Die Belegung des Hotels beträgt ca. 60-70% mit steigender Tendenz. In dieser Zeit werden nur noch Zimmer der mittlern und oberen Preiskategorie verkauft. Preisnachlässe sind eher die Ausnahme.	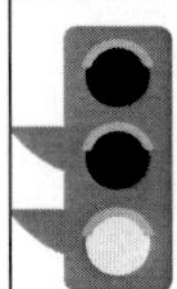 Belegungsperiode mit geringer Nachfrage. Spärliche Reservierungsbewegungen, eine Belebung der Nachfrage ist nahezu ausgeschlossen. Betonung Preisaggressiver Aktionen (Gruppen- / Pauschalreisen). Preisnachlässe erschließen neue Marksegmente und erhöhen die Deckungsbeiträge.)

(Abb. 48: Quelle:E. Gugg: Yield-Management in der Hotellerie- in Moderne Hoteltechnik 1992 + eigenen Ergänzungen (z.B. der rot-gelben Ampel)

Zusammenfassung Ampelsystem:

- Tage mit einem Nachfrageüberhang (hohe Preise) erhalten einen roten Punkt
- Tag mit starker Nachfrage aber unsichern Buchungen erhalten einen rot-gelben Punkt
- Tage mit starker Nachfrage (Rack – rate orientiert) werden gelb markiert.
- Tage mit niedriger Belegungsrate (Preisnachlässe) erhalten einen grünen Punkt.

(Quelle: nach Seitz Hotelmanagement 1997 + eigene Ergänzungen)

Wichtig in dieser Phase ist die Festlegung einer kalkulierten Basispreises.

3. ***Realisierung:*** Nicht an jedem Tag kann mit einer guten Belegung gerechnet werden. Der Hotelier muss in dieser Zeit sich darum bemühen die Nachfrage zu stimulieren. Grundsätzlich sollen an gut belegten Tagen primär die teuren Zimmer bzw. Raten verkauft werden. Günstige Preise wie Gruppenpreise werden eher an den schlecht belegten Tagen angewendet.
4. ***Erfolgskontrolle:*** Zur Kontrolle des Erfolges dienen hotelübliche Kennziffern wie z.B. der durchschnittlich erzielte Zimmerpreise, Anzahl der belegten Zimmer, Room Yield, Anzahl abgewiesener Reservierungsanfragen…)

Einführung von Yield-Management (Beispiel von Hogascout)

Definieren Sie zusammen mit Reservierung, Verkauf und Direktion Ihre Ziele

Die Zusammenarbeit zwischen den Abteilungen im Hotel ist ein entscheidender Faktor für Ihren Erfolg mit Yield Management. Die Reservierung mit den Kenntnissen über Buchungsverhalten, der Verkauf mit Kenntnissen über Mitbewerber und Kunden, sowie die Direktion mit strategischer Planung und Entscheidungsfindung.

2. Datenbasis

Für die erfolgreiche Implementierung von Yield-Management ist eine solide Datenbasis mit gesammelten Informationen über das Nachfrage- und Buchungsverhalten der Gäste und über die Aktivitäten der regionalen Konkurrenten nötig. Zudem müssen Event, regionale Veranstaltungen, Konzert usw. ebenfalls in der Datenbasis erfasst werden. Ohne eine solche Datenbasis ist Yield-Management nicht durchführbar.

Nach Hogascout sind besonderst Daten aus der Reservierungsabteilung, des Verkaufs und der Direktion notwendig um Yield-Management zu implementieren. Notwendige Daten sind:

Reservierung:

- Belegungsvorschau der nächsten Wochen und Monate (Monatsübersicht)
- Belegungsvorschau der nächsten 30 Tage (Tagesübersicht)
- Buchungsverhalten DBA (DBA= Date Before Arrival)
- Stornierungs-Statistik
- No Show Statistik
- Walk In Statistik

Verkauf:

- Market Share (Übersicht der Ergebnisse der Mitbewerber, ERFA-Gruppen, Hotelkooperationen)
- Mitbewerberpreischeck für definierte Zeiträume
- Analyse der Distributions- und Kommunikationskanäle
- Ergebnisse der Marktforschung (Beherbergungsstatistik, Reiseanalyse, aktuelle Fachartikel zum Nachfrageverhalten in der Hotellerie)

Direktion:
- Budget
- Definition der Minimumrate (Break Even)

Grundsätzlich sollte versucht werden soviel Datenmaterial wie möglich zu erhalten. Wenn dieses Datenmaterial dann auch noch richtig ausgewertet wird – dann steht einem erfolgreichen Yield-Management nichts mehr im Wege.

3. Ratenstruktur

Um auf die Nachfragesituation richtig reagieren zu können, ist eine gut durchdachte Ratenstruktur notwendig. Ausgehend vom Schrankpreis (Rack Rate immer inkl. MwSt.) werden verschiedene Raten geschaffen. Die Rack Rate dient dabei als höchster Preis, die neuen Raten liegen also alle unter der Rack Rate (außer Messerate). Oder anders gesagt, alle rabattierten Preise rechnen sich auf die Rack Rate zurück. So können z.B. Promotion Raten für nachfrageschwache Zeiten, Corperate Rates für Gruppen, Wochenendraten und Messeraten für Zeiten mit starker Nachfrage geschaffen werden. All diese Raten sollten gewisse Restriktionen enthalten wie z.B. Kreditkarte, Vorauszahlung, Minimum stay usw. Auf jeden Fall sollte eine logische und für den Gast nachvollziehbare Preisstruktur erarbeitet werden.

Vorteile einer logischen Preisstruktur
• Flexible Argumentation, kein Zwang zu Dumping-Preisen. • Beim Telefonverkauf lassen sich viel leichter Upgradings betreiben. • Bei Firmenverhandlungen bieten sich klar strukturierte Zimmerkategorien für unterschiedliche Hierarchiestufen an. **Tipp:** Am Telefon niemals konkrete Zimmer fest zusagen, sondern mit der Zimmerzuteilung bis kurz vor der Anreise warten. **Tipp:** Hohe Zimmerpreise als Reservierungskategorie proaktiv anbieten, elektronisch über die Medien, persönlich am Telefon und an der Rezeption.

(Quelle: www.spalteholz.com)

B. Definition der Strategien des Ratenangebots

Nun wurden die Grundlagen für ein Yield-Management-System gelegt, nun müssen verschiedenen Strategien und Szenarien ausgearbeitet und auf den Hotelbetrieb übertragen werden.

Im folgenden Beispiel werden 3 Ratenkategorien realisieren. A, B und C – Die Rate C stellt die höchste Rate neben der Rack Rate dar.

Kategorie A

Kategorie A	
Messerate	160,-
Rack Rate	140,-
Firmenrate brutto	121,-
Firmenrate netto	110,-
Wochenendrate	90,-
Promotion Rate	80,-
Restriktionen: - Alle Raten sind geöffnet - Verfügbar wenn unter xy % Auslastung - Verfügbar in saisonal schwachen Zeiten	

In der Kategorie A sind alle Raten geöffnet. Ziel ist es mit der Kategorie A einen gewissen Prozentsatz an Auslastung und Umsatz zu generieren. Mit der Kategorie A wird auch die Grundlage zur Anwendung der Kategorie B geschaffen.

Des Weiteren kann Kategorie A flexibel auf eingetretene Buchungsrückgänge angewandt werden um das verlorene Geschäft in bestimmten Bereichen auszugleichen

Ab der Kategorie B beginnt das Yield Management. Eine Basis an Auslastung und Umsatz ist vorhanden. Ab hier wird versucht den Umsatz zu optimieren.

Günstige Raten wie die Promotionrate sind nur noch in Bezug zu einer Bedingung buchbar. In unserem Beispiel mit einer Aufenthaltsdauer von 3 Tagen.

Kategorie C

Kategorie C	
Messerate	160,-
Rack Rate	140,-
Firmenrate brutto	121,-
Firmenrate netto	110,-
Wochenendrate	90,-
Promotion Rate	80,-
Restriktionen: - Keine Rabattraten verfügbar - Auslastung über xy %	

In der Kategorie C sind alle „günstigen" Raten geschlossen. Basis hierfür ist entweder eine Auslastung über xy% oder auch die erhöhte Buchungsnachfrage zum Beispiel bei Messeterminen.

(Quelle: Dieses Kapitel bestand hauptsächlich aus dem Artikel „Yield Management – Optimieren Sie ihre Gewinne" – online unter www.hogascout.de sowie aus zahlreichen Ergänzungen, andere Quellen sind besonderst gekennzeichnet)

Grundstruktur eines Yield-Management-System

Das eigentliche Yield-Management-System beruht auf drei Grundlagen:

- Einer Datenbasis / Datenbank
- Einem Prognoseteil / -modell
- **Einem Optimierungsteil / -modell**

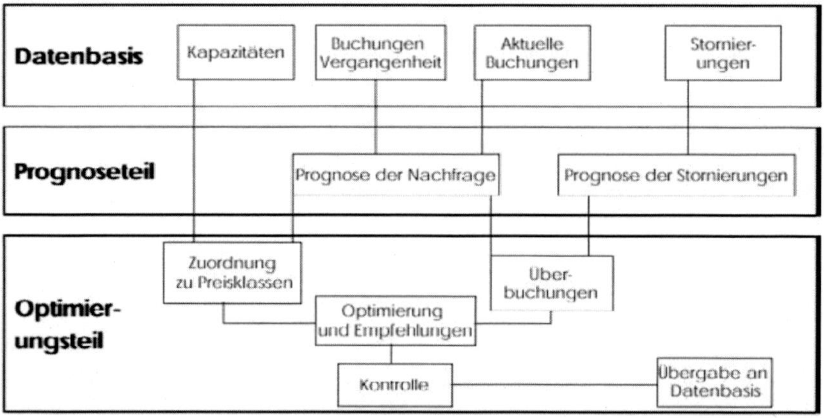

In der Datenbasis / Datenbank sind alle historischen Buchungsrelevanten Daten wie Reservierungen, Stornierungen, Walk ins, no show`s, Belegung, Buchungsstatistiken nach Reservierungsträger usw. enthalten. Außerdem sollte die Datenbank nicht nur unternehmensinterne Informationen, sondern auch Informationen über den Hotelmarkt und die aktuelle Wettbewerbssituation enthalten. Eine große Datenbasis erleichtert die Erstellung von exakten Prognosen. Die Datenbasis ist die Grundlage des Yield-Managements nur wenn sie ständig aktualisiert, ergänzt und gepflegt wird, besteht die Möglichkeit gute Prognosen abzugeben und den Ertrag des Hotels zu optimieren. Die Datenbank stellt den aufwendigsten Teil des Yield-Management-Systems dar, in ihr werden auch Überbuchungen und no show`s erfasst. Werden diese Daten exakt analysiert so lässt sich eine zulässige Überbuchungsrate bestimmen. Informationen,

- über die Preiselastizität der Nachfrage
- über die Gästesegmente
- über Buchungsverhalten / -verlauf pro Gästesegment
- über die Zahl der Walk-Ins
- über die Zahl der Stornierungen
- über die Zahl der No-Shows

(Laesser Christian. (1998). Marketing unter erhöhter Preistransparenz - Beispiel EURO. IDT, St. Gallen.)

werden zum Yield-Management vorausgesetzt

Der **Prognoseteil** greift auf die Daten der Datenbasis zurück, um so eine Schätzung der Nachfrage auf der Basis von Gästeklassen zu berechnen. Die Bedürfnisse und das Verhalten von verschiedenen Gastsegmenten, muss über diverse Zeithorizonte hinweg für verschiedene Hotelzimmerkategorien und Preisklassen vorhergesehen werden. Entsprechend der zu erwartenden Zimmernachfrage (Prognose) pro Öffnungstag müssen für einzelne Marktsegmente dynamische Preise zur Optimierung der Zimmerbelegung und Deckungsbeiträge festgelegt werden (Schaetzing: 6. Aufl.) Das Prognosemodul versucht die zu erwartende Nutzung der Hotelzimmer und die Nichtabnahme der reservierten Hotelkapazitäten zu schätzen. Unter der Berücksichtigung der Daten vergangener Saisonzeiten und sonstiger Rahmenbedingungen (gesellschaftliche, politische, wirtschaftliche oder sonstige Einflüsse) kann man eine Prognose über den Buchungsverlauf der aktuellen Saison erstellen (Kirstges 1992). Bei der Prognose sollte jedoch nicht vergessen werden, dass die Buchungszahlen aus der Vergangenheit nicht einfach auf die Zukunft übertragen werden können. Es gilt eine Vielzahl externer Einflüsse und innerer Zielsetzungen zu beachten. Die Ergebnisse aus der Prognose, liefern dem Hotelier Daten die er für die Festlegung der Kapazitäten und für die Strukturierung der Buchungsklassen benötigt. Die angestellten Prognosen bilden zusammen mit der Datenbasis die Grundlage für die Preis- und Kapazitätssteuerung im Yield Management.

Nachfrage und Buchungen

In der Hotellerie wird die Nachfrage im Allgemeinen auf der Basis von Reservierungen / Buchungen (oder auch Zimmeranfragen) erfasst. Ohne eine solide Datenbasis mit gesammelten Informationen über das Buchungsverhalten der Gäste und das Auftreten der Konkurrenten am Markt, ist kein erfolgreiches Yield-Management möglich. Besonderst zu beachten sind die Nachfrage und Buchungen im Zeitverlauf. Diese sog. Buchungskurve gibt an, welcher Anteil der Gesamtkapazität an Hotelzimmern zu einem bestimmten Zeitpunkt vor Nutzung der Kapazität bereits verkauft ist. Vergleicht man die Buchungskurve mit der auf der Basis von Erfahrungswerten ermittelten, kann man frühzeitig Ausnahmesituationen erkennen und entsprechend gegensteuern, z.B. durch die Umordnung von Kontingenten etc (Zehle in Wolf/Seitz 1991). Denn es ist anzunehmen, wenn die Buchungsentwicklung vergleichbarer Einzelereignisse ähnlich verläuft, dann lassen sich auch Rückschlüsse auf die Anzahl der noch zu erwarteten Buchungen / Reservierungen von heute bis zum Termin der Leistungserstellung / Dienstleistung (Anreise des Gastes) ziehen (vgl. Remmers in Schertler 1. Aufl. 1994).

Das **Optimierungsteil /-modul.** Die Ziele der Optimierung sind, das Hotel so auszulasten, dass diejenigen Gäste / Nachfrager mit der höchsten Zahlungsbereitschaft mit Priorität befriedigt werden. Ebenfalls ein Ziel ist, Umsatzverluste und Umsatzverdrängung zu minimieren. Wie z.B. im obigen Beispiel gezeigt wurde, können z.B. Gruppenanfragen teilweise die Nachfrage verdrängen und zu Umsatzverlusten führen, da die Zimmer ebenso gut an Vollzahler hätten verkauft werden können. Umsatzverluste können z.B. entstehen, wenn im Hotel die niedrigen Raten geschlossen werden, da vorhandene Hotelkapazitäten für Vollzahler freigehalten werden sollen, die letztlich nicht gefunden werden. Umsatzverluste entstehen auch durch die sog. *Kannibalisierung – Einem Gast wird eine günstigere Rate angeboten, als dieser bereit gewesen wäre zu bezahlen.* Im Mittelpunkt des Optimierungsteils steht die Kapazitätssteuerung in Form von Preis-Mengen-Steuerung, Überbuchung oder Kontingentierung. Voraussetzung hierfür ist eine sinnvolle Segmentierung der Nachfrage durch Preisdifferenzierungen.

Optimierung bei hoher Nachfrage

Auch in der Hotellerie kommt es öfter einmal vor, dass die Nachfrage das Angebot übersteigt. Man spricht in diesem Fall von einem sog. Nachfrageüberhang. Ein solcher Nachfrageüberhang tritt auf bei Messen, Events oder in der Hochsaison. An diesen Tagen weiß der Hotelier ganz genau, dass er alle Zimmer verkaufen kann bzw. wird. Bei einem Nachfrageüberhang können nicht mehr alle Reservierungswünsche der Gäste befriedigt werden. Die Optimierung besteht nun darin, nur solche Reservierungen zu akzeptieren, die die höchsten Erträge versprechen. So werden z.B. die Reservierungen durch einen schlechter zahlenden Reiseveranstalter nur so lange akzeptiert, wie aufgrund entsprechender Nachfrageprognosen erwartungsgemäß kurzfristig nicht an besser zahlende Geschäftreisende vermietet werden kann.

Die Gesamtkapazität wird entsprechend den vorher aufgestellten Prognosen in mehrere Unterkontingente geteilt, wobei jedem Teil ein eigener Preis zugewiesen wird (A. Hilz: in Mundt 4. Auflage). Bei dieser Art der Optimierung, sollen den verschiedenen Preis-Produkt-Kombinationen oder auch Klassen die Anzahl von Einheiten (Zimmern) zugewiesen werden, die den Gesamtertrag maximieren (vgl. Bagemihl 1994). Wichtig bei einer Kontingentierung bei Nachfrageüberhang ist, dass der Verkauf an Nachfrager mit geringer Zahlungsbereitschaft unterbleibt oder zumindest begrenzt wird, da erwartet werden kann, dass die Hotelleistung später zu einem höheren Preis verkauft werden kann. Alle günstigen - ob mit oder ohne Restriktionen - belegten Raten müssen geschlossen werden, das Hotelzimmer wird nur noch zur Rack Rate verkauft. Zusammenfassend können die Maßnahmen des Yield- Management bei hoher Nachfrage wie folgt beschrieben werden:

- Den Zugang zu niedrigen Raten limitieren
- Verlust von Umsatz vermeiden
- Umsatzverdrängung durch Kannibalisierung vermeiden

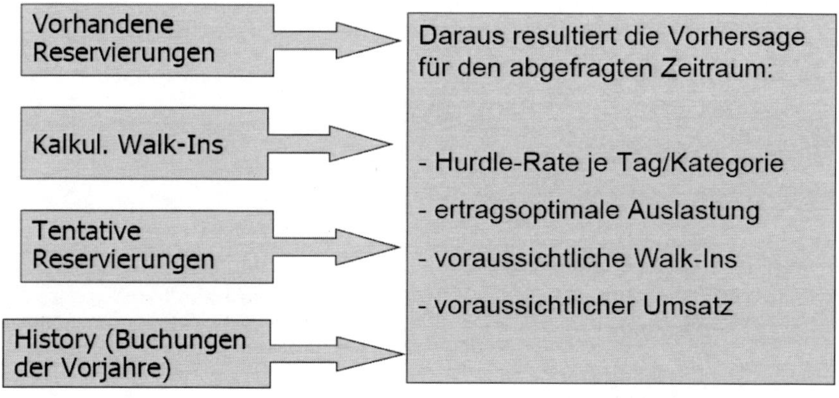

www.nordwind.de/Einsehdatum 02.06.0408.

Der Zielkonflikt zwischen einer hohen Auslastung und einem hohen Durchschnittspreis, kann am besten optimiert werden, indem idealerweise drei Faktoren aufeinander abgestimmt werden:

1. die Konkurrenzpreise im jeweiligen Segement
2. die Einkaufsmacht des entsprechenden Abnehmers (Firmenkunden oder Reiseveranstalter erhalten i.d.R. entsprechende Preisnachlässe auf die Rack Rate bzw. haben Kontingent-, Alloment- oder Garantieverträge)
3. die Nachfrageentwicklung (Von Bedeutung ist hierbei u.a. das unterschiedliche Buchungsverhalten bestimmter Zielgruppen vgl. Geschäftreisende vs. Freizeitreisende) (vgl. Schultze 1993)

Forecast

Als Forecast, wird in der Hotellerie die Prognose und Evaluierung der zu erwartenden Nachfrage, also die Vorschau auf die zu erwartenden Buchungen oder den Umsatz verstanden. Das Forecast-System ist ein kurzfristiges, zukunftgerichtetes Planen der Erlöse, die den zu erwartenden Kosten gegenübergestellt werden (Buer 1997). Das Budgetierungssystem ist eine verbindliche Planung der Erlös- und Kostenstruktur für ein Wirtschaftsjahr, wogegen das Forecast-System lediglich eine kurzfristige Ergebnisprognose und ein Steuerungssystem ist (Buer 1997). Sorgfältiges und exaktes planen um einen Forecast zu erreichen ist nur dann möglich, wenn gesammelte Daten, wie Zeitpunkt der Buchung, Dauer des Aufenthalts, Herkunft der Buchung etc. in Vergangenheitszeiträumen vorliegen (Walters 2005). Die Prognose oder der Forecast kann zwar grundsätzlich auf den Vergangenheitswerten aufbauen, jedoch sollte sich der Hotelier auch über zukünftige Entwicklungen die sein Hotel und die Nachfrage betreffen, Gedanken machen (vgl. Gugg: Yield-Management in der Hotellerie). Beim Forecasting im Rahmen des Yield Management sind besonderst folgende Daten von Bedeutung:

- Zeitlicher Nachfrageverlauf / Saisonale Daten
- Struktur der Nachfrage
- No Show – Rate
- Anzahl der Stornierungen
- Veranstaltungen und Events
- Gewinn- und Umsatzentwicklung / Kosten
- Reservierungsstatus
- Feiertage
- Ferientage
- Besondere Ereignisse (z.B. Fußball WM 2006)
- Wettbewerbsverhalten (Preis- / Angebotsveränderungen)
- Konkurrenz (Preisstrategie, Marketing, Room Occupancy)
- Externe Faktoren

Durch diese Faktoren schwankt die Nachfrage über die bekannten Monats-, Werktags- und Tagesstundenmuster hinaus (Tillmanns 2003). Je mehr Informationen dem Hotelier zur Verfügung stehen, umso exakter lässt sich Forecasting betreiben. Interessant sind z.B. auch Daten über das Buchungsverhalten der Gäste, wie weit im Voraus buchen Freizeitreisende? Wie verhält sich das Buchungsverhalten vor Feiertragen? Bestehen Unterschiede zwischen Wochentag, Wochenende, Schulferien und Saisonzeit. Durch das veränderte Kundenverhalten und die Entwicklung zum hybriden Kunden, wird es immer schwieriger einen genauen Forecast zu erstellen. Es gilt also immer zu bedenken, dass ein schlechter Forecast zu Fehlentscheidungen in der Preisstrategie und somit zu einer Ertragsminderung führen kann. Marriot hat auf diesem

Gebiet in die Forschungsarbeit investiert und ein Demand Forecasting System entwickelt, das dynamische Prognosen über Ankunfts-, Abreise- und Preismuster erstellen kann (Walters 2005).

Der Forecast wird im Großhotel im Rahmen eines Forecast-Meetings erstellt, an dem die Abteilungsleiter und gegebenenfalls die Hotelleitung teilnehmen (Holleis 1993). Ein Forecast sollte zumindest einmal wöchentlich für jeden Tag und jedes Segment, für die nächsten 2-4Monate erfolgen. Zusätzlich muss ein monatliches Forecasting für jeden Tag und jedes Segment für die kommenden 6-12 Monate erfolgen. In großen Hotelketten ist es sogar üblich, dass für jedes Segment ein tägliches Forecasting für die kommenden 7 Tage durchgeführt wird.

Segmentierung im Yield Management

Durch die zunehmende Intensivierung des Wettbewerbs in der Tourismus- und Hotelbranche gewinnt die Marktsegmentierung zunehmend an Bedeutung. Hotelgäste bieten im Hinblick auf ihre Preisbereitschaft keine homogene Gruppe. Diese Erkenntnis bietet einem Hotelbetrieb die Chance zur Marktsegmentierung. In Abhängigkeit der Zufriedenheit könnte ein Hotelmanager die Dienstleistung zu unterschiedlichen Preisen anbieten (Adam/Hermann/Huber/Wricke 2002).

Da zufriedene Kunden tendenziell bereit sind, mehr für eine Leistung zu zahlen, könnte der Anbieter eine Art Premiumpreis verlangen. Bei Nachfragern mit mittleren Zufriedenheitswerten sollte eher ein als fair wahrgenommener Preis gefordert werden. Homburg und Rudolph äußern dazu auch die Vermutung, dass Stammkunden weniger preisempfindlich sind als neue Kunden. Kaum ein Stammkunde wird wegen eines Preisunterschieds von fünf Prozent eine langjährige Geschäftsbeziehung lösen, wenn er ansonsten zufrieden ist (Adam/Hermann/Huber/Wricke 2002).

Im modernen Marketing entspricht die Marktsegmentierung dem Ziel der differenzierenden Marktbearbeitung. Die potentiellen Nachfrager von Hotelleistungen, haben meist unterschiedliche Ansprüche und Wertvorstellungen von den Leistungen eines Hotelbetriebs. Deshalb ist es sinnvoll die Nachfrager auf dem Hotelmarkt in kleine, homogene Gruppen von Käufern zu unterteilen. Die Segmentierung kann nach folgenden Kriterien erfolgen:

- Reisezweck (Urlaubs-, Geschäftsreise, Sport- oder Info-Touren)
- Buchungstermine (Früh-, Stand by und Dauertarife)
- Buchungsart (Eigen-, Reisebüro- oder Reservierungssystem-Buchung, Internet z.B. Hotel de oder HRS)
- Umsatzvolumina (Gruppen-, Unternehmens- oder Dauertarife)
- Gästebezug (Senioren, Vereine, Familien oder Singles)

(Gugg zitiert in: Dettmer: Managementformen im Tourismus 2005 S. 183)

Ein Zweck der Marktsegmentierung ist die Strukturierung der Gäste, die sich in Geschlecht, Alter, Beruf, Wohnort und Bedürfnissen unterscheiden (Mautsch/Sattler 2004).Damit überhaupt Marktsegmente gebildet werden können, müssen zwischen den Segmenten deutliche Unterschiede hinsichtlich der Anforderungen an das Hotelprodukt bestehen. Zudem müssen diese Segmentunterschiede dauerhaft bestehen. Sind diese Voraussetzungen erfüllt, und lassen sich zudem differenzierte Produkte und gesonderte Strategien mit vertretbaren Kosten realisieren, so können Marktsegmente gebildet werden.

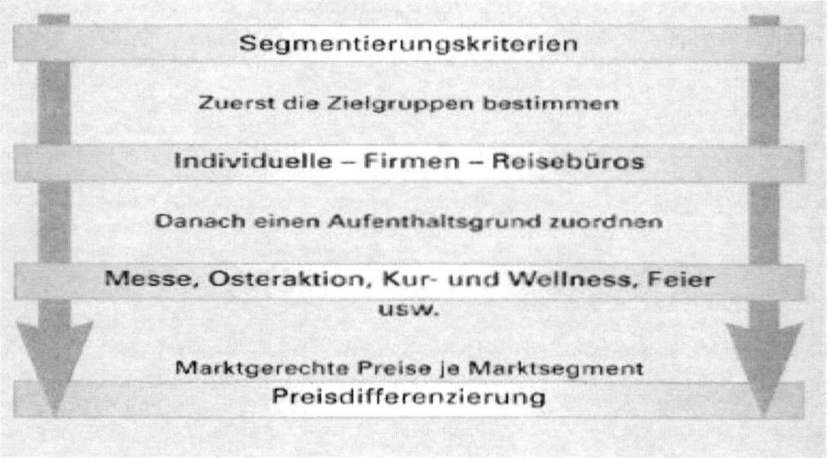

(Abb.: Mautsch/Sattler 2004: Segmentierung in der Hotellerie)

Nach Bagemihl (S. 30ff.) zählen zu den wichtigsten Faktoren, welche die Nachfrage auf dem Markt des Hotelgewerbes beeinflussen:

- der Anlass der Nutzung
- die Qualität der Leistung (Service und Ausstattung)
- die Bereitschaft, Restriktionen (qualitative und / oder zeitliche) in Kauf zu nehmen
- der Preis der Leistung sowie
- die Dringlichkeit der Nutzung

Kategorisiert man, z.B. seine Gäste nach der Preis- und der Zeitelastizität, welche die beiden wichtigsten Segmentierungskriterien der Hotelbranche darstellen, so können die Gäste in vier verschiedene Segmente unterteilt werden (siehe Abbildung) (C. Kraft: Seminararbeit „Yield-Management am Beispiel der Hotelbranche 1999).

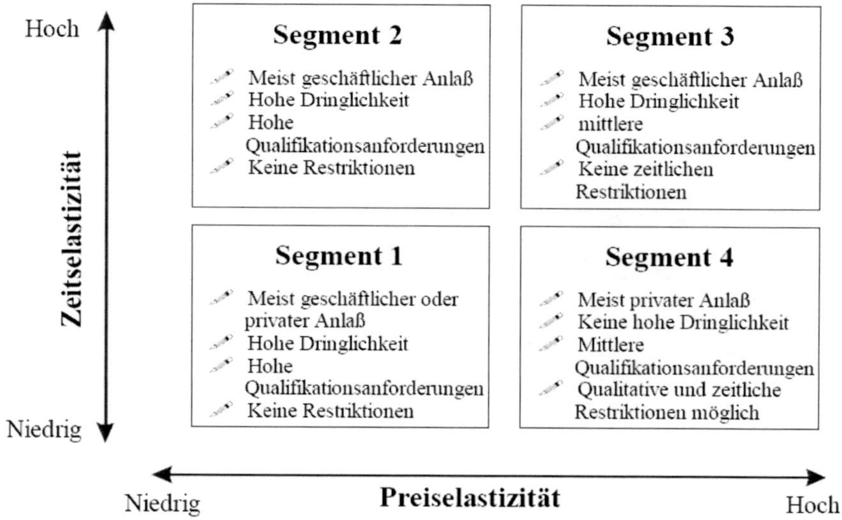

(C. Kraft: Abb. Segmentierung der Nachfrage nach Zeit- und Preiselastizität in Seminararbeit „Yield-Management am Beispiel der Hotelbranche 1999).

Bei der Betrachtung dieser vier Segmente, zeigen sich besonders zwei Gruppen mit entgegen gesetzten Merkmalsausprägungen. Gegensätzlich sind Segment 2 und Segment 4. Die Ausprägungen des Segment 2 entsprechen der Definition des Geschäftsreiseverkehrs, welcher dadurch gekennzeichnet ist, das die Nachfrage des Geschäftsreiseverkehrs von hoher Dringlichkeit ist, die Nutzung aus beruflichen Interessen erfolgt und der Gast daher zum einen keine zeitlichen Restriktionen in Kauf nehmen kann und zum anderen nicht auf Service und Qualität verzichten möchte (Bagemiehl 1994 S. 31ff.). Beim Geschäftsreiseverkehr handelt es sich um beruflich/betrieblich veranlasste Reisen, bei dem die Kosten der Reise / des Hotelaufenthalts vom Arbeitgeber des Reisenden getragen bzw. bezahlt werden. Eine weitere Eigenschaft des Geschäftsreisesegments ist die geringe Preiselastizität der Nachfrage sowie hohe Qualitätserwartungen an Ausstattung und Service des Hotelbetriebs. Geschäftsreisende sind zudem im Gegensatz zu vielen Freizeitreisende besonderst reise- und hotelerfahren. Neben der geringeren Preissensibilität zeichnet sich das Segment des Geschäftsreiseverkehrs auch durch höhere Kaufkraft aus (vgl. Dettmer: Tourismustypen 2000).

Das Segment 4 charakterisiert die Nachfrage des Touristenreiseverkehrs die dadurch gekennzeichnet ist, dass die Nutzung der Hotelleistung meist langfristig im Voraus geplant wird, die Reise aus privaten Gründen erfolgt und die Gäste häufig zugunsten eines niedrigeren Preises auf Qualität und Service verzichten sowie bereit sind, Restriktionen in Kauf zu nehmen (vgl. Bagemiehl 1994 S. 31ff). Die Reisen und der Hotelaufenthalt im Segment des Touristenreiseverkehrs, sind Teil des privaten Konsums und der Freizeitgestaltung und werden zudem aus freiem Willen z.B. zum Zweck der Erholung, des Erlebnis oder der Regeneration unternommen. Zudem reagiert die Nachfrage der Urlaubsreisenden elastischer auf Preisänderungen als die Nachfrage im Geschäftsreisesegment. Die Beiden Gruppen „Geschäftsreisende“ und „Freizeitreisende“ unterscheiden sich hauptsächlich durch die zugrunde liegenden Reisemotive und ihr Reiseverhalten.

Diese Zwei-Segment-Teilung in Touristenreiseverkehr und Geschäftsreiseverkehr nutz nur eine der möglichen fünf Segmentierungsvariablen. Nach Bagemiehl wäre die Nutzung aller fünf Segmentierungsvariablen auch nicht sinnvoll, da zu viele Segmente entstehen würden. Die Segmentierung in Business-Gäste und Leisure-Gäste ist für die Hotellerie auch meist ausreichend. Alle weiteren Raten und Preisdifferenzierung bauen auf dieser Zwei-Segment-Teilung auf. Man geht hier von der Erkenntnis aus, dass die Kernzielgruppen in der Hotellerie, die Geschäftsreisenden und die Privatreisenden (Touristen) ein gänzlich unterschiedliches Buchungsverhalten zeigen (Schrand/Schlieper in Hänssler 4.Aufl.) Die Produkte des Hotelbetriebs sollten daher so gestaltet werden, dass sie immer nur eine der beiden Gruppen ansprechen. Grundsätzlich könnten jedoch in einem Hotel auf jeden Fall 3 Segmente gebildet werden:

- Touristenreiseverkehr (Freizeitreisen, Ferienreisende, Touristen, Leisure-Gäste)
- Geschäftsreiseverkehr (Geschäftsreisen, Business-Gäste)
- Tagungen-, Bankette- und Veranstaltungen (Reisegruppen, Seminartouristen, meist gehören die Teilnehmenden zu der Gruppe des Geschäftsreiseverkehr)

Besonderst Tagungen, Bankette oder große Reisegruppen können dem Hotelier in Zeiten von schlechter Nachfrage zusätzliche Auslastung der vorhandenen Kapazitäten bringen.

Durch die Segmentbildung, kann jedes Hotel eine spezielle Preis- und Absatzpolitik durchführen. Im Rahmen der Yield-Management-Strategie, wird jedes Marktsegment (z.B. Leisure/Privatreisende) als eigenes Ziel definiert und in Verbindung mit der Produktgestaltung, Preisfindung, Kommunikation und Distribution unabhängig von einander bearbeitet. Corsten/Stuhlmann verstehen unter Yield Management einen Ansatz zur integrierten Preis- und Kapazitätssteuerung, mit dem Ziel, eine gegebene Gesamtkapazität so in Teilklassen aufzuteilen und hierzu Preisklassen zu bilden, das eine Ertrags- und Umsatzmaximierung erreicht wird.

Im Rahmen der ebenen erläuterten Segmentierung im Yield Management, wurde die Gesamtkapazität – alle Nachfrager der Hotelleistung – in Teilklassen (Freizeit- und Geschäftsreisende) aufgeteilt. Aufgrund dieser Segmentierung ergeben sich, bedingt durch die unterschiedlichen Zielgruppen, durchaus voneinander abweichende Vorstellungen mit Bezug auf die Übernachtungspreise und die damit verbundenen Leistungen (Dettmer u.a. 1999 S.104). Daher müssen die Preise für diese Segmente differenziert werden. Um die dazu erforderlich Angebotstransparenz herzustellen, müssen dem Gast unterschiedliche Nutzungs- und Belegungskonditionen (nach Menge, Art, Zeit, Buchungsweg) plausibel gemacht werden (Dettmer u.a:1 Aufl. 2005 S. 182).

Im Rahmen des Yield Management muss jeder Hotelgast einem bestimmten Marktsegment zugeordnet werden. Die verschiedenen Segmente unterscheiden sich durch die unterschiedlichen Anforderungen und Bedürfnisse der Gäste an das Hotelprodukt. Für jedes Marktsegment muss eine Yield- und Marketingstrategie entwickelt werden.

Selektierung

Das Ergebnis der Preisdifferenzierung ist eine Vielzahl von Zimmerpreisen, die nicht nur durch ein qualitativ unterschiedliches Angebot zustande kommen, sondern vor allem aus der marktgerechten Anpassung an die Nachfrage resultieren (Dettmer u.a: 1 Aufl. 2005 S. 182). In der Praxis des Hotelgewerbes, werden Selektierungen nach folgenden Kriterien getroffen:

- Temporär Termine (Messe-, Saison, Wochend- und Ferientarife)
- Buchungstermine (Früh-, Stand by und Dauertarife)
- Buchungsart (Eigen-, Reisebüro- oder Reservierungssystem-Buchung, Internet z.B. Hotel de oder HRS)
- Umsatzvolumina (Gruppen-, Unternehmens- oder Dauertarife)
- Gästebezug (Senioren, Vereine, Familien oder Singles)

(Gugg zitiert in: Dettmer: Managementformen im Tourismus 2005 S. 183)

Techniken des Yield Management

Da es sich beim Yield-Management um eine Reihe von Entscheidungen handelt, die nach vorgegebenen Regeln getroffen werden, bieten sich auch Teilgebiete der künstlichen Intelligenz, z.B. wissensbasierte Systeme (Expertensysteme) und neurale Netze als Methodik an (Zehle in Wolf/Seitz: 1. Aufl. 1991).

Im Wesentlichen, können hier nach Zehle sechs Techniken unterschieden werden:

- Prognosetechniken
- Überbuchungstechniken und –strategien
- Zuordnung von Preisgruppen und Kontingenten
- Steuerung von kombinierten Kapazitäten
- Steuerung bei Großabnehmern
- Kapazitätssteuerung

Technik des Yield-Management: Zuordnung von Preisen und Kontingenten

Nicht verkaufte Hotelzimmer stellen entgangene Erträge dar, so dass das Ziel der Optimierung des RevPar`s mit einer optimalen Auslastung der Hotelkapazität einhergeht. Unter der Zuordnung von Preisen und Kontingenten, ist die Verteilung der Gesamtkapazität auf verschiedene Produkte / Preise / Buchungsklassen zu verstehen (Henschel 2001). Diese Teilmengen (Kontingente) müssen möglichst optimal an die festgelegten Marktsegmente des Hotelbetriebs verteilt werden.

Unter Kontingentierung wird der Zuordnungsprozess von gleichen Kapazitäten (z.B. Doppelzimmer) zu Kontingenten mit unterschiedlicher Preis- oder Buchungsklassen verstanden.

Die Gesamtkapazität wird auf verschiedene Segmente aufgeteilt für die unterschiedliche Leistungsmerkmale vorgehalten werden, in einem Hotel z.B. Luxus-, Standard- und Economy-Segment. Die bedeutet, dass im Rahmen der Preis-Mengensteuerung oder auch Kontingentierung darüber entschieden wird, wie viele Hotelzimmer für eine gewisse Preisklasse angeboten werden.

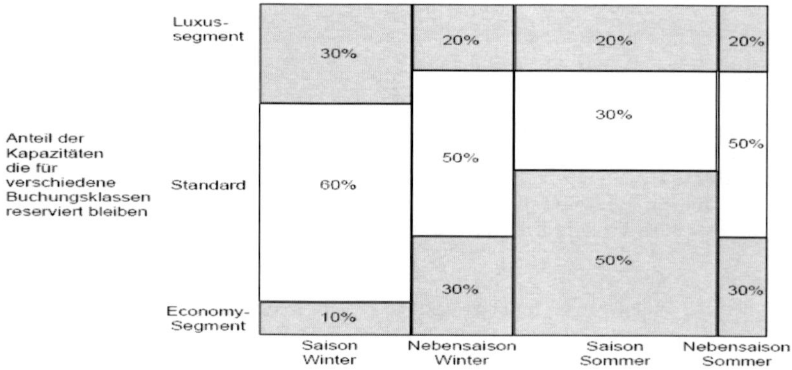

Abbildung: Laesser Christian. (1998). Marketing unter erhöhter Preistransparenz - Beispiel EURO. IDT, St. Gallen.

Den unterschiedlichen Buchungsklassen wird eine Buchungspräferenz zugewiesen, in der Hotellerie werden günstige Preisklassen limitiert, d.h. das meist nur ein geringer Prozentsatz der Gesamtkapazität für günstige Tarife verwendet wird. Eine Staffelung könnte wie z.B. in der obigen Abbildung aussehen. In der Wintersaison werden für die untere Preisklasse (Economy-Segemet) 10% der Gesamtkapazität eingeplant. Die restliche Hotelkapazität wird zu 60% für Standard-Preise und für 30% für das hochpreisige Segment reserviert. Beim traditionellen Yield Management-Systemen, wird für jedes Kontingent eine sog. Buchungsgrenze festgelegt, welche die maximale Anzahl an Kapazitätseinheiten angibt, die pro Klasse verkauft werden (Höck 1. Aufl. S. 241).

Je nach der Entwicklung der Nachfrage, können die einzelnen Buchungsklassen geöffnet oder geschlossen werden. Um zu verhindern, dass vor allem die preisgünstigen Kontingente gebucht werden, können die Buchungsklassen mit Restriktionen belegt werden (Henschel 1. Aufl S. 399). Restriktionen bzw. Fencing wird im Yield Management dazu verwendet um Kannibalisierungseffekte zwischen den Buchungsklassen zu vermeiden. Es können drei Arten von hotelüblichen Restriktionen unterschieden werden: Arrival-, Booking- und Stay-Restrictions:

Arrival-Restriction bedeutet, das der Preis nur an bestimmten Anreisetagen verfügbar ist (o.V. „Super-Specials machen`s möglich" in HMM 17-18 2002). So können z.B. in Geschäftsreisehotels belegungsschwache Tage wie Samstag oder Sonntag mit dieser Restriktion belegt werden. Der Gast muss also am Samstag oder Sonntag anreisen, ansonsten kann ihm dieses Angebot / Preis nicht gewährt werden.

Booking-Ristriction sind Bedingung die sich hauptsächlich auf den Buchungs- und Zahlungszeitraum beziehen. So ist z.B. ein Tarif nur verfügbar, wenn er mindestens 30 Tage vor Anreise gebucht. Als Beispiel kann hier die Aktionsrate von Accor genannt werden, bei dieser Rate ist eine gültige Kreditkartennummer erforderlich, da der gesamte Rechungsbetrag bereist bei der Reservierung abgebucht wird. Diese Rate ist weder umbuchbar oder stornierbar.

Stay-Restriction Diese Restriktion sieht vor, das ein Mindestaufenthalt (minimum stay) von mehreren Tagen erforderlich ist oder ein bestimmter Wochentag inkludiert sein muss (o.V. „Super-Specials machen`s möglich" in HMM 17-18 2002).

Die Preisdifferenzierung nach Restriktionen führt zu einer besseren Auslastung bei gleichzeitiger Umsatzerhöhung, verhindert das Abwandern von „High Yield" Kunden und motiviert termingebundene Nachfrager auch höherpreisige Leistungen einzukaufen, wenn ihre Preisgruppe nicht mehr zur Verfügung steht (vgl. Schulz/Seitz 1996 S. 151).

Während kurzfristig im Wesentlichen das Ziel einer Umsatz- bzw. Ertragsmaximierung angestrebt wird und dazu Preisdifferenzierungen und Kontingentierungen zu bestimmten Preisen verwendet werden, kann mittel- und langfristig mehr auf den optimalen Deckungsbeitrag gesetzt und eine Produktdifferenzierung erreicht werden (vgl. Kaspar 2. Aufl. 1995 S. 285)

Kontingentierung

Kennt nun der Hotelier die Zusammensetzung seines Gästekreises und dessen Buchungsverhalten, so können Voraussagungen über das zukünftige Nachfrage- und Buchungsverhalten der Gäste getroffen werden. Zur Festlegung der Größe eines Kontingents / Buchungsklasse muss zuvor die Nachfrage prognostiziert und die Wahrscheinlichkeit des Zimmerverkaufs ermittelt werden. Aufgrund der Prognose, weiß der Hotelier welche Tage in den nächsten Wochen gut ausgelastet sein werden. Das Yield Management wird auch für die Festlegung optimaler Kontingente bei unterschiedlichen Preisen für die gleiche Dienstleistung genutzt (Kraft: Yield-Management am Beispiel der Hotelbranche).Grundsätzlich sollte bei der Zuteilung von Kontingenten darauf geachtet werden, das Vollzahler stets Priorität und deren Nachfrage deshalb stets mit Vorzug behandelt werden.

Beispiel:

In unserem Beherbergungsbetrieb (300 Betten) werden außerhalb der Schulferien 180 Zimmer an Business – Gäste verkauft.(Buchung erfolgt 7 bis 1 Tag im Voraus zu Tarif A oder Tarif B) die restlichen 120 Betten werden an Leisure – Gäste, welche meist 2 Wochen oder länger im Voraus buchen zu Tarif C verkauft.

Die in diesem Beispiel verwendete Kontingentierung ist recht simpel: Wurden alle 120 Zimmer an Leisure-Gäste verkauft, so ist dieses Kontingent erschöpft. In diesem Fall dürfen keine Buchung mehr zum günstigen Tarif C angenommen werden.

Was aber passiert nun wenn eine Zimmeranfrage nach dem günstigen Tarif C im Hotel eingeht und diese vom Reservierungsmitarbeiter abgelehnt werden muss? In diesem Fall sind folgende Reaktionen des Kunden möglich:

- Ein eher preissensibler Kunde wird sich nach einer günstigeren Alternative umschauen. Das Geschäft ist für den Hotelier verloren –es wurde kein Umsatz erzielt- und dies kann zu einer Ertragsminimierung führen.
- Liegt der nächst höhere Tarif (Tarif B) preislich nicht zu weit auseinander von Tarif C dann wird der Kunde vermutlich auf den nächst höheren Tarif ausweichen.
- Ein Freizeitreisender weicht wahrscheinlich auf einen anderen Termin aus, zu dem noch genügend Zimmer in der gewünschten Preisklasse verfügbar sind.
- Bei einem Geschäftsreisenden mit vorgegebenem Budget wäre folgende Reaktion denkbar; der Gast verzichtet auf Leistungen z.B. auf das Frühstück und bucht den nächst höheren Tarif. Durch die Leistungskürzung kann der Kunde sein vorgegebenes Budget halten.

Andere Kontingente z.B. für Reiseveranstalter werden in Höhe der vereinbarten Zimmerzahl gebildet und stehen dem Veranstalter bis zu einem vorher vereinbarten Zeitpunkt zur freien Verfügung. Kontingente z.B. für Mitarbeiter der gleichen Hotelkette oder für Mitarbeiter von Reiseunternehmen werden der Nachfrage angepasst und ab einer bestimmten Zimmerbelegung geschlossen

Bei der Bildung von Kontingenten können getrennte oder geschachtelte Kontingente unterscheiden. Die einfachste Möglichkeit der Kontingentierung ist die Aufteilung in getrennte Kontingente. Jeder Tarif erhält dabei eine gewisse Menge an Hotelzimmern, was allerdings in der Praxis nur zu suboptimalen Ergebnissen und Erträgen führt.

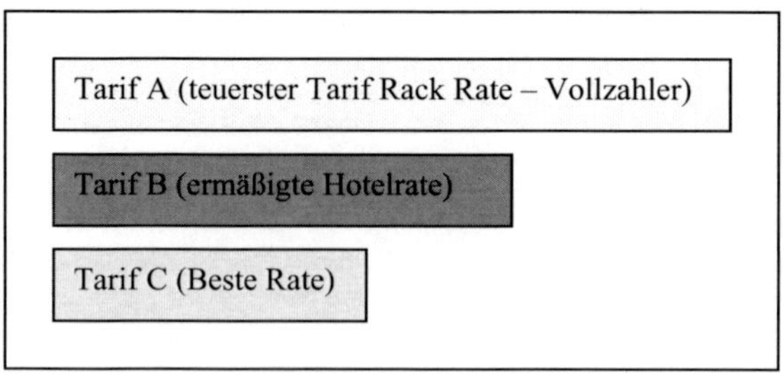

(Abb. Getrennte Kontingente)

In der obigen Abbildung wurde die Gesamtkapazität eines Hotels auf drei Kontingente / Tarife bzw. Raten aufgeteilt. Die Beherbergungskapazität des Hotels beträgt 250 Zimmer, Tarif A umfasst 110 Hotelzimmer, Tarif B 80 Zimmer und Tarif C 60 Zimmer von der Gesamtkapazität. Nun kann es aber vorkommen, dass der ertragsstärkste Tarif A zuerst ausgebucht ist. Dadurch dass in diesem Beispiel die Kontingentierung starr gehandhabt wurde, können die Gäste nur noch auf Tarif B oder Tarif C zugreifen. Dem Hotelier entstehen hierdurch erhebliche Gewinneinbußen, da mit Sicherheit andere Kunden noch bereit gewesen wären den höheren Tarif A zu buchen.

Die Kontingentierung in der Hotellerie darf also niemals starr gehandhabt werden, sonst kann es zu Umsatzverlusten und Umsatzverdrängung kommen. Golden Rules:

- **Der Umsatzstärkste Tarif darf niemals geschlossen werden.** Sollte der eher unwahrscheinliche Fall eintreten das in Bezug auf das obige Beispiel die ertragsstarken Tarife A & B bereits voll ausgebucht sind, so darf der Hotelier Tarif A nicht schließen. Zusätzliche eingehende Reservierungen für Tarif A oder B werden aus dem Kontingent von Tarif C abgezogen.

- **Die Kontingentierung wird dem tatsächlichen Geschäftsverlauf angepasst.** Wenn sich der Geschäftverlauf anders als die Prognose entwickelt, müssen die Kontingente angepasst werden. Liegt z.B. eine feste Gruppenbuchung von 120 PAX für Tarif B so muss das Kontingent von Tarif C verkleinert werden, um die normale Nachfrage von Vollzahlern befriedigen zu können.

- **Der Preis bewegt sich im Zeitverlauf nur nach oben.** Einmal veröffentlichte Preise dürfen nicht mehr gesenkt werden. Zwar könnten evtl. mit günstigen Preisen zusätzliche Buchungen erzielt werden, allerdings wirkt dieser Art der Preispolitik des Hotelier gegenüber den Kunden unglaubwürdig. Vollzahler könnten ihre bestehenden Buchungen stornieren und sich im günstigen Tarif neu einbuchen = Kannibalisierung.

- **Restriktive Raten sollten drei Tage vor geplanter Anreise geschlossen werden.** Werden diese Raten nicht geschlossen so kann es auch in diesem Fall zu Kannibalisierung kommen. Vollzahler könnten ihre Buchung stornieren und eine günstigere Rate buchen. Denn 2-3 Tage vor Anreise, ist es kein Problem für den Kunden Restriktionen wie z.B. „Keine Umbuchung oder Stornierung möglich" in Kauf zu nehmen, da der Kunde zu dieser Zeit ziemlich genau weiß das er nicht mehr umbuchen oder stornieren wird.

- **Die letzten 5-10 Prozent (je nach Größe des Hotels) der Beherbergungskapazität sollten nur noch zur Rack Rate verkauft werden.** Ist ein Hotel an einem bestimmten Tag bereits zu 90 Prozent ausgebucht, so ist mit Sicherheit für diesen Tag ein Nachfrageüberhang zu erwarten. Nach dem Motto die Nachfrage regelt das Angebot, kann der Hotelier seine Restkapazität zu Höchstpreisen verkaufen.

Im Regelfall wird jeder Buchungsklasse / Tarif eine Buchungsgrenze zugeordnet. Ist eines der günstigen Kontingente aufgebraucht, ist der zugehörige Tarif nicht mehr verfügbar. Die Bildung von Kontingenten für Freizeit- und Geschäftsreisende wird hinsichtlich des „Zeitpunkt der Buchung“ und der „Preisbereitschaft“ der Kunden gebildet. Nach diesen beiden Kriterien wird die Gesamtkapazität in Teilkapazitäten aufgeteilt. Außer der Preisbereitschaft und des „Zeitpunktes der Buchung“ gibt es noch andere Faktoren die die Kontingentgröße beeinflussen, zu nennen wären hier: Beherbergungskapazität, Preise, Auslastung, Messen, Events und Ferienzeiten. Zu diesen vorsehbaren Faktoren, kommen aber auch sog. nichtvorsehbare Faktoren wie z.B. Stornoquote, erwartete No Show`s, Wetter und die Verkaufaktivität des Sales Department hinzu.

Nesting Verfahren

Das Nesting-Verfahren ist ebenfalls eine Form der Buchungsklassensteuerung und wird auch als Schachtelungsverfahren bezeichnet. Beim Nesting- oder Schachtelungsverfahren, wird jede Buchungskategorie sukzessive in die jeweils deckungsbeitragsstärkere Kategorie integriert (vgl. Kirstges 2. Aufl. S. 318). Oder andersherum, die deckungsbeitragsniedrigen Kontingente werden schrittweise in die profitableren Kontingente integriert. Die Kontingente der höherwertigen Segmente sind vor dem Zugriff durch die Nachfrage nach niederwertigen Segmenten geschützt (vgl. Rekopf). Das Ziel ist die Limitierung der Verfügbarkeit von ermäßigten Tarifen bzw. in der Hotellerie die Limitierung der Verfügbarkeit von rabattierten Raten. Die höherwertige Buchungsklasse hat deshalb auch Zugriff auf alle niedrigeren Buchungsklassen. Normal- und Sondertarife werden so ineinander geschachtelt, dass Tarife, die einen höheren Ertrag erbringen, bevorzugt werden (Mundt: Besonderheiten des touristischen Marketing – AKAD Studienbrief). Durch das Nesting-Verfahren wird also versucht die höherwertige Nachfrage nach Hotelzimmern immer befriedigen zu können.

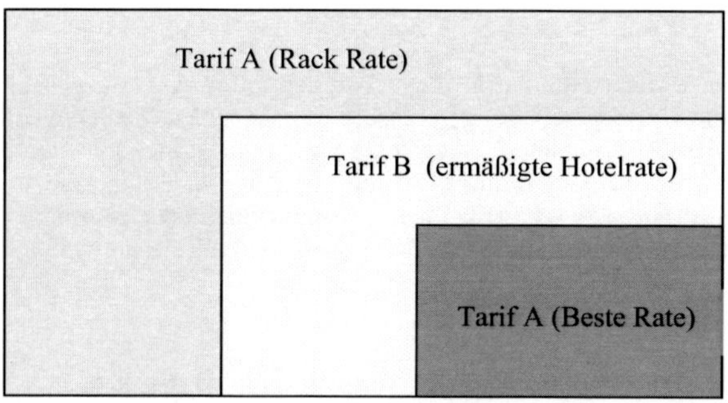

(Abb. Geschachtelte Kontingente)

Bei Buchung eines höheren Tarifs verringern sich automatisch auch billigeren Tarifkontingente um die entsprechende Zimmeranzahl (vgl. Hilz 5. Aufl. S. 465). Dadurch ist gewährleistet das mehr Gäste z.B. die Rack Rate oder den umsatzstärkeren Tarif B buchen, hierdurch wird erreicht das mehr Hotelzimmer aus den umsatzstärkeren Tarifen gebucht werden als dies eigentlich das Kontingent vorsieht. Wenngleich die Programmierung des

Schachtelungsverfahren recht aufwendig ist, bietet es dem Anwender den Vorteil, dass das komplizierte verschieben von Kontingenten zwischen den einzelnen Buchungseinheiten im laufenden Yield Management-Prozess entfällt (Kirstges: 2. Aufl. S. 319)

Ertragsmaximierung durch Yield Management

Eine Ertragsmaximierung in der Hotellerie kann von zwei Seiten her erfolgen. Auf der einen Seite steht die Steuerung des Angebotes d.h. das z.B.

- Kontingente für „High Yield"-Kunden blockiert bzw. für diese frei gehalten werden.
- Vergabe von Sondertarifen für bestimmte Segmente wie z.B. Corperate Rates für Firmen oder Host-Raten für Mitarbeiter von Reisebüros limitieren.

Die andere Seite der Ertragsmaximierung, stellt die sog. nachfrageorientierte Preisfestlegung dar. Eine Maximierung des Ertrags kann erfolgen durch:

- den Versuch durch die Preisfestlegung zusätzliche Nachfrage zu erzeugen.
- Preisdifferenzierungen um Nachfrageschwankungen ausgleichen.

Die Überbuchungsstrategie

Eines der größten Probleme bei der Auslastungsoptimierung ist die Rate der No-Shows und der (kurzfristigen) Stornierungen (Kirstges 1994).Die Überbuchungsstrategie betrachtet die sog. „No Shows" und kurzfristigen Stornierungen der Gäste.

No Shows: *Ein Hotelzimmer wird ordnungsgemäß reserviert, der Gast aber hält den geschlossenen Beherbergungsvertrag nicht ein, storniert seine Reservierung nicht rechtzeitig und kommt nicht!*

Teilweise werden Hotelzimmer schon Monate vor dem eigentlichen Hotelaufenthalt gebucht – dies hat zur Folge das viele dieser Reservierungen im laufe der Zeit wieder storniert oder am Anreisetag durch sog. No Shows nicht in Anspruch genommen werden. Würde der Hotelier nun seine zum Verkauf stehenden Kapazitäten genau auf die Anzahl der verfügbaren Hotelzimmer begrenzen, so würden am geplanten Anreisetag der Gäste mit Sicherheit einige Zimmer leer stehen. Um dies zu vermeiden muss die Anzahl der verkaufbaren Kontingente/Hotelzimmer deutlich über der Zahl der tatsächlich verfügbaren Hotelzimmer sein. Das heißt, das Hotel wird systematisch überbucht. Allerdings darf das Hotel nur so lange überbucht werden, wie der Erlös der Überbuchung höher ist als das Produkt aus der Wahrscheinlichkeit einen gebuchten Gast ablehnen zu müssen und den entsprechenden Kosten die durch die Ablehnung entstehen (vgl. Friege 1996).

Das Ziel der Überbuchungsstrategie ist der Risikoausgleich zwischen Umsatzverlust und Umsatzverdrängung.

Stornierungsrate: =

$$\text{Doppelbelgungsrate} = \frac{\text{Doppelbelegte Zimmer}}{\text{Belegte Zimmer}} \cdot 100 \text{ (in \%)}$$

Optimierung der Überbuchungsrate

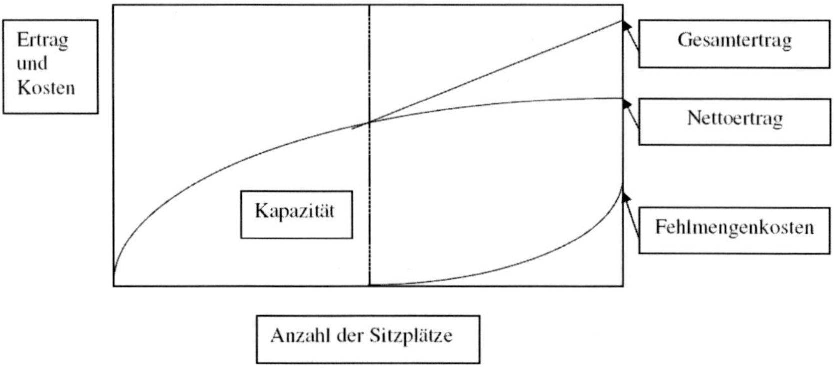

(Quelle nach Sterzenbach: Luftverkehr 3. Auflage)

Die optimale Überbuchungsrate liegt dort, wo das Maximum der Nettoertragskurve liegt. Ist der geplante Anreisetag noch etwa 3. Monate entfernt, so liegt das Limit für die Überbuchung noch relativ hoch, so ist es keine Seltenheit das ein Hotel z.B. zu diesem Zeitpunkt zu 15 % überbucht ist. Ist das Hotel allerdings 2 Tage vor der geplanten Anreise des Gastes immer noch zu 15% überbucht, so hat das Hotel ein Problem. Wie hoch der Prozentsatz der Überbuchung sein sollte, kann man pauschal nicht sagen; dies ist ein Erfahrungswert, den jedes Hotel selbst ermitteln muss. Erst wenn stabile, über einen längeren Zeitraum beobachtete Werte vorliegen – kann die Stornierungsrate für Zwecke der Kapazitätsauslastungsplanung verwendet werden. Yield-Management-Systeme haben einen mathematischen Ansatz, der Buchungsprognosen, Stornos, No-Shows, vorzeitige Abreisen und Aufenthaltsverlängerungen mit statistischen Algorithmen verbindet, um das Risiko von zu starken Überbuchungen und evtl. Ausquartierungen zu minimieren.

Beispiel: Hotelüberbuchung

Annahme: Opportunitätskosten eines freien Hotelzimmers = 40 sfr
Reputations-/Entschädigungskosten pro Überbuchung = 100 sfr

No-shows	Wahrschein-lichkeit	Anzahl der Überbuchungen 0	1	2	3	4	5	6	7	8	9
0	.07	0	100	200	300	400	500	600	700	800	900
1	.19	40	0	100	200	300	400	500	600	700	800
2	.22	80	40	0	100	200	300	400	500	600	700
3	.16	120	80	40	0	100	200	300	400	500	600
4	.12	160	120	80	40	0	100	200	300	400	500
5	.10	200	160	120	80	40	0	100	200	300	400
6	.07	240	200	160	120	80	40	0	100	200	300
7	.04	280	240	200	160	120	80	40	0	100	200
8	.02	320	280	240	200	160	120	80	40	0	100
9	.01	360	320	280	240	200	160	120	80	40	0
Erwarteter Verlust in sfr		121.60	91.40	87.30	115.00	164.60	231.00	311.40	401.60	497.40	560.00

Universität Zürich
Prof. Dr. H. Dietl

Yield Management
Service Management

Folie 12

Determinanten zur optimalen Hotelüberbuchung

- Historische Daten zum No-Show-Verhalten der Gäste
- Verhältnis vom Business- / Leisurereisenden (je höher der Anteil der Business-Reisenden desto mehr kurzfristige Überbuchungen können zugelassen werden). In der Regel weisen Business Reisende eine höhere Stornierungsrate auf als Leisure Reisende.
- Verbleibende Zeit bis zur Anreise des Gastes
- Rechtliche Bestimmungen (=> Kosten des Überbuchens)
- Kosten für die Ausquartierung (Hotelkosten, Transportkosten)

Von einer optimalen Überbuchungsrate kann dann gesprochen werden, wenn die Summe der Leerkosten und der Überbuchungskosten ein Minimum ergibt (Bagemihl 1994). Nur durch eine der Nachfrage ständig angepasste Überbuchungsrate, kann eine ertragsoptimale Auslastung des Hotelbetriebs erreicht werden.

Bei besonderen Ereignissen wie Messen, Ausstellungen, Veranstaltungen und Festen, hat das Hotelmanagement ebenfalls die Möglichkeit manuell einzugreifen. Ist z.B. in der Region eine Veranstaltung bei der mit vielen walk ins gerechnet werden kann, so macht es wenig Sinn das Hotel zu überbuchen. In dieser Situation kann im Normalfall mit einer steigenden Nachfrage nach Hotelzimmern gerechnet werden, wäre das Hotel nun überbucht so würden Vollzahler, die bereit wären die Rack Rate zu bezahlen verdrängt. Insbesondere der Risikofreudigkeit des Management und dem Zielsystem des Hotelbetriebs kommt bei der Entscheidung in Bezug auf die Überbuchungsrate eine große Bedeutung zu (Bagemihl 1994).

Bei der Überbuchungsstrategie, läuft der Hotelier immer Gefahr, dass die prognostizierten kurzfristigen Stornierungen und No-Shows doch nicht eintreten. Ein überbuchtes Hotel bzw. eine Ausquartierung führt zu verärgerten Gästen und zieht evtl. Schadensersatzansprüche nach sich. Ebenfalls fallen bei Überbuchung des Hotels erheblich Kosten – so genannte Fehlmengenkosten an. Diese Kosten entstehen z.B. durch:

- Upgrading
- Doppelzimmer die als Einzelzimmer belegt werden müssen.

Diese sog. denied costs (Fehlmengenkosten) bestehen ist der Hotellerie hauptsächlich aus höheren Übernachtungs- und Verpflegungskosten.

Yield unterstützende Steuerfaktoren (Stay controls)

Übersteigt die Nachfrage die verfügbare Beherbergungskapazität eines Hotels, so muss der Yield-Manager versuchen die bestmöglichste (ertragsstärkste) Zusammensetzung von Kundennachfragen zu ermitteln und wenn notwendig, Hotelzimmer für diese Kunden freihalten. Mit dem Begriff „Stay controls" sind Aufenthalts- und Anreisebedingungen gemeint die als Yield unterstützende Steuerfaktoren eingesetzt werden. Auch Restriktionen wie z.B. das bei Buchung einer gewissen Rate ein Kreditkartennummer angegeben werden muss oder die Vorauszahlung für die erste Hotelübernachtung gehören hierzu. Wichtige Bedingungen sind z.B. **„Closed to arrival"** oder **„minimum stay"**. Bei der Bedingung „closed to arrival" sind bestimmte Tage als Anreisetage gesperrt – jedoch sind diese gesperrten Tage für durchgehende Buchungen verfügbar. Ist z.B. das Hotel am Samstag voraussichtlich zu 80% belegt, jedoch der Freitag nur zu 30%, so könnte am Samstag ein „closed to arrival" gesetzt werden. Der Samstag kann nun nicht mehr gebucht werden, jedoch kann ein Gast trotzdem von Freitag bis Sonntag buchen. Es wird also erreicht, dass die Gäste dazu angeregt werden schon am Freitag zu buchen und somit kann die Belegung für Freitag erhöht werden. Bei der Bedingung „minimum stay" können bestimmte Tage nur gebucht werden, wenn der Gast z.B. mindestens 3 Tage Hotelaufenthalt bucht. Das Yield Management System nimmt also nur Buchungen an die den geforderten Mindestaufenthalt nicht unterschreiten.

Preis-Strategien im Rahmen des Yield-Management (nach Gruner: Fachbegriffe Revenue + eigene Ergänzungen)

Discount-Komfort-Strategie (Standard-Komfort-Zimmer-Strategie)
x % der Gästezimmer werden zu einem relativ hohen Preis angeboten (Komfort) und x % der Zimmer werden zu einem relativ niedrigen Preis vermietet (Standard). Komfortzimmer können je nach Nachfrage in Standardzimmer und Standardzimmer in Komfortzimmer umgewandelt werden. (Ausstattung, Service, kostenloses Zusatzangebote im Hause etc.) Die Komfortzimmer sollten sich allerdings durch eine bessere Ausstattung oder durch zusätzliche Serviceleistungen von den Standardzimmern unterscheiden. Bei erhöhter Nachfrage können die Standardzimmer in Komfortzimmer umgewandelt werden und so ein höherer Preis verlangt werden.

First-come, first-served Strategie (Frühbucher-Strategie)
Frühbuchern werden besondere Raten eingeräumt; die Höhe des Preises hängt von der Buchungssituation des Hotels ab. Die Gewährung von Frühbucherrabatten sollte an Restriktionen wie z.B. Vorauszahlung oder eine bestimmte Stornierungsfrist gebunden sein.

Mehr-Personen-Preisbildung (multi-person-pricing) (Volumenpreis-Strategie)
Der Preis orientiert sich an der Anzahl der Nachfragenden. So können z.B. Zimmerpreisermäßigungen für Ehepartner während eines Kongress, oder Vergünstigungen ab einer bestimmten Zahl bei Reisegruppen, eingeräumt werden. Üblich sind z.B. Staffelpreise oder prozentuale Rabatte von der Rack Rate.

Nachfrageorientierte Preisstrategie
Der Hotelzimmerpreis orientiert sich ausschließlich an der Nachfrage. Je größer die Nachfrage (Messen, Events, Saison), desto höher der Preis , je geringer die Nachfrage des so niedriger der Preis für ein Hotelzimmer. Hier bietet sich auch die sog. Minimum-Maximum-Rack-Rate-Strategie an. Es gibt also eine günstigere Rack Rate (Minimum Rack Rate) und eine teurere Rack Rate (Maximum Rack Rate), je nach Auslastungssituation und Nachfrage ist eine dieser Rack Rates für den jeweiligen Tag verbindlich.

Nicht jede dieser Preisstrategien ist für alle Hotels geeignet. Der Einsatz ist abhängig von dem jeweiligen Kerngeschäft (Business, Leisure, Convention) des Hotelbetriebs. Zudem muss auch die Preisstrategie der örtlichen Konkurrenten und bisherige Erfahrungswerte beachtet werden.

Risiken des Yield-Managements in der Hotellerie:

- Ermäßigte Preisen können langfristig den Referenzpreis der Nachfrager beeinflussen.
- Reguläre Angebote (nicht ermäßigt) werden bedingt durch den höheren Preis als inakzeptabel bewertet.
- Einige Kunden bewerten Yield-Management als unübersichtlich und unfair. Sie unterhalten sich mit anderen Gästen und erfahren dass sie einen niedrigeren Preis für das gleiche Hotelzimmer bezahlen. Das diese Gäste dafür Restriktionen in Kauf genommen haben, ist diesen Kunden egal – sie sehen nur den günstigeren Preis. Im schlimmsten Fall kann dies zur Abwanderung der Kunden führen.
- **Kundenbeziehungen:** Meistens werden flexible Preisgestaltungstechniken in der Hotellerie von den Kunden akzeptiert, bzw. die meisten Kunden bereits daran gewöhnt. Jedoch muss generell bei der Einführung eines neuen Preissystems Rücksicht auf die Kundenbeziehungen genommen werden.
- **Kosten:** Bei der Einführung eines Yield Management-Systems, ist darauf zu achten das die Implementierung teilweise mit erheblichen Kapitalkosten verbunden ist.
- **Änderung von Kundenbindungs- und Verkaufsförderungssystemen:** Bei der Anwendung von Yield Management bzw. flexiblen Preisgestaltungstechniken können bisher bestehende Kundenbindungs- und Verkaufsförderungssysteme ihre bisherige Funktion verlieren. In diesem Fall müssen neue Strategien entwickelt werden.

Beispiel für Yield Management im Hotelbetrieb

Einfaches Beispiel aus dem Hotelbereich (Netessine, Shumsky 2002)

- Eastman Towers Hotel in Rochester, NY
- 210 Zimmer, die zum Discountpreis (z.B. $105) für Privatreisende und zum vollen Preis (z.B. $159) für Geschäftsreisende angeboten werden können
- Entscheidungsvariable ist der so genannte "Protection level" Q, der für Geschäftsreisende frei zu haltenden Anzahl an Zimmern (Risiko der Nichtbelegung!)
- Q kann ausgehend von einem Startwert (z.B. 86) bei Bedarf (z.B. im Laufe des Tages) erniedrigt werden
  - auf Basis der vergangenen Nachfrage (Historie mit 123 Tagen) nach Zimmern zum vollen Preis (siehe Tabelle rechts) und
  - der aktuellen Nachfrage
  - unter Verwendung einer Entscheidungsregel

Demand for rooms at full fare (Q)	# Days with Demand	Cumulative Probability $F(Q) = Prob\{D \leq Q\}$
0 - 70	12	0.098
71	3	0.122
72	3	0.146
73	2	0.163
74	0	0.163
75	4	0.195
76	4	0.228
77	5	0.268
78	2	0.285
79	7	0.341
80	4	0.374
81	10	0.455
82	13	0.561
83	12	0.659
84	4	0.691
85	9	0.764
86	10	0.846
above 86	19	1.000
Total	123	1.000

Quelle: Netessine, S., Shumsky, R. (2002): Introduction to the Theory and Practice of Yield Management, INFORMS Transactions on Education, Vol. 3, No. 1

- Entscheidungsbaum zur Erniedrigung von Q:
  Welcher Erwartungswert ist größer, der bei "yes" oder bei "no"?

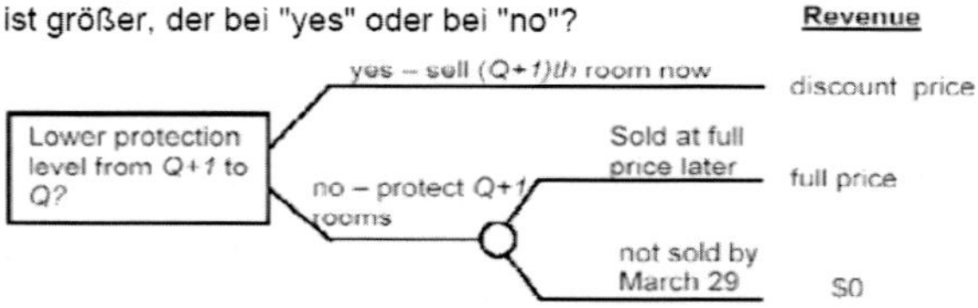

- Im Beispiel: Erniedrige Q so lange (1-F(Q))($159) $\leq$ $105 bzw. F(Q) $\geq$0,339 gilt, d.h. der optimale Wert für Q ist 79.

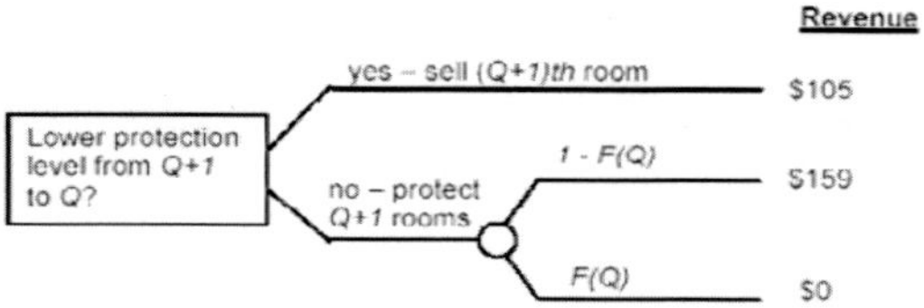

- verwendete Regel: Expected Marginal Seat Revenue (Belobaba (1989))

Quelle: Belobaba, P. (1989): Application of a Probabilistic Decision Model to Airline Seat Inventory Control, in: Operations Research 37, 2, 183-197.

- **Erweiterungen**
  - **Überbuchungsmöglichkeiten, > 2 Preise, > 1 Angebot**
    - z.B. unterschiedlich ausgestattete Zimmer

Parameter	Airline	Hotel	Car rental
Unit of capacity	Seat	Room	Car
Number of resource types	2-3 (e.g., 1st-class and coach seats)	2-10+	5-20+
"Capacity" at a location fixed or variable	Fixed	Fixed	Variable
Mobility of capacity	Small	None	Considerable
Number of possible prices per unit	Many (3-7+)	Few (2-3+)	Many(4-20+)
Duration of use	Fixed	Variable	Variable
Corporate discounts	Occasional	Yes	Yes
Capacity managed locally or centrally	Central	Central/local	Central/regional/local

  - **Nachfrageprognose**
    - Statt F(Q) direkt aus historischen Daten zu übernehmen, wird F(Q) z.B. mittels Zeitreihenverfahren (exponentiellem Glätten etc.) aus historischen Daten abgeleitet.
    - So können Trends oder Saisonalität berücksichtigt werden.
  - **Dynamische Bestimmung der "Protection levels" Q**
    - Im Verlauf des Buchungszeitraums werden die prognostizierten F(Q)-Werte an die eingehenden Buchungen angepasst.

(Quelle der drei Abbildungen = Prof. Daniel Baier „Aktuelle Forschungsrichtungen im Marketing)

Anmerkung: Protection Level = Anzahl der Hotelzimmer welche für ein bestimmtes Segment reserviert sind.

Fehler beim Yield Management

Ein typischer Fehler beim Yield Management ist, dass vom Hotelier nicht eine bestmögliche sondern eine schnellstmögliche Auslastung der Kapazitäten angestrebt wird. Die vorhandenen Hotelbetten werden zu schnell und zu günstig verkauft bzw. werden keine Kapazitäten für „High Yield"-Kunden freigehalten. Somit kommt es zu Umsatzverdrängung und Umsatzverlusten. Bei der Raten- und Preisgestaltung werden auch oft Fehler betrieben. Die günstigen Raten müssen an klare Buchungsbedingungen bzw. Restriktionen gebunden sein. Nur wenn der Gast diese Bedingungen akzeptiert, darf er den Vorteil der günstigen Raten genießen. Leider werden auch hier zu viele Ausnahmen betrieben. So kommt es z.B. vor das bei schlechter Belegung viele Hoteliers ihre Restriktionen aufheben – so kann z.B. ein Gast eine an Verkaufbedingungen gebundene Rate, auch ohne Kreditkarte und Vorauszahlung der ersten Nacht buchen- dies führt jedoch zu Unglaubwürdigkeit des Ratenmodells beim Kunden. Auch die Zimmerkategorien müssen klar mit den Preisen verknüpft sein. „Wer seine Zimmerkategorien ordentlich aufbaut, hat auch keine Schwierigkeiten, dafür unterschiedliche Preise zu bestimmen" (Spalteholz: AHGZ-Serie „Profitsteigerung durch elektronische Medien"). Denn ein Ergebnis des Yield Management ist nun einmal, das Hotelgäste in sehr vergleichbaren Zimmern zu sehr unterschiedlichen Preisen wohnen. Kann der Hotelier dem Gast die Preisunterschiede erklären, so sollte der Gast die Preispolitik akzeptieren oder zumindest respektieren.

Arbeiten Hotelbetriebe mit indirekten Absatzmittlern zusammen, dann geben sie all zu oft ihre Preishoheit aus der Hand. Besonderst Reise- und Buchungsplattformen gehen dazu über selbst Yield-Management zu betreiben und legen dabei den Preis für den Hotelzimmer selber fest. Der Hotelier hat in diesem Fall keinen Einfluss auf den Endpreis. Dies führt wieder zu dem allseits bekannten Ratenchaos, dem Kunden werden also auf den verschiedenen Internetportalen unterschiedliche Preis kommuniziert. Diese Art der Preisgestaltung ist jedoch wenig kundenfreundlich, der Kunde könnte sich viel Zeit für die Preisvergleiche sparen, wenn auf allen Buchungskanälen, der Tourist-Info und direkt im Hotel ein einheitlicher Preis für die bestimmte Zimmerart und den jeweiligen Zeitpunkt kommuniziert wird.

Die zehn schlimmsten Managementfehler im Revenuemanagement

Here you will find the list of the ten mistakes made related to Revenue Management in the hotel industry.

10) To recognize Revenue Management as a job done only by the Front Office of a hotel.

9) To allow an internet discounting agency to sell our rooms at prices of their choosing, then complain about the erosion of rate integrity.

8) As a revenue maximization strategy, to claim differentiating our hotel on service excellence and then promote discounts, "value package" offerings, free frequent guest points and other freebies.

7) To think that weekday strategy and weekend strategy can be the same.

6) To expect that the "flag" (brand) will fill the hotel without us lifting a finger.

5) To count revenue dollars as equal, regardless of the distribution channel they came through.

4) To think that short term goals must always have priority over long term goals.

3) To be convinced that artificial intelligence (our RM software) is superior to human intelligence.

2) To believe that the right price to charge for a room night is established on our costs and ROI expectations.

1) To believe that discounting is an effective way of increasing revenue.

Quelle: *Dr. Gabor Forgacs, Assistant Director of the School of Hospitality and Tourism Management, Ryerson University in Toronto, Canada, teaches Revenue Management. He may be reached at gforgacs@ryerson.ca*

Dynamic Pricing in der Hotellerie (das Beispiel Accor)

Hotels in America, notably Hilton, Marriott and Intercontinental, have been bullishly promoting their concept of dynamic pricing to would be customers. Under this model, rates can differ from night to night according to demand. It is based partly on how airlines can operate their pricing policies and stems from the hotels' understandable aim to reclaim pricing control of product and increase revenues.

Grundlagen des Dynamic Pricing

Dem Beispiel der Airlinebranche folgend, gehen immer mehr Unternehmen dazu über ihre Kunden mit unterschiedlichen Preisen für ein und dieselbe Leistung zu konfrontieren. Nur in der Hotellerie halten viele noch eisern an einem fest stehenden Zimmerpreis fest. Dabei könnten mit einer dynamischeren Preisgestaltung nicht nur viele Kunden gebunden, sondern auch neue Zielgruppen erobert werden (H. J. Rüffert: Artikel „Dynamische Preisfestsetzung"). Zudem besteht beim Dynamic Pricing die Möglichkeit flexibel auf Angebot und Nachfrage zu reagieren. Unter Dynamic Pricing werden daher Verfahren zur Preisfindung verstanden, die sich flexibel an die jeweiligen Gegebenheiten anpassen (vgl. Wirtz: Electronic Business, 2. Aufl. 2001). Die Bestimmung des „richtigen Preises" ist jedoch für einen Hotelmanager eine komplexe Aufgabe. Er muss nicht nur seine eigenen Kosten kennen, sondern er braucht auch Daten über die vorhandenen Hotelkapazitäten, die Einschätzung und Werthaltung des Kunden zum Hotel-Produkt und er muss einschätzen können, wie hoch die zukünftige Nachfrage sein wird. Hier helfen dynamische Preissysteme, sie verwenden statistische Daten und Modelle aus der Vergangenheit, um Reaktionen der Nachfrage auf Preisänderungen vorherzusagen. In der

Accor-Hotellerie wird das sog. Pricing-Tool „T.O.P“ (täglich optimierte Preise) hierzu verwendet. Hinter Dynamic Pricing verbirgt sich somit auch eine Strategie um Tagespreise anzugeben. Zwar erfolgt das Pricing / die Ratenfindung zum einen über ein Pricing-Tool (History) jedoch müssen auch die vorhandene Marktsituation und die Preise der Mitbewerber analysiert werden.

Zum dynamic pricing benötigt der Hotelmanager:

- Kenntnisse über die Nachfrage seiner Kunden – sowie deren Wünsche und Bedürfnisse.
- Ein Hotel das über unterschiedliche Kommunikationskanäle (GDS, CRS, Internet, Telefon, Fax) buchbar ist.
- Mitarbeiter die die Grundtechniken des Yield- / Revenuemanagement beherrschen.
- Eine Leistungsstarke Hotel-EDV (Yield Optims, TLP.net von MICROS-FIDELIO und OPUS2)
- Mitarbeiter die das Pring-Tool pflegen und um aktuelle Daten ergänzen.

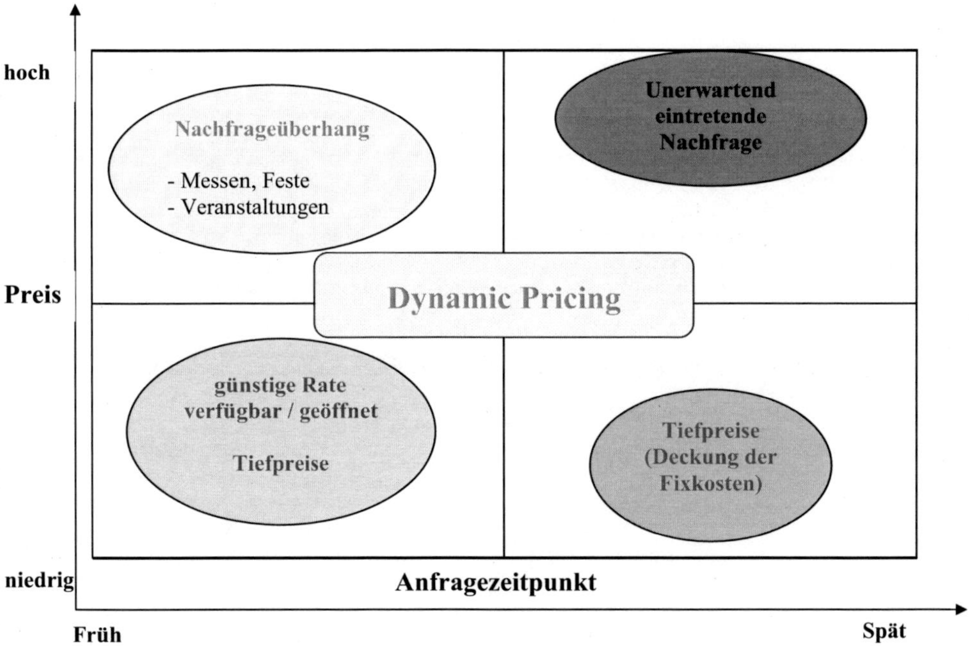

Das Konzept des Dynamic Pricing bestimmt die Preise für ein Produkt dynamisch unter Berücksichtigung der gegebenen Nachfragesituation. Dynamic Pricing senkt den Preis eines Hotelzimmers, bei geringer Nachrage und erhöht den Preis bei hoher Nachfrage. Somit basiert Dynamic Pricing auf der dynamischen Anpassung der Verkaufspreise an die jeweilige Angebots- und Nachfragesituation mit dem Ziel, das Verkaufsverhalten der Kunden zu steuern (Alicke 2. Aufl. 2005. Der Ansatz des Dynamic Pricing ist jedoch ebenfalls dazu geeignet die Nachfrage an die jeweilige vorhandene Hotelkapazität anzupassen. Es bestehen zahlreiche Möglichkeiten durch dynamische Preisgestaltung Gäste für den Hotelbetrieb zu gewinnen. Dazu gehören: Frühbucherrabatte ähnlich denen im Reisbüro oder das Angebot von Ermäßigungen, wenn Gäste bei der Buchung auf die Storno-Möglichkeit verzichten (Rüffert in AHGZ 13/2006). Doch was ist unter dem Termini dynamic pricing zu verstehen? Im Deutschen gibt es hiefür das Wort „Preisdynamik". Die Preisdynamik bezieht sich auf die Konstanz oder Änderung der Preise während einer Angebotsperiode also der laufenden Hauptsaison oder Nebensaison (Pompl: Touristikmanagement 2 1996).

Definition dynamic pricing:	Dynamic Pricing ist ein Teil der Revenue Management Strategie eines Hotels und bezeichnet ein Ratenmodell zur Umsatzoptimierung (mit täglich variierenden Zimmerraten), welches gemäß der Marktnachfrage aktualisiert wird.

Durch das sich immer schneller verändernde Umfeld und das kaum noch exakt zu prognostizierende Buchungsverhalten der Kunden, steigen die Anforderungen an dynamische Preissetzungsverfahren stetig an. Auf der anderen Seite werden die Nachteile der statischen Preisbildung immer offenkundiger, so dass bereits vom Ende der fixen Preise gesprochen werden kann (vgl. Schrage: To Hal Varian: The price is always right, http://www.strategy-business.com/creative_mind/00180/, Abruf 18.07.200). Allgemein können beim Dynamic Pricing drei dynamische Komponenten identifiziert werden:

- ***Zielfunktion des Unternehmens, Herstellungskosten (Economies of scale), Markt-/Wettbewerbssituation***
- Dynamic Pricing soll gezielt auf diese Veränderungen reagieren helfen
- Höchste Relevanz i.R. der Internetökonomie hat die rasante Veränderung der Markt-/Wettbewerbssituation (M. Downling 2004)

„Dynamic Pricing" ist die Folge des Kalkulierens mit der Zeit des Konsumenten. Der Quellcode für das „Dynamic Pricing" lautet: Der wenig Geld hat, investiert Zeit und akzeptiert die fremdebestimmte Zeit der Anbieter (z.B. Hotelbetriebe). Wer Geld hat, kauft Zeit, um seine Eigenzeit zu maximieren. (Wippermann: Trends in der Markenführung in Gaiser/Linxweiler/Brucker: Praxisorientierte Markenführung 1. Aufl. 2005).

Unterschiede Yield Management und Dynamic Pricing

Der Unterschied zwischen Yield Management und Dynamic Pricing ist nicht völlig klar

- Sind es verschiedene Buchungsklassen, unterschiedliche Produkte oder verschiedene Preise für das gleiche Produkt?

Die Wirklichkeit ist, dass Yield-Management und Dynamic Pricing unentwirrbar miteinander verbunden sind. (Boyd, E.A. 2002: Revenue Management and Dynamic Pricing, Präsentation am Institute of Mathematics and its Application, University of Michigan; Minneapolis 2002 http://www.ima.umn.edu/talks/workshops/9-9-13.2002/boyd/boyd.pdf; Zugriff am 10.12.06) Mit "Dynamic Pricing" bieten Hotelketten ein Revenue- und Pricing- System an, dass eine dynamische Preisgestaltung in Echtzeit ermöglicht und so das Yield-Management unterstützt.

Dynamic Pricing und die Hotelgäste

In einer Cornell Studie stellten Kimes und Rohlffs (2005) fest, dass früher angenommen wurde dass es der Kunde bevorzugt, einen Durchschnittspreis für seine Hotelübernachtung zu bezahlen. Dynamic pricing ermöglicht es einem Kunden, der z.B. über HRS bucht, auch genau den Preis zu sehen, den der Kunde pro einzelnen Tag bezahlen muss. Für den Kunden wird die Information im Internet (Expedia) wie folgt dargestellt:

Preisdetails **Der Preis hat sich geändert. Bitte überprüfen Sie unten den neuen Preis.** Bitte lesen Sie die allgemeinen Geschäftsbedingungen für Ihr Hotel sorgfältig durch. **1 Prüfen Sie bitte die Preise**

Gäste: 2 Erwachsene

Neuer Zimmerpreis 08.09:	€125,00 pro Nacht
Neuer Zimmerpreis 09.09:	€140,00 pro Nacht
Neuer Zimmerpreis 10.09:	€120,00 pro Nacht

Steuern sind in den Gesamtkosten eventuell nicht enthalten.

Gesamtkosten: **€385,00**

Alter Preis: €140,00 pro Nacht **2 Überprüfen Sie die Hotelinformationen**

Fr 8-Sep-2006 (3 Nächte)

Mercure Halm Konstanz 4

Bahnhofplatz 6
Constance 78462
Deutschland

Anreise: Fr 8-Sep-2006
Abreise: Mo 11-Sep-2006

Hotelstandard: ☆☆☆ Hoteldetails

Zimmer-/Unterkunftstyp: Best Unrestricted Rate Room For 1 To 2 Persons Room Only, Breakfast Pers Nt: 14 Eur

Sofern nicht anders vermerkt, sind die **Preise in Euro angegeben**.

Der oben gezeigte Preis enthält KEINE Gebühren für Hotelservice, optionalen Service (wie Minibar oder Telefonate), und keine regulären Zuschläge. Diese werden vom Hotel bei der Abreise in Rechung gestellt.

Falls Sie eine späte Anreise im Hotel planen, sprechen Sie dies bitte direkt mit der Unterkunft ab.

Dem Kunden wird im Internet nicht ein Durchschnittspreis von 128,33€ (140€ +125€+120€/3) angezeigt, sondern die tatsächliche Preisgestaltung. Kimes und Rohlfs nehmen in ihrer Studie an, das diese Form der Preisdarstellung vom Kunden als fair, ehrlich, loyal und nachvollziehbar angenommen wird und sich der Kunde hiermit äußerst zufrieden zeigt. Der Kunde bekommt das Bild von einer ehrlichen Kalkulation. Denn selbst für den Kunden ist ein Hotelzimmer an verschiedenen Tagen unterschiedlich viel wert.

Der entscheidende Vorteil von dynamic pricing, für den Kunden ist jedoch, dass er nicht wie bisher in der Hotellerie oder der Touristik üblich, sich auf die Jagt nach Last Minute Angeboten begeben muss. Bisher konnte der Kunde bei Last Minute Angeboten zwar erheblich Geld sparen, jedoch wurde die zeitliche Flexibilität des Kunden erheblich eingeschränkt. Beim dynamic pricing ist dies anders. Der Kunde kann im Voraus genau bestimmen in welchem Hotel, er zu einer bestimmten Zeit übernachten möchte. Gerade Urlaubsgäste (leisure guest`s) planen ihren Urlaub oft Monate im Voraus. Dynamic pricing mit seinem dynamischen Gerüst aus verschiedenen Raten, Restriktionen (Buchungsbedingungen) und Rabatten belohnt nicht länger den Spät- sondern den Frühbucher. Der Kunde wird bei seiner Buchungsflexibilität – im Gegenzug zu einem günstigen Preis – jedoch erheblich eingeschränkt. Denn die günstigen Raten bekommt der Kunde nur, wenn er z.B. direkt bei Buchung bezahlt und auf das Recht der Umbuchung und Stornierung verzichtet. Im Falle einer Stornierung werden meist hohe Gebühren verlangt oder es ist sogar trotz Storno der volle Preis zu entrichten. Das Motto lautet also: Je mehr Preisflexibilität desto weniger Buchungsflexibilität.

Dynamic Pricing in der internationalen Hotellerie

- **November 2003:** Die Hotelkette Mariott und American Express wechselten von einem festen Preissystem zu einem dynamischen Preissystem. Ab 2004 wurde dieses Preissystem auf die Hotelraten angewandt.
- **Oktober 2004:** Die Hilton und Intercontinental Hotels kündigten ihre Consortia Raten, welche bisher Firmen bzw. dessen Travelmanagement zur Verfügung standen. Im Gegenzug wurden nun dynamische Preise angeboten
- **Juli 2005:** Die französische Hotelgruppe führ ein dynamisches Preissystem ein. Damit wurde mit dem oftmals beklagten Wirrwarr dutzender verschiedener Zimmerpreise auf dem Hotelmarkt bei Accor nun sein Ende gefunden.

Accor stellt die Preispolitik in der Hotellerie auf den Kopf: Die französische Hotelgruppe, Marktführer der Gastfreundschaft in Deutschland und Europa, führt für seine Gäste ein innovatives, dynamisches Preissystem ein. Ab sofort gilt in über 200 Hotels in Deutschland: wer früher bucht, zahlt weniger. Mit dieser in der deutschen Hotellerie einmaligen Offensive hat den von Gästen oftmals beklagten Wirrwarr dutzender verschiedener Zimmerpreise auf dem Hotelmarkt bei Accor nun sein Ende gefunden. (Der Geschäftsreisekontakt eNews-Service Monatsausgabe 03/06) Wer sein Bett in den Häusern der Marken Dorint Sofitel, Dorint Ressorts, Mercure, Suitehotel und Novotel einige Wochen im Voraus bucht, erhält die beste Zimmerrate – das für alle elektronischen Vertriebskanäle, auch für die Reisebüros (Zeitschrift Travel One, März 2006). Die Preise sind über die Reisebüros oder im Internet unter www.accorhotels.com buchbar. Außerdem kann der Kunde diese Preise auch telefonisch, direkt im gewünschten Hotel buchen.

Eine flexible, differenzierte Preispolitik fand und findet vor allem in amerikanischen Hotelkonzernen Anwendung. Gründe für eine zunehmende Bedeutung dieser Art von Preispolitik sind:

- die wachsende Bedeutung der Preiskomponente
- der Verlust des Prestigewertes eines Hotelaufenthaltes und die damit verbundene Entwicklung zum homogenen Markenartikel
- die stärkere Position preissensibeler Reiseveranstalter und Online-Vertriebspartner

(vgl. Bagemil: Die strategische Bedeutung von Yield Management in der Hotelbranche 1994)

Ziele des Dynamic Pricing

Generelle Ziele des Dynamic pricing in der Hotellerie sind, die Durchschnittspreise bzw. den Revpar und das Verkaufsvolumen zu erhöhen. Das Ziel ist es also, den Ertrag eingehender Reservierungsanfragen zu erhöhen, also Zimmer optimaler, mit höheren Gewinnen, zu verkaufen (vgl. AHGZ 50/2005 S. 5). Bei Accor, wurde hierzu ein Preissystem, welches aus drei Raten und verschiedenen Saison-Leveln besteht eingeführt. Es gibt zwar immer noch eine Rack Rate, doch diese dient eher als psychologische Verkaufshilfe – und wird höchstens noch in Zeiten hohen Buchungsaufkommen wie z.B. Messen und sonstigen Events kommuniziert.

Die Raten im Überblick:

RA1	Die Rate RA1 ist immer etwas höher angesetzt als die Rack Rate. Der Kunde hat selbst bei dieser Rate immer noch das Gefühl, er würde etwas sparen. Diese Rate ist die Standardrate, sie ist kann keine Restriktionen geknüpft (keine Kreditkarte notwendig, keine Vorauszahlung).Vorteil für den Kunden: Rate ist bis zum Anreisetag (18:00 Uhr) kostenlos stornierbar – das Zimmer ist am Anreistag bis 18:00 Uhr für den Gast garantiert. Die Reservierung kann auch jederzeit geändert werden
RA2	Die RA2 ist eine Rate für noch unentschlossene Kunden. Sie bietet im Gegensatz zu der RA1 zur einen kleinen Preisnachlass. Der Kunde muss eine gültige Kreditkartennummer angeben und die erste Nacht der Buchung wir bereits von seiner Kreditkarte abgebucht. Die Reservierung kann nur noch spätestens drei Tage vor dem eigentlichen Reservierungsdatum storniert werden. Vorteile für den Kunden: Das Zimmer ist dem Gast garantiert, egal wie spät er auch anreist. Die Rate ist günstiger als die RA1. Es wird nur die erste Nacht und nicht gleich der gesamte Aufenthalt von seiner Kreditkarte abgebucht.
RA3	Die RA3 ist die Rate mit den meisten Restriktionen. Der Kunde muss ebenfalls eine gültige Kreditkartennummer hinterlassen. Der gesamte Preis für den Aufenthalt wird von der Kreditkarte des Kunden abgebucht. Die Reservierung kann nicht mehr storniert oder geändert werden. Selbst wenn der Kunde nicht anreist – wird im kein Geld zurückerstattet bzw. ist das Hotel hierzu nicht verpflichtet (evtl. Kulanz des Hotels bei Krankheit des Gastes)

Alle drei Stufen werden individuell der tagesaktuellen Marktsituation angepasst. Jedes Hotel kann seine Raten bzw. auch die Abstufungen der drei Raten selber festlegen.

Beste uneingeschränkte Rate bei:

RA1 - Rate Beste Tagesrate ohne jegliche Verkaufskondition: Die Höhe dieser Rate hängt von der aktuellen Marktsituation ab.

Promotional Rate bei:

Rate inklusive Frühstück (Nur bei Sofitel)

- Änderungen oder Stornierungen bis drei Tage vor Ankunft möglich.
- **Die erste Nacht** wird bereits vor der Ankunft abgebucht.

Hot Deals bei:

- **Volle Vorauszahlung**, keine Änderungen oder Stornierungen möglich – Nicht erstattbar.

Die verschiedenen Raten sind über Internet, GDS, CRS und HRS buchbar. Wichtig ist hierbei das ermäßigte Raten bzw. Discount Raten nur angeboten werden wenn sie an bestimmte Verkaufkonditionen gebunden sind.

Restriktive Raten (RA2 und RA3) müssen spätestens 72 Stunden vor Anreise der Gäste geschlossen sein.

Werden diese Raten nicht 72 Stunden vor Anreise geschlossen so kann es zu Umsatzverlusten durch Kannibalisierung kommen, weil zum Beispiel eine vorher verkaufte RA1-Rate storniert wird und dann günstiger eingebucht werden kann.

Kannibalisierung: Einem Gast wird eine günstigere Rate angeboten, als dieser bereit gewesen wäre zu bezahlen.

Aus diesen Kannibalisierungseffekten resultieren Ertragsverluste. Daher ist bei der Segmentierung substantiell, die Segmente klar durch Restriktionen zu trennen, gewissermaßen Zäune zu errichten **(Fencing)** (Helbing: Revenue Management im Tourismus)

Eine klare und für die Kunden gut verständliche Pricing Strategie ist die Basis für erfolgreiches Revenue Management. Die drei Hauptgründe weshalb sich Accor für diese Preisstrategie entschieden hat sind:

- Die öffentlichen Raten sollen flexibel sein
- Klare **Verkaufkonditionen** müssen eingesetzt werden, um die Kannibalisierung (Kunden stornieren die RA1 und buchen RA2 oder RA3) zu vermeiden
- Transparenz, Einfachheit und Klarheit durch **Ratenparität** vergleichbarer Angebote in allen Distributionskanälen (CRS, GDS, HRS)

Ziele die bei Accor durch Dynamic Pricing erreicht wurden:

Es gibt nur noch eine restriktionsfreie Rate (RA1). Die Raten RA2 und RA3 können nicht nur über den Preis, sondern auch über die Buchungsbedingungen verkauft werden. Mit den neuen Frühbucherangeboten sollen Freizeitreisende als neue Gäste gewonnen werden.

Nachteil:
Das neue Preissystem hat auch einen Haken, es erfordert eine hohe Transparenz und Verständnis der Preispolitik bei den Hotelmitarbeitern. Nur wenn das Preissystem verstanden wird, können dem Kunden die unterschiedlichen Raten (mit verschiedenen Buchungsbedingungen) verkauft werden. Die Mitarbeiter müssen also stets den aktuellen Tagespreis kennen und mit den verschiedenen Buchungsbedingungen vertraut sein. Ebenfalls muss dem Kunden der Nutzen dieses neuen Preissystems vermittelt werden können. Und was ist nun schlussendlich der Kundennutzen?

Der Gast kann sich den besten Preis aussuchen, wenn er flexibel in seiner Termingestaltung ist / und oder sehr früh bucht. Das Zimmer ist dem Gast selbst in nachfragestarken Zeiten (RA2 und RA3) garantiert (auch nach 18:00 Uhr). Der Gast ist somit flexibel in seiner Anreisezeit, und muss nicht extra im Hotel anrufen, falls er erst sehr spät anreist.

Der jenige Gast welcher großen Wert auf hohe Flexibilität, kostenlose Stornierung und Umbuchung legt, für den bietet sich die Rate RA1 an. Bedingt durch die hohe Flexibilität die ihm diese Rate bietet, sollte er auch bereit sein die aktuelle Tagesrate zu bezahlen. Auf der anderen Seite gibt es ja noch die sog. Best Price Garantie, der Kunde kann sich auf das Versprechen: „Sie werden wo anders keinen günstigeren Preis finden“ verlassen – so entfällt für ihn der zeitaufwändige Vergleich in anderen Systemen. Wer früher bucht zahlt weniger – so ist selbst für einen Kunden der die RA1 bucht – wenn er diese frühzeitig bucht- diese Rate günstig zu bekommen.

Exkurs: Die Best-Price-Garantien in der Hotellerie

> **Die Accor Best-Preis-Garantie**
>
> Accor führt aber nicht nur ein dynamisches Preissystem ein, sondern rodet darüber hinaus auch radikal den undurchsichtigen Dschungel unterschiedlichster Preise im Internet. Ab sofort bietet das Dienstleistungsunternehmen auf seiner eigenen Seite www.accorhotels.com den besten verfügbaren Zimmerpreis - nicht nur in Deutschland, sondern weltweit.
>
> "Die Zufriedenheit unserer Gäste ist unser höchster Maßstab. Dies beginnt bei Accor bereits bei der Buchung. Wer sein Zimmer und seinen Preis auf www.accorhotels.com mit wenigen Mausklicken gefunden hat, braucht gar nicht weiter zu suchen. Es gibt keinen günstigeren Tarif. Das garantieren wir unseren Gästen", versichert Witschi. Sollte ein Gast allerdings doch einmal innerhalb von 24 Stunden nach der Buchung eines Accor Hotels über eine der Accor-Webseiten ein gleichwertiges Angebot auf einer anderen Internetseite für das selbe Hotel mit gleichen Konditionen zu einem günstigeren Tarif finden, bestätigt Accor diesen Preis und gewährt darauf zusätzlich eine Ermäßigung von zehn Prozent.
>
> Witschi gibt sich optimistisch: "Unsere neuen Angebote werden von den Gästen super angenommen. Ich bin mir sicher, dass wir damit erfolgreich sein werden. Da macht Gastfreundschaft gleich noch mehr Spaß."
>
> (Quelle: AHGZ)

Mit Best-Price-Garantien versuchten die Hotelketten, das Vertrauen in die kommunizierte Preispolitik zu stärken. Zuvor kam es öfter vor das Gäste auf den verschiedenen Buchungskanälen unterschiedliche Raten für ein und dasselbe Hotelzimmer angeboten bekommen haben. Folgende Hotelketten und -kooperationen bieten Best-Price-Garantien:

- Best Western seit 1. April 2004 „Online Low Rate Guarantee“: wer im Internet eine günstigere Rate findet als unter www.bestwestern.com, erhält diesen günstigeren Preis und 10% Rabatt
- Marriott seit Anfang 2004 „Best Price Guarantee“ nicht nur für das World Wide Web sondern auch für die Buchung über Reisebüros und Hotline, „Schadenersatz“ 25%
- Hilton International seit Februar 2004 „Our best rate. Guaranteed“, wenn der Gast innerhalb von 24 Std. einen besseren Preis entdeckt, erhält er 50 Dollar Schadenersatz

(Reinert in Top Hotel Heft 5 2004)

Teilweise muss die Frage erlaubt sein, ob Best Price Garantien überhaupt Sinn machen. Sicherlich machen sie nur dann Sinn, wenn sie zum einen überhaupt umgesetzt und kontrolliert werden können und zum anderen nicht zu Lasten der durchschnittlichen Zimmerrate gehen (vgl. Toedt 2005).

Aufwand für Dynamic Pricing

Grundlage des Ganzen bildet eine konsequente Recherche. Lange im Voraus unterzieht das Accor-Revenuemanagement das Jahr einer detaillierten Event-Analyse: Welche Kongresse und Messen stehen an, welche Unternehmen halten ihre Hauptversammlung in der Stadt ab? Jeder Business-Event wird – je nach Bedeutung für die Hotellerie – in Kategorie A oder B eingeordnet. So fällt in Berlin beispielsweise die Internationale Tourismus-Börse (ITB) mit weit mehr als 100 000 Übernachtungsgästen klar in Kategorie A, während die Grüne Woche, die vorrangig Tagesbesucher anzieht, nur ein B schafft. Ähnlich wichtig sind große Sport- und Freizeitereignisse, etwa die Love Parade, das Oktoberfest, der Berlin-Marathon, das DFB- Pokalfinale oder Konzerte von Megastars wie Robbie Williams oder den Rolling Stones. All diese Daten werden für jedes einzelne Accor Hotel aufbereitet: Welchen Input hat die ITB für den gesamten Hotelmarkt in Berlin, welche Relevanz für das Dorint Novotel Am Tiergarten, das Dorint Sofitel am Gendarmenmarkt, das Mercure am Flughafen Tegel? Anschließend ordnet Accor jeden Tag des Jahres dem erwarteten Geschäftsklima zu: Low Season, Leisure Event, Business & Tourism, Event Week. Dazu nutzt die Hotelkette auch die Buchungserfahrungen aus der Vergangenheit. Wie wurde etwa das Dorint Sofitel Schweizerhof zum DFB- Pokalfinale in den Vorjahren gebucht? Jeder identifizierbare Trend, beispielsweise ein rückläufiger Besucherandrang bei der Love Parade, geht in die Kategorisierung ein. Am Ende wagen die Accor-Manager die Projektion: Wie wird sich die Buchungssituation für diesen konkreten Tag in dem speziellen Hotel voraussichtlich entwickeln? Auf das Grundgerüst eines jeden Tages setzt Accor sein dynamisches Pricing. Die Vorinformationen geben dem Hoteldirektor vor Ort genug Hinweise, auf welchem Level zwischen 1 und 10 er 405 Tage vor dem Anreisetag die Preismaschine für sein Hotel ankurbeln soll. Daraus ergeben sich die entsprechenden Einstiegspreise für die Frühbucherrate, beste Rate und mittlere Rate. „Bei einer Top-Messe wie der ITB werden wir in unserem Hotel mit der besten Rate von vornherein kaum unter 145 Euro einsteigen“, sagt Thomas Wacker, Direktor des Dorint Novotel Am Ti ergarten in Berlin. Ein gleichwertiges Novotel, das weiter vom Messegelände entfernt ist und daher von Messebesuchern weniger stark nachgefragt wird, dürfte zur selben Zeit einen günstigeren Preis anbieten. „Am Totensonntag oder in der zweiten Januarwoche, wenn kaum jemand nach Berlin kommt, ist es genau umgekehrt“, meint Wacker. Da fangen wir beim Frühbucherpreis weit unten an, vielleicht sogar bei 39 Euro.“

(Quelle: A. Molltor: Preiswettbewerb in der Hotellerie in MCK Wissen 18)

Wichtig ist für jedes Hotel die Preishoheit zu behalten und über Buchungsplattformen immer den gleichen Preis für das gleiche Datum und die gleiche Zimmerkategorie zu identischen Bedingungen anzubieten (Carsten Huth: Artikel „Revenue Management). Hier liegt der Aufwand in der Pflege der Systeme - die je nach Anbindung des Hotelbetriebs – recht zeitaufwendig sein kann. Gerade bei der Einführung von dynamischen Preissystemen entstehen anfänglich Kosten für Schulung und Weiterbildung der Mitarbeiten.

Die Zukunft des Dynamic Pricing in der Hotellerie

Das Thema „Dynamic Pricing“ wird derzeit häufig in der Hotellerie diskutiert. Auf dem HSMA – IHA Pricing & Distribution Day 2007 wurden die Vor- und Nachteile dieser Art der Preisbildung und deren Zukunft erläutert. Nach Thomas Kraft - *ist die Evolution nicht aufzuhalten* - er geht davon aus, dass bereits in weniger als acht Jahren die Umstellung von fixen zu dynamischen Preisstrukturen in der Hotellerie vollständig umgesetzt sein wird. Nach Thomas Edelkamp sind der Wille und auch die technischen Möglichkeiten zum Dynamic Pricing in der Hotellerie vorhanden. Nun liegt, nach Auffassung der Podiumsteilnehmer, die Pflicht bei den großen Hotelketten, den Weg zum Dynamic Pricing zu ebnen. (Travel Press 03.05.07: „HSMA – IHA Pricing & Distribution Day – Die Evolution kommt“)

Abschluss und Ausblick

Ich habe mit dieser Arbeit versucht einen Einblick in das weite Feld des Hotelvertriebs zu geben. Ich hoffe ich konnte hiermit einen kleinen Beitrag bzw. eine Anregung zum überdenken der bisherigen Preispolitik geben. Es ist mein Ziel möglichst vielen Menschen bzw. Hoteliers zu erreichen, denn:

> Letztendlich ist der Mensch, nicht die Software oder eine neue Technologie für den Vertrieb und den Preis eines Hotelzimmers verantwortlich.

Marc Sölter, Singen im Mai 2007

Anhang

Die Vermietung von Hotelzimmern als Handelsleistung

Nach A. Meyer 1994 S. 61ff Die Vermietung von Hotelzimmern zur Handelsleistung zu zählen rechtfertigen sich bei Meyer durch folgende Überlegungen:

- Absatzobjekt ist der Mietvertrag mit dem Nutzungsrecht für ein Zimmer, das Hotel handelt mit Chancen auf eine intrapersonale Dienstleistung.
- Sortimentsbildung (als handelspezifisches Merkmal) ist das Angebot verschiedener Mietobjekte (Zimmer, Appartements, Suiten), verschiedene Mietverträge (Dauer des Aufenthalts, Konditionen) und begleitender Zusatzleistungen)
- Der Materialitätsgrad des Versorgungsobjektes Hotelzimmer ermöglicht eine gewisse Lagerung der Fixkapazität (Gesamtzimmerzahl) bereits im Vorfeld. Bei einer Dienstleistung wäre dies nicht möglich da Leistungsverwertung und –erstellung simultan erfolgen.

Literatur:

Adam/Hermann/Huber/Wricke: „Kundenzufriedenheit und Preisbereitschaft“ Empirische Erkenntnisse aus der Hotelbranche in zfbf 54 2002 Kontaktstudim

Amadeus (Firma): Multichannel Distribution für Hotels

Amgwerd, Felix: „Die Distribution von Hotel- und Tourismusprodukten – Gesten, Heute und Morgen.“ Herausforderung Hotellerie Schweiz - Publikation SGH, Zürich 2001 .

Anthamatten, Beat: „Upgrading am Beispiel des Hotels Ferienart, Saas Fee“ in Ausbruch aus der Mitte – Strategievarianten für Schweizer Hotelbetriebe. Februar 2007

Althof, Wolfgang: Incoming-Tourismus 1.Aufl. 2000

Arnegger, Elena: „Vermarktung von Hotel-Websites im Internet“ in Tourismus Jahrbuch, 2001 Heft 1 – Forum für Wissenschaft und Praxis S. 174-183

Autorenkollektiv der Fachschule für das Gaststätten- und Hotelwesen: Der Leiter im Gaststätten- und Hotelwesen 1970

Badinelli, Ralph / Olsen, Michael: “Hotel Yield Management Using Optimal Decisin Rules” in journal of the international academy of hospitality research 1990 issue 1

Bagemil: Die strategische Bedeutung von Yield Management in der Hotelbranche 1994

Barth, K, / Theis, H.J.: Hotel-Marketing 1. Aufl. 1994

Bastian / Born / Dreyer: Kundenorientierung im Touristikmanagement 1999

Bauer/Keller: „Management der Kundenzufriedenheit im Hotel“ in C. Homburg: Kundenzufriedenheit 5. Auflage

Baumgartner, Baumhackl, o.a.: Medienmappe Tourismus in Österreich

Bethge, H.J., Gross, W., Wolf, K. (Hrsg.): Heidelberger Handbuch für Hotellerie und Gastronomie, Lose-Blatt-Sammlung, Stuttgart laufend

Berg, Waldemar: Tourismusmanagement 1. Aufl. 2006

Bieger, Thomas / Laesser Christian: „Neue Organisationsformen und Geschäftsmodelle im Tourismus“ in Weiermair/Peters/Pechlaner (Hrsg.): Unternehmertum im Tourismus 2003

Bieger, Thomas: Tourismuslehre 2.Aufl. 2006

Bleile, Georg: Tourismusmärkte: Fremdenverkehrsmarkt – Hotelmarkt – Touristikmarkt – Bädermarkt – Luftverkehrsmarkt im Wandel 1995

Bober Sigfried: „Der Gast als Subjekt und Objekt bei der Leistungserstellung in der Gemeinschaftsgastronomie“ in: Schriften zur Oecotrophologie 3 1986 S. 3 – 26

Brenneis, Josef: EDV-Einsatz in Hotel- und Gastronomiebetrieben – Schriftreihe der Fachhochschule München Fachbereich Betriebswirtschaft Studienrichtung Hotel- und Restaurant-Administration Bd. 6 1996

Bruhn/Meffert: Exzellenz im Dienstleistungsmarketing. Fallstudien zur Kundenorientierung 1. Aufl. 2002

Bommer Isabel: „Hotel-Vertrieb unter der Lupe“ in FirstClass 8/2004

Bouncken, Ricarde: Integrierte Kundensegmentierung in der Hotellerie 1997

Buer, Christian: Gestaltung von ganzheitlichen Managementsystemen im Hotel. St. Galler Beiträge zum Tourismus und zur Verkehrswirtschaft Reihe Tourismus, Band 33 1997

Busch, M: Die Globalen Distributions- Systeme (GDS) im Zeitalter des Internet

CHD-Expert: Marktplatz Hotel 2006

Cohen, Armon: „Hotelvertrieb – eine Quelle der Unzufriedenheit“

Corsten / Gössinger: „Kapazitätssteuerung im Revenue Management“ in Zeitschrift für Betriebswirtschaft Special Issue 1/2005 Thema Revenue Management.

Corsten / Stuhlmann: Yield Management als Ansatzpunkt für die Kapazitätsgestaltung von Dienstleistungsunternehmen; in: Wettbewerbsfaktor Dienstleistung, hrsg. Von H.Corsten / H. Schneider 1999, S. 80-103.

Conrady/Sterzenbach: Luftverkehr 3. Aufl. 2003

Cultuzz Digital Media: „Nie wieder Datenpflege im Internet“ in Open PR 22.09.06

Daudel, S./Vialle, G.: Yield-Management – Erträge optimieren durch nachfrageorientierte Angebotsgestaltung 1992

DEHOGA Niedersachsen: Vertriebshandbuch für die niedersächsische Hotellerie 2005

Dettmer, Harald: Tourismus-Marketing-Management 1. Aufl. 1997

Dettmer, Harald: Tourismustypen 2000

Dettmer, Harald: „Hotellerie und Gastronomie“ Tourismus Bd 2 1. Aufl. 1998

Dettmer; Harald: „Tourismuswirtschaft“ Tourismus Bd. 1 1998

Dettmer, Harald u.a.: Managementformen im Tourismus, situationsorientiert 1999

Dettmer, Harald (Hrsg): Tourismus 3 Reiseindustrie 2001

Dettmer, Harald u.a.: Managementformen im Tourismus 2005

Dettmer, Harald: Betriebswirtschaftslehre für das Gastgewerbe 2.Aufl.

Downling, Michael: „Implikationen für das operative Management“ Vorlesung am Lehrstuhl für Technologie- und Innovationsmanagement der Universität Regensburg 20.12.04

Doyle: Marketing Management and Strategy 1994

Dr. Fried & Partner: Prozessoptimierungspotentiale im deutschen Reisevertrieb 2005

Dreyer / Dehner: Kundenzufriedenheit im Tourismus 2.Aufl. 2003

Dreyer, Axel: „Marketing-Management im Tourismus“ in Dreyer (Hrsg.): Kulturtourismus 1996)

Dreyer, Axel: „Die Marketinginstrumente im Sporttourismus“ in Dreyer / Krüger: Sporttourismus 1995)

Ebneter, Maurus: „Lässt das Internet die Hotelpreise sinken?“ März 2005, Infomagazin "à la bâloise", Auflage 1800 Preiskampf in der Hotellerie

Echtermeyer, Monika: „Elektronisches Tourismusmarketing – Gefahr oder Chance für Reisebüros“ in Landgrebe, Silke (Hrsg.): Internationaler Tourismus 1. Aufl. 2000

Engl, C.: „Wir dürfen keine reine Preispolitik betreiben“ HSV-Zeitung Jan. 2007

Egger/Walters: „Preistransparenz im Internet“ in eTourism - Berichte aus Wissenschaft und Praxis

Eisenstein /Gruner: „Der Hotelmarkt in Deutschland“ in Becker/Hopfinger/Steinicke: Geographie der Freizeit und den Tourismus2003

Engelmann, Ralph / Schleusener Michael: „Herausforderung Pricing“ Ergebnisse einer Studie der Schweizer Hotelindustrie – Travel and Tourism White Paper Series, Simon Kucher & Partners

Englisch, K.: Neuzeitliche Kalkulations- und Preisfestsetzungsverfahren im Verpflegungsbereich 2. Aufl. 1994

Europäische Kommission: Yield Management in kleinen und mittelständischen Unternehmen der Tourismuswirtschaft – Zusammenfassung Luxemburg 1997

Falk, Bernd: Dienstleistungsmarketing 1980

Ferner/Müller/Zoles: Marketingpraxis im Fremdenverkehr 3. Aufl. 1989

Fischer, C. : „Hotelvertrieb – Take it or leave it“ Touristik Report 21.10.04

Frehse, Jörg: „Erfolgsstrategien für die europäische Individualhotellerie“ in Tourismusjournal 5. Jg. Heft 4 2001

Frehse, Jörg: Dienstleistungskompetenzen in der internationalen Hotellerie 2003

Frehse, Jörg: „Internationale Dienstleistungskompetenzen: Neue Impulse für das strategische Management von Tourismusbetrieben“ 2002

Frehse, Jörg: „Erfolgsfaktoren im internationalen Markenmanagement von Hotelunternehmen“ in Jahrbuch der Absatz- und Verbrauchsforschung 2 / 2007 S. 141

Frehse/Toedt: „Innovationen in der hotelbetrieblichen Praxis“ in Pechlaner/Tschurtschenthaler: Erfolg durch Innovationen 1. Aufl. 2005

Frey, Markus / Cheseaux Anne: Wertsteigerungspotentiale durch Kooperation in der Hotellerie

Freyer, Walter: „Modernes Marketing-Management im Sporttourismus“ in Dreyer/Krüger: Sporttourismus 1. Auf

Freyer, Walter: Tourismus – Einführung in die Fremdenverkehrsökonomie 6. Aufl. 1998

Freyer, Walter: Tourismus-Marketing 2. Aufl. 1999

Freyer, Walter: Sport-Marketing – Handbuch für marktorientiertes Management im Sport 3. Aufl. 2003

Freyer/Pompl: Reisebüro-Management 1. Aufl. 1999

Friege, Christian: Yield Management; in: WiSt 25.Jg., Nr.12

Gardini, Marco: „Qualitätsmanagement von Dienstleistungsunternehmen“ Dargestellt am Beispiel der Hotellerie 1.Aufl. 1997

Gardini, Marco: Marketing-Management in der Hotellerie 1. Aufl. 2004

Gewald, Stefan: „Vorlesung Marketing“ WS 06 FH München Fachbereich Tourismus

Gewald, Stefan: Hotel-Controlling 2.Aufl. 2001

Gewald, Stefan: Handbuch des Touristik- und Hotelmanagement

Gerhard: “Hospitality Management” Vortrag ITB-Kongress 2005

Gerhard: „Gute Zeiten, schlechte Zeiten“ Artikel in Der Hotelier 14.10.06

Global Hospitality Consulting: “Revenue Management an Dynamic Pricing” 2005

Goerlich, B: „Ordnung im Ratenchaos“ in AHGÄZ Ausgabe 50/2005

Goerlich, B.: „Belegung zum besten Preis“ in AHGZ 50/2005

Goerlich, B.: „Wie man Zimmer profitabler verkauft“ in der Hotelier 01/2006

Greischel, Peter: „Vom Computer-Reservierungssystem zur internetbasierten Distribution“

Grothues, Ulrich: Marketing in Hotel- und Gaststättengewerbe 9. Aufl. 1993

Grothues, Ulrich: Erlebnismarketing in Hotellerie und Gastronomie 2.Aufl. 2001

Grothues, Ulrich: Marketing-Praxis im Hotel- und Gaststättengewerbe 1.Aufl. 2006

Gruner, Axel: Vortrag: „Zehn Schlüsseltrends in der Hotellerie“ Vortragsabend „Neue Trends in Hotellerie, neue Trends in der Gastronomie“ Universitätslehrgang für Tourismus 2000

Gruner, Axel: „Distributionskanal Reisebüro“ in Hottelling Ausgabe 01/2005

Gruner/Meixner: Fachbegriffe Revenuemanagement

Gugg, Eberhardt.: „Ein Preis für alle Fälle“ in Heidelberger Handbuch für Hotellerie und Gastronomie, Lose-Blatt-Sammlung O7-2

Gugg, Eberhardt: „Yield Management in der Hotellerie“ in Moderne Hoteltechnik 1-1992

Gugg, Eberhardt: „Ertragsorientierte Preisgestaltung durch Yield Management“ in HBH-für die Hotellerie 1992

Gugg, Eberhardt: Der Hotelmarkt in Deutschland 2005

Hafner, Harald: Tourismusmarketing Profitabilität durch Kundenzufriedenheit 1998

Hamer/Riedel: Gastronomie-Marketing – Ein Handbuch für die Praxis 1990

Hänssler, Karl-Heinz: AKAD-Fernlehrbrief Allgemeine Tourismuslehre Lerneinheit 5 „Das Hotel- und Gaststättengewerbe“

Hänssler, Karl-Heinz: Management in der Hotellerie und Gastronomie 3. Aufl. 1997

Hartmann, Michael: „Strategisches Perspektiven für die Hotelbranche“ in Bernd Kuhlin: Real Time Enterprise in der Praxis. Daten Fakten und Ausblick 2005

Hausmann: „Yield-Management“ in Gewald: Handbuch des Touristik- und Hotelmanagement 1. Aufl. S.455

Hebestreit, Dieter: Touristik-Marketing 3. Aufl. 1992 – Grundlagen, Ziele, Basis-Informationen, Instrumentarien, Strategien, Organisation und Planung des Marketing von Reiseveranstaltern

Helbing, Jörg: „Revenuemanagement im Tourismus“ in Tourismus Jahrbuch, 2001 Heft 1 – Forum für Wissenschaft und Praxis S. 5-45

Hentschel, Karla: Hotelmanagement 1.Aufl. 2001

Hentschel, Karla: „Kettenhotellerie vs. Individualhotellerie? zu Entwicklungen auf dem Hotelmarkt“ in Dreyer (Hrsg): Tourismus 2015 Tatsachen und Trends im Tourismusmanagement 2004

Henselek, Hilmar.: Hotelmanagement – Planung und Kontrolle 1999

Hilz: „Yield Management für Reiseveranstalter“ in Mundt: Reiseveranstaltung 5. Aufl. S. 465

Hoffmann: „Die Flugpauschalreise“ in Landgrebe: Internationaler Tourismus 1. Aufl. 2000

Holleis, Wilfried: Controlling in der Hotellerie 2. Aufl. 1993

Horstmann/Ottenschläger: Forwin-Bericht-Nr.:FWN-2001-012

Höck: Dienstleistungsmanagement aus produktionswirtschaftlicher Sicht 1.Aufl

Hoffmann, Herbert: „Touristik-Marketing“ in Bernd Falk: Dienstleistungsmarketing 1980

Huth, Carsten: Revenuemanagement in den Buchungssystemen in First Class 01.08.06 S. 42-43

IDEAS V5i – REVENUE MANAGEMENT: Produktbeschreibung und Funktionalität 10.02.04

IHA: Hotelmarkt Deutschland 2006

Iwersen-Sioltsidis / Iwersen: Tourismuslehre 1997

IZT – Institut für Zukunftsstudien und Technologiebewertung: Zukunftsverträgliche Arbeits- und Unternehmensgestaltung in der Tourismuswirtschaft 2005

Jamin, Klaus / Schaetzing, Edgar: Organisation und Datenverarbeitung in Hotellerie und Gastronomie 1982

Jagdfeld, Anno August: „Perspektiven der Luxushotellerie im Gefolge von E-Business, Telekommunikations-Revolution und gesellschaftlicher Transformation“ in Rohmert/Böhm: E-Business in der Immobilienwirtschaft 1 Aufl. 2001

Kaspar, Claude: Einführung in das touristische Management 1990

Kaspar, Claude: Unternehmensführung im Fremdenverkehr – Eine Grundlage für das Management von Hotels und Restaurants, Sportbahnen und –anlagen, Reisebüros, Kur- und Verkehrsbüros 1982

Kaspar, Claude: Management im Tourismus 2. Aufl. 1995

Kaspar, Claude: Die Tourismuslehre im Grundriss 5.Aufl. 1996

Kaub, Erich: Erfolg in der Gastronomie 2. Aufl. 1990

Kausch: „Viele Wege führen zum Gast“ –Vertriebs- und Absatzwege im Gastgewerbe in Heidelberger Handbuch für die Hotellerie

Kimmes/Klein: „Revenuemanagement im Branchenvergleich“ in ZfB Special Issue 1/2005

Kirstges, Thorsten: Management von Tourismusunternehmen – Organisation, Personal und Finanzwesen 1.Aufl. 1994

Kirstges, Thorsten: Expansionsstrategien im Tourismus – Marktanalysen und Stategiebausteine für mittelständische Reiseveranstalter 2. Aufl 1996

Kobjoll, Klaus: „Premiumpreis-Strategie am Beispiel des Hotelleriemarktes“ in Diller/Hermann: Handbuch der Preispolitik 2003

Koch, Walter J.: „Wertschöpfungskette Tourismus“ in Koch, Walter: Zur Wertschöpfungstiefe von Unternehmen 2006

Kosma u.a.: Betriebsorganisation, Tourismus, Marketing 11. Aufl. 2005

Kraft, Carsten: „Yield-Management am Beispiel der Hotelbranche“ Seminararbeit 1999 am FB Wirtschaftswissenschaft Johann Wolfgang Goethe-Universität Frankfurt am Main.

Kreilkamp, Edgar: „Produkt- und Preispolitik“ in Haedrich/Kaspar/Klemm/Kreilkamp: Tourismus-Management 3. Aufl. 1998

Krippendorf Jost: Marketing im Fremdenverkehr.Berner Studien zum Fremdenverkehr Heft 7 2. Aufl. 1980

Korndörfer, Wolfgang: Allgemeine Betriebswirtschaftslehre 13. Aufl. 2003

Kuhn/Defregger: „Revenue Management in der Sachgüterproduktion“ in: Wirtschaftswissenschaftliches Studium, 33. Jg. 5/2004

Kunz, Beat: Die Kosten des Hotels in ihrer Struktur und ihren Abhängigkeiten 3. Aufl. 1986

Laesser, Christian: Destinationsmarketing im Zeitalter des Internet (vergriffen Aufl. 1998). Haupt, Bern

Laesser, Christian: „Grenzen verbreiteter Hotelgeschäftsmodelle und internationale Entwicklung der Beherbergungsindustrie“ Hotel Finance Forum SGH 2007 Lenzerheide24.05.07

Landgrebe, Silke (Hrsg.): Internationaler Tourismus 1. Aufl. 2000

Langer, Gottfried (Hrsg.): Innovationen in der Ferienhotellerie 2001

Leiderer, Wolfgang: Kennzahlen zur Steuerung von Hotel- und Gaststättenbetrieben 3. Aufl. 1995

Liedke, R.: Das Urlaubskartell 1.Aufl. 2002

Liegl, E.: „Optimierung der Preise“ Vortrag ÖHV-Praktikerseminar 2006

Luft, Hartmut: Grundlegende Tourismusbetriebslehre 1. Aufl. 1996

Luft, Hartmut: Grundlegende Tourismuslehre 1.Aufl. 2006

Lentz/Fritz: Gastgewerbliche Berufe – Organisation und Marketing 1994

Mautsch, Jana / Sattler, Robert: „Der Preis entscheidet“ in FirstClass 22 Jg. Ausgabe 4 April 2004

Mazanec, J.A.: „Veränderungen im Kundenprofil der Ferienhotellerie“ “ in Weiermair/Peters/Pechlaner (Hrsg.): Unternehmertum im Tourismus 2003

Meffert/Bruhn: Dienstleistungsmarketing 2003

Meffert, Heribert: Marketing 9. Aufl. 2000

Metz/Grüner/Kessler: Hotel & Gast 8.Aufl. 2000

Mezger, M.: „Hotelsuche im Internet“ in Modernes Geschäftsreisemanagement 2005 S. 118

Mill / Morrison: The Tourism System
Molltor: „Preiswettbewerb in der Hotellerie“ in MCK Wissen 18 2006

Möser, A: „Deutscher Hotelmarkt - Die Billigketten kommen“ in Feuring eMagazine 12.10.06

Mundt, Jörn: „Besonderheiten des touristischen Marketing“ – AKAD Studienbrief 1996

Mundt, Jörn: Einführung in den Tourismus 1. Aufl. 1998

Müller, Heike: „Dienstleistungsqualität im touristischen Leistungsverbund“ Dissertation an der Wirtschaftswissenschaftlichen Fakultät der Universität Zürich 1999

Müller/Kramer/Krippendorf: Freizeit und Tourismus 1991

Nagle/Holden/ Larsen: „Pricing -Praxis der optimalen Preisfindung" 1998 S. 188-235

Nixdorf, Axel: „Die Betten-Makler“ in Brand Eins 09/03

o.V.: Branchenreport Hotels: „Der Hotelmarkt in Deutschland 2000“

o.V. „Zugpferde Stadt und Gesundheit“ in First Class 1-2 2007

o.V.: „Fünf Sterne Discount“ in Top Hotel 2003/10

o.V. „Chance Preis“: Gewinntreiber Nr. 1 in Der Hotelier 5/2005 S.43

o.V.: Marketing und Vertrieb – Newsletter Mai 2005 Trendthema Vertriebskanäle

o.V: „Stand-by-Tarife für späte Hotelgäste bei Mövenpick“ in: Blick durch die Wirtschaft, 22Jg., Nr. 20 1979

o.V.: „Echte Preisstrategien gefordert“ in Cost & Logis 18/2005

o.V.: „Hotellerie in der Preiszange“ in hottelling 06/2005

o.V.: „Hotelvertrieb unter der Lupe“ in First Class 8/2004

o.V. : „Was die Counter-Kraft am meisten ärgert“ in: fvw Hotel spezial, Nr. 10, 20.04.2000, S. 9

o.V.: „Vom Reservierungssystem zum Marketingkonsortium“ in AHGZ 19.05.90

o.V.: „Die besten Tipps für Online-Pricing in der Hotellerie“ www.oehv.at

o.V: „Mit einer Sprache sprechen“ in Gastgewerbe Jan 06 S.25

o.V.: „SOLBAY der erfolgreiche Vertriebskanal für Ebay

o.V.: „GDS werden verlieren“ in Touristik Report 27.01.2005

o.V.: „Die Preisfalle“ in Touristik Report 01.07.2004

o.V.: „Streit um billige Betten“ in Focus 42/2004

o.V.: „Preistransparenz im Internet im Focus“ in Der Hotelier 7+8 2004

o.V.: „Streit um die Preisstrategie“ in FVW International 01.09.05

o.V.: „Volumenverträge sind out –elektronisches Buchen ist in“ in travel manager 2006-09 hoteleinkauf

o.V.: „Online-Portale im Vorteil“ in Geosaison 3 2005

o.V.: „Hotelportale im Test“ in Urlaub Perfekt 4/06

o.V.: „Fataler Wildwuchs“ Hotelpreis in Touristik Report 11.03.2004

o.V.: „Scharfer Konkurrenzkampf um Luxushotels“ in FAZ 09.05.2007

o.V.: „Automatisierung spart Zeit“ in AHGZ 30.01.2006

o.V.: „Gewinnoptimierung durch Yield Management“ -Ertragsmanagement wird das Werkzeug für umsatzorientierte Hoteliers immer wichtiger – in Roling Pin Nov. 2006

o.V.: „Buchungssysteme als Multiplikator“ in Rolling Pin Nov. 2006 S. 90ff

o.V.: „Ein Preis für alle Fälle“ Touristik Report 18.12.03

o.V.: Kapitel 16 „Tourismuswirtschaft“ in Klaus Wollenberg: Taschenbuch der Betriebswirtschaft 2. Aufl. 2004

o.V.: „Elektronischer Kundenservice / Der Einsatz von E-Mail für den Kundenservice in der Schweizer Hotellerie. Ein Forschungsprojekt der EHL bringt etwas Licht ins Dunkel.“ Mitteilung zum Forschungsprojekt von Schegg/Fux 2005

o.V: „Yield Management – Optimieren Sie ihre Gewinne“ – online unter www.hogascout.de

o.V.: „Yield Management-Systeme: Ertragssteuerung per Knopfdruck“ in Der Hotelier 7-8/01

Oppermann, Anne: „Reisen im Internet die Perspektive des Kunden“ Fernstudienbrief zur Weiterbildung zur Internetfachkraft Tourismus 2006 FernAkademie Touristik

Plaz: „Graubünden – zu raues Klima für Hotels“ Referat 2005

Pechlaner, Harald: Fallbeispiel: „Angebotspolitik in Hotellerie und Gastronomie“ in Ferner: Tourismus und Marketing Bd. 2 2003

Pechlaner, Harald: „Die Herausforderungen für Destinationen: Ist Urlaubsglück machbar?“ Vortrag TUI Campus 2006 http://www.tuicampus.com/uuid/cdad5479579015736a837fe6f5ffc5cb?ref=42d6f70886ba3eec0589279ee908eb0b

Pedersen, Anke: „Niedrigere Raten“ in TopHotel 4/2007

Peters/Frehse: „Internationalisierungshemmnisse einzelbetrieblich organisierter Hotelunternehmen“ in Tourismus Journal 7 Jg. 2003

Pichler / Kloubert: Expansion und Integration – Erfolgskonzept eines internationalen Touristik-Konzerns http://www.kloubi.de/Downloads

Pircher-Friedrich, Annemarie: Strategisches Management in der Hotellerie 2000

Plaz, Peder: „Gedanken zur Positionierung der Schweizer Mitelklasshotellerie“ Präsentation anlässlich des Seminars vom 29. November 2006

Pocket Power Controlling: „Kalkulation und Preisfindung“ 1.Aufl

Poggendorf, Armin: Gäste bewirten – Lebensgeister restaurieren 1991

Poluschny, P: Kostenrechnung für die Gastronomie 1998

Pompl, Wilhelm/Lieb, G. Manfred: Internationales Tourismus-Management 2002

Pompl, Wilhelm: Touristikmanagement Bd. 1 1995 und Bd. 2 1996

Reisenzahn, Thomas: „Strategien für mehr Umsatz – Pricing in der Hotellerie“ ÖHV 2007

Reusch, Jens: Die Gastronomie im Internet: Nützlich, notwendig oder nur Spielerei? www.jensreusch.de

Rothe: „Neue Distributionsstrategien im Tourismus“ in Shertler: Tourismus als Informationsgeschäft 1994

Pütz, F.: „Preistransparenz und Provisionssicherung“ in Modernes Geschäftsreisemanagement 2005 S. 148

Quartapelle & Larsen: Kundenzufriedenheit - Wie Kundentreue im Dienstleistungsbereich die Rentabilität steigert 1996

Rainer, H.: „Internetbuchungen zu Schnäppchenpreisen“ in Deutsches Ärzteblatt 103 Ausg. 14 vom 07.04.06

Reith, Wolfgang: Betriebswirtschaftslehre und gastgewerbliche BetriebslehreBd.1 & Bd. 2 1994 & 1990

Renken, Claudia: „Preistransparenz im Internet im Focus“ in Der Hotelier 7 + 8 / 2004

Reinert, C.: Extrem erfolgreich: Best-Price-Guarantee mit „Schadenersatz“, in: Fachzeitschrift Top Hotel, Heft 5 2004

Reisen, Michael: Die Absatzpolitik von Gastronomiebetrieben 1986 Schriften zur Handelsforschung Nr. 74

Regele/Schmücker: „Vertriebspolitik im Tourismus“ – in Haedirch: Tourismusmanagement 3. Aufl. S 422

Rekopf: Revenue Management-Konzepte zur Auftragsannahme bei kundenindividueller Produktion

Remmers: „Yield Management im Tourismus“ in Schertler: Tourismus als Informationsgeschäft 1. Aufl. 1994

Roth /Schrand (Hrsg.): Touristik-Marketing 3. Aufl.

Rüffert: Artikel „Dynamische Preisfestsetzung“ – Zimmerpreise sollen flexibel gestaltet werden 10.03.2006

Schaetzing, Edgar: „Marketing in Hotellerie und Gastronomie“ in Falk, Bernd: Dienstleistungsmarketing 1980

Schaetzing, Edgar: „Selektive Preiserhöhung im F&B-Bereich“ Arbeitsunterlage WS06 Fachhochschule München Fachbereich Tourismus

Schaetzing, Edgar: „Erlebnisfaktor Preis in der Gastronomie“ in Hotel Restaurant 7-8 / 2002

Schaetzing, Edgar: „Systematisches Yield Management zur Steigerung und Erhaltung des Marktanteils in der Hotellerie“ in Hotel Restaurant 1/96 S. 92 – 99)

Schaetzing, Edgar: Qualitätsorientierte Marketingpraxis in Hotellerie und Gastronomie 3. Aufl. 1997

Schaetzing, Edgar: Schulungsunterlage „Wie viel Umsatz verlieren Sie am Telefon…

Schaetzing, Edgar: Management in Hotellerie und Gastronomie 6. Aufl. 2004

Schaffer, Urs: Leitfaden zum Yield Management 2006

Schulz, Axel/ Klaus, Frank/ Seitz, Erwin: Tourismus und EDV 1996

Schegg/Fux: IT- und Internetnutzung im Beherbergungssektor 2005

Schegg/Steiner/Jufer/Liebrich: Hotel-Benchmark Schweiz 2005

Schegg/Steiner: „Online Hotel Benchmark 2001“ 2002

Schegg/Steiner: Schweizer Hotellerie und Internet 2002

Schmidli: 4 P – Marketinginstrumente Repetition IST 2005

Schönegger / Roth / Neubert / Spindler: „Informationsmanagement als Basis einer marktbezogenen Unternehmensführung“ Semesterarbeit zur Vorlesung „Marketing Hotel“ bei Prof. Alfred Merl 2001

G. Schoolmann: „Zahlen Sie was Sie wollen“ 03. 03.04 www.abseits.de

Schröder, Matthias / Forstnig, Jakob / Widmann, Michael: Bewertung von Hotels und Hotelimmobilien 2005

Schüller, Anne / Fuchs Gerhard: Total Loyalty Marketing 2. Aufl. 2004

Schultze, J.-G.: Diagnose des strategischen Handlungsbedarfs für Hotelketten 1993

Schultze, Gabriele: „Nachvollziehbare Preise“ in Der Hotelier 5/2005

Schwager, Gery: „Ein Zimmer sieben Preise“ 2005

Schwarz, Walter: Der Hotelempfang 5. Aufl. 1995

Sebastian, Karl-Heinz / Simon Hermann: „Pricing der schmale Grat zwischen Genie und Wahnsinn“ (www.simon-kucher.com)

Seitz, Erwin / Wolf, Jakob (Hrsg.): Tourismusmanagement und –marketing 1991

Seitz, Georg: Hotelmanagement 1997

Seitz, Georg: „Internationale Expansionsstrategien in der Hotellerie“ in Pompl, Wilhelm/Lieb,

SHV, SWV, DEHOGA, ÖHV (Hrsg.): Marketing der Gastfreundschaft 1994

Schrand/Schlieper: „Produkt- und Leistungspolitik“ in Hänssler: Management in der Hotellerie und Gastronomie 4. Aufl

Schweizer-Hotelier-Verein: Hotel-Marketing 1983

Seitz, Georg: „Hotellerie- und Gastronomiemanagement“ Studienheft Tourismusfachwirt 2006 DRV

Sölter, Marc: Buchprojekt „Hotellerie und Gastronomie“ – eine betriebswirtschaftliche Einführung

Sölter, Marc: Management im Tourismus 2005

Sölter, Marc: „Touristikmanagement – Betriebswirtschaftslehre der Reiseveranstalter und Reisemittler“ 2006

Spalteholz Bianca: AHGZ-Serie „Profitsteigerung durch elektronische Medien“

Spalteholz, Bianca: AHGZ-Serie 2003 „Wie findet ein Hotel seine richtigen Vertriebspartner?“

Spalteholz, Bianca: in IZT, Institut für Zukunftsstudien und Technologiebewertung; Nr. 70 2005

Spalteholz, Bianca: Vortrag „E-Business im Tourismus“

Sperling: „Touristische Computer-Reservierungssysteme“ Fernstudienbrief Tourismusmanagement 1. Aufl. 1999

Sperling: „Beherbergungswesen“ Fernstudienbrief Tourismusmanagement 1. Aufl. 1998

Sebastian, K.H.: Power Pricing Konferenz: „Wege aus der Preisfalle“ – Konferenzbericht Juli 2000 (www.simon-kucher.de)

Shertler, Walter: Tourismus als Informationsgeschäft 1994

Spann, Martin /Klein, Joachim /Makhlouf, Karim/Bernhard, Martin: „Interaktive Preismaßnahmen bei Low-Cost-Fluglinien“ in Zeitschrift für Betriebswirtschaft (ZFB), 75 S. 53-77 2005

Stauss, Bernd: Dienstleistungsmanagement, in Bühner, R. Hrsg: Managementlexikon 2001

Sterzenbach: Luftverkehr 3. Auflage

Stein/Michalig: „Kommunikations-, Reservierung-, Informationssysteme“ Fernlehrbrief zum Studium Tourismusreferent AFW Bad Harzburg 2003

Steinecke: Erlebnis- und Konsumwelten 1.Aufl. 2000.

Steinecke, Albrecht: Tourismus –Eine geographische Einfürhung 1.Aufl 2006

Swinkels, Daniel: „Yield Management und Raten Management" in OPERA Newsletter http://opera.micros-fidelio.de

Tietz, Brunno: Handbuch der Tourismuswirtschaft 1980

Tillmanns Christian: „Revenue Management in der Airlinebranche" in Diller / Hermann: Hanbuch Preispolitik 2003

Treugast: Solutions Group: Hospitality-Trendgutachten2005/2006

Treugast: Auszug Trendgutachten Hospitality 2006/07

Toedt, Michael: „Bedrohung Internet" in Der Hotelier 06/2005

Toedt, Michael: „Wird das Internet zur Bedrohung" Sep. 2005

Toedt, Michael: Vorlesung „CRM im Tourismus – Kommunikation und Pricing" WS06/07 FH-München

Vavrik, Ursula: „Systemorientierte Konzepte und multivariate Methoden als Optimierungsansätze im kundenorientierten Tourismusmanagement" in Andreas Zins: Strategisches Management im Tourismus 1993

Velsen-Zerweck, Burkhard / Pommrich, Ilka: „Internetpräsenz als Instrument zur Serviceprofilierung von 5 Sterne Hotels in Sturm/Velsen-Zerweck/Stüber: Die Vielfalt der Dienstleistungsökonomik 2003

Verband der Deutschen Hotelkooperationen (VDH): Kriterien für die Definition von Hotelkooperationen + Hotelkooperationen Vorteile 2005

Vermeulen, Peter: Gestaltungselemente des Kulturmarketing – Preispolitische Strategien – 1. Studienbrief Hochschulverband Distance Learning Aufl. 2004

Vester, Heinz-Günther: Tourismustheorie 1999

Vorlaufer,Karl: „Die Internationalisierung der Hotellerie: Determinanten, Strukturen Strategien" in Landgrebe, Silke (Hrsg.): Internationaler Tourismus 1. Aufl. 2000

Waack, Dieter: Hotel-Marketing – Der Schlüssel zur erfolgreichen Hotelführung 1978

Walters, Irene: „Preistransparenz im E-Business" – Zur Entwicklung einer Online-Strategie in der Kettenhotellerie. Diplomarbeit Salzburg 2005

Walterspiel Georg: Einführung in die Betriebswirtschaftslehre des Hotels 1. Aufl. 1969 und Nachdruck 1980

Waser: „Buchungsplattformen – den richtigen Stecker finde"n in htrPlus Ausgabe 4/2006

Weingrill, Gerd: „Preischaos in der Leitung" in hottelling 05/2005

Weissensteiner, Iris: „Erfolgreiches Web Marketing in der Hotellerie" ÖHV-Praktikerseminar innerhalb der FAFGA Innsburck 19.Sep. 2006)

Wendt, Oliver: Yield Management :Preistheorie zur Koordination der Informationswirtschaft? Frankfurt

Weithöner, Uwe: Grundlagen des E-Commerce in der Tourismuswirtschaft; WiWi-Online.de). 2006

Weithöner, Uwe: „Informationssysteme und tourismuswirtschaftliche Leistungsprozesse" in Dettmer (Hrsg.): Tourismus 3 Reiseindustrie

Weithöner, Uwe: „Anwendungssysteme in der Tourismuswirtschaft" in Disterer/Fels/Hausotter: Taschenbuch der Wirtschaftsinformatik 2. Aufl.

Weithöner, Uwe: „Informationsmanagement und -systeme im Tourismus-Marketing" in Dettmer 1999

Weithöner, Uwe: Electronic Tourism - kleines Lexikon zu informationstechnologischen Systemenin der Tourismuswirtschaft; WiWi-Online.de, Hamburg, Deutschland, 2007; online imInternet unter http://www.odww.net/artikel.php?id=359; Stand Oktober 2007

Weiermair, Klaus: „Neue Rahmenbedingungen der Individualhotellerie und Gastronomie des 21. Jahrhunderts" in Weiermair/Peters/Pechlaner (Hrsg.): Unternehmertum im Tourismus 2003

Wendt, Oliver / Schwind Michael: Reinforcement Learning zur Lösung multidimensionaler Yield Management Probleme 2002

Wiedamann: „Hotelkette" in Gewald: Handbuch des Touristik- und Hotelmanagement S. 127 ff

Wiesner, Knut: Strategisches Tourismusmarketing 1. Aufl. 2006

Wild, R.E.: „Eindrückliche Wachstumsraten bei den E-Hotelportalen" in APA Touristik Online Journale

Willareth: „Der Hotelbetrieb" in Thoms: Handbuch für Fremdenverkehrsbetriebe S. 537 1958

Wirtz: Electronic Business, 2. Aufl. 2001

Wippermann: „Trends in der Markenführung" in Gaiser/Linxweiler/Brucker: Praxisorientierte Markenführung 1. Aufl. 2005

Wolf ,K.: Gastgewerbliche Betriebslehre 2005

Wollenberg Klaus u.a.: Taschenbuch der Betriebswirtschaft 2. Aufl. 2004

Zehle, K.-O.: „Yield-Management – Eine Methode zur Umsatzsteigerung für Unternehmen der Tourismusindustrie“ in Seitz, Erwin / Wolf, Jakob (Hrsg.): Tourismusmanagement und –marketing 1991

Zegg, Roland: Arbeitsplatz Hotellerie 2. Aufl. 1989

Sonstige Quellen:

Baier, Daniel: „Aktuelle Forschungsrichtungen im Marketing“ Berliner Zeitung 23.12.05 S. 11

Boyd, E.A. 2002: Revenue Management and Dynamic Pricing, Präsentation am Institute of Mathematics and its Application, University of Michigan; Minneapolis 2002 http://www.ima.umn.edu/talks/workshops/9-9-13.2002/boyd/boyd.pdf; Zugriff am 10.12.06)
Travel Press 03.05.07: „HSMA – IHA Pricing & Distribution Day – Die Evolution kommt“

Broschüre Gastrodat www.gastrodat.ch

Deutscher Bundestag 13. Wahlperiode Drucksache 13 / 9446 „Entwicklung und Folgen des Tourismus“ 11.12.97

Der Geschäftsreisekontakt eNews-Service Monatsausgabe 03/06

HMM Hospitality Manager Magazin® 03-04/2001

IDT-HSG: Blickpunkte Mai 2002

Wertpapierprospekt zum Börsengang der hotel.de AG

o.V. „Super-Specials machen`s möglich“ in HMM 17-18 2002.

o.V.: Hotelkonjunktur 2006/2007 21März 2007 www.hotellerie.de

o.V.: „Hotelmarkt 2007 Verhaltener Optimismus“ http://www.dg-hyp.de/Hotelmarkt-2007-Verhaltener-Optimismus.706.0.html

www.ghh-consult.de/ Pressemitteilung zu der Hotelmarkt in Deutschland 2006

www.ahgz.de/vermischtes/Billigpreise-Hotellerie,142006,604211432.html

www.hotelupdater.eu/57001

www.h2c.de/ressourcen.htm

www.hotels-promo.amadeus.com

www.sabretravelnetword.de

www.nordwind.de/Einsehdatum 02.06.0408.

www.urlaubperfekt.net/_files/content/UP_PM_Hotelportale_0604090706_132545.pdf

www.enews.geschaeftsreisekontakt.de

www.hotel-reservierungssysteme.de